B. Kainka, H.-J. Berndt

PC-Schnittstellen unter Windows

Messen, steuern und regeln mit dem PC

Elektor-Verlag

Umschlaggestaltung: Ton Gulikers
Grapische Gestaltung: Laurent Martin
Satz und Aufmachung: TechKnow, Hans Koerfer-Bernstein
Belichtung + Montage: typeline, Aachen
Druck: WILCO, Amersfoort, Niederlande

Printed in the Netherlands

ISBN 3-89576-086-2
Elektor-Verlag, 52072 Aachen
999012-1/D

4. Auflage 2002
Der Elektor-Verlag ist Mitglied der
Verlagsgruppe Segment B.V. (Niederlande)

Inhalt

Vorwort

Auf den meisten PCs scheinen die Tage des alten Betriebssystems DOS endgültig gezählt. Die breite Einführung von Windows hat einerseits zu erhöhtem Komfort geführt, andererseits bedauern gerade viele Hobbyanwender, daß vieles nun nicht mehr so ohne weiteres geht, was unter DOS kein Problem war. Ein Windows-Programm erlaubt nicht mehr in gleicher Weise die vollständige Kontrolle über den Rechner wie ein DOS-Programm.

Unter DOS wurden zahlreiche sehr einfache Anwendungen entwikkelt, die direkt auf Schnittstellenleitungen des PC zugreifen. Leuchtdioden oder einfache Schalter lassen sich ja ohne weitere Hilfsmittel z. B. direkt an eine COM-Schnittstelle anschließen. Auch einfache Schaltungen zur Steuerung externer Hardware können direkt angesteuert werden. Unter Windows erscheint dieser einfache Ansatz zunächst versperrt. Aber wozu die lange Vorrede, wenn es nicht doch Lösungen gäbe. Dieses Buch will Möglichkeiten des direkten Zugriffs auf die Schnittstellen unter Windows zeigen.

Ziel des Buchs ist es unter anderem, viele bereits vorhandene Schaltungen wieder zum Einsatz zu bringen. Es baut weitgehend auf seinem DOS-Vorgänger „PC-Schnittstellen angewandt" auf. Daneben werden aber auch einige neue Ansätze gezeigt, die sich gerade aus den neuen Möglichkeiten von Windows ergeben. Allgemein wird in diesem Buch nur noch Windows 95/98 eingesetzt. Die bevorzugten Programmiersprachen sind Visual Basic und Delphi, also die Windows-Nachfolger von GW-Basic und Q-Basic sowie Turbo Pascal. Viele vorhandene DOS-Programme lassen sich mit den neuen Werkzeugen relativ einfach auf die Windows-Ebene heben.

Wir wünschen unseren Lesern viel Erfolg!

Hans-Joachim Berndt und Burkhard Kainka

1

Einleitung

Jeder Versuch, mit Computern reale Prozesse zu steuern oder zu überwachen, erfordert zunächst einmal eine geeignete Verbindung zur Außenwelt des Rechners. Ein Programm muß in der Lage sein, Informationen von außen zu erfassen und Steuerungen an äußeren Geräten vorzunehmen. Die verarbeiteten Informationen können in binärer Form, also als Ja/Nein-Entscheidungen, oder als analoge Größen (größer/kleiner) vorliegen.

Das erforderliche Tor zur Außenwelt wird durch Interfaces geöffnet. Für PCs nach dem Industriestandard haben sich folgende Formen von Interfaces durchgesetzt:

- Erweiterungskarten werden in den Rechner gesteckt und erlauben höchste Arbeitsgeschwindigkeiten, sind allerdings auch mit hohen Kosten verbunden.
- Standardschnittstellen verbinden den PC mit externen Interface-Schaltungen. Üblich sind z.B. Interfaces an der seriellen RS232-Schnittstelle, die sich relativ preiswert aufbauen lassen.
- Interfaces mit einem eigenen Prozessor führen Aufgaben weitgehend ohne Datenaustausch mit dem PC durch. Der Anwender muß sich dabei zusätzlich mit der Programmierung dieser Systeme auseinandersetzen.
- Die ohnehin vorhandenen Schnittstellen des PCs, also die serielle Schnittstelle, die Druckerschnittstelle und oft auch der Joystick-Anschluß, lassen sich direkt als Interface nutzen. Damit erübrigt sich für zahlreiche Anwendungen jegliche zusätzliche Hardware.

Die direkte Verwendung vorhandener Schnittstellen eignet sich besonders für einfache Versuche. So lassen sich z.B. an die serielle Schnittstelle ohne weiteres Schalter oder Leuchtdioden direkt anschließen, womit viele interessante Projekte möglich werden. Die Druckerschnittstelle stellt eine größere Zahl direkt ansprechbarer Leitungen zu Verfügung, mit denen hohe Übertragungsgeschwindigkeiten zu erreichen sind.

Viele Einschränkungen lassen sich durch einfache Zusatzschaltungen überwinden. So ist die Erfassung von Spannungen mit wenigenzusätzlichen Bauteilen möglich, wenn man etwas komplexere Programme und geringere Geschwindigkeiten in Kauf nimmt. Auch Projekte mit vielen Ein/Ausgabeleitungen lassen sich mit geringem zusätzlichen Aufwand durchführen.

Allgemein werden in diesem Buch Verfahren vorgestellt, die mit weniger Hardware und etwas rechenzeitintensiveren Programmen arbeiten. Der Leser sollte Vorerfahrungen mit einer Programmiersprache haben und über Grundkenntnisse der Elektronik verfügen. Die vorgestellten Schaltungen sind meist so einfach, daß sie problemlos auf Lochrasterplatinen aufgebaut werden können. Alle Projekte in diesem Buch sind in sich geschlossenen und eignen sich für den direkten Nachbau. Darüber hinaus stellen sie Bausteine für weitergehende Entwicklungen zur Verfügung, wobei die komplexeren Verfahren die sichere Anwendung geeigneter Meßgeräte erforderlich machen. Der interessierte Leser sollte z.B. über ein Oszilloskop verfügen.

Die in diesem Buch eingesetzten Programmiersprachen für das Betriebssystem Windows95/98 sind Visual Basic 5 und Delphi 3 und 4. Alle Programmbeispiele befinden sich mit auf der CD zum Buch.

1.1 Die PORT.DLL

Die besondere Schwierigkeit unter Windows ist der Zugang zu den Schnittstellen des PCs. Deshalb wird hier eine universell einsetzbare DLL (Dynamic Link Library, eine Windows-Funktionsbibliothek) eingesetzt, die ihrerseits in Delphi 3 geschrieben wurde. Eine DLL erfüllt die Funktion einer Spracherweiterung für unterschiedliche Programmiersprachen. Die speziell für dieses Buch entwickelte PORT.DLL befindet sich auf der CD. Die DLL muß ins Windows-Systemverzeichnis kopiert werden, damit sie von jedem Programm benutzt werden kann. Alternativ kann sie auch im Programmverzeichnis des jeweiligen EXE-Programms stehen.

Die PORT.DLL erfüllt folgende Aufgaben:

- Öffnen von Schnittstellen
- Serielle Datenübertragung
- Zugang zu Schnittstellenleitungen
- Allgemeine Port Ein- und Ausgaben
- Zeitgeberfunktion für genaue Millisekunden
- Zeitgeberfunktion im Mikrosekundenraster
- Zugriff auf die Soundkarte
- Joystickeingaben

Die DLL kann unter ganz unterschiedlichen Programmiersystemen verwendet werden. Außer den in diesem Buch benutzen Sprachen können ihre Funktionen z. B. auch aus C-Programmen aufgerufen werden. Ein einmal entwickeltes Programm kann daher leicht auf andere Programmiersysteme übertragen werden. Außerdem kann man die DLL in Word- oder Excel-Makros ansprechen (Vgl. Kap 1.2 und Kap. 14, nähere Hinweise finden sich auch im Literaturhinweis [5] auf Seite 283).

Die Entwicklung einer allgemeinen DLL zum Zugriff auf beliebige Hardware läuft in gewisser Weise der Windows-Philosophie entgegen, alle Hardware-Zugriffe über Treiber zu regeln. Ein Treiber gehört immer zu einem ganz bestimmten Gerät. Für kleine Hardware-Experimente ist da eigentlich kein Platz. Der korrekte Weg der Entwicklung eines Treibers ist aber so aufwendig, daß er praktisch nur von großen Firmen begangen werden kann.

Unter DOS gab es in jeder Programmiersprache Port-Befehle (GWBASIC: INP und OUT, in Turbo Pascal: PORT[..]), mit denen man direkt auf die gesamte Hardware des PCs zugreifen konnte. Unter Windows 3.1 waren die Beschränkungen noch relativ begrenzt, so daß man sich leicht daran vorbeimoglen konnte. Sogar Delphi 1 besaß noch den alten PORT-Befehl.

Unter Windows 95 wird es schon schwieriger. In Visual Basic 5 gibt es keine direkte Möglichkeit für allgemeine Portzugriffe mehr. Ab Delphi 3 gelingt ein direkter Zugriff auf Portadressen nur noch mit Hilfe eines Assembler-Inlinecodes. Dieser wird in der DLL verwendet, um einen allgemeinen Zugriff nun auch wieder in Visual Basic zu ermöglichen. Das Betriebssystem läßt sich jedoch nicht mehr ohne weiteres „hintergehen", so daß man z. B. eine Schnittstelle erst ganz ordnungsgemäß anmelden muß, bevor man beliebige Dinge mit der zugehörigen Hardware tun kann.

Unter Windows NT schließlich scheint der Zug für den Hobbyentwickler endgültig abgefahren. Das System ist so auf Sicherheit hin entwickelt, daß niemand mehr direkt auf die Hardware zugreifen darf. Was bleibt, ist noch der ordnungsgemäße Weg über Treiber. Allgemeine Hardware sollte dabei über die serielle Schnittstelle angesprochen werden. Hier sind weiterhin alle Zugriffe möglich, da keine Portzugriffe, sondern ordnungsgemäße Systemroutinen verwendet werden.

Allgemein muß betont werden, daß es in diesem Buch um die experimentelle Arbeit mit PC-Schnittstellen geht. Die Entwicklung der vorgestellten Programme erfolgte unter Windows95 und Windows98 mit 32-Bit-Systemen (Visual Basic 5 und Delphi 4). Dabei besteht immer das Risiko, daß ein Programm auf bestimmten Rechnern nicht mehr läuft. Eine Schnittstelle könnte z. B. in einem System anders installiert sein, als es vorgesehen war. Oder man gerät an eine neue Windows-Version, die wieder etwas anders mit den Schnittstellenzugriffen umgeht. Man sollte also nicht versuchen, auf dieser Basis professionelle Entwicklungen durchzuführen. Sonst könnte es leicht passieren, daß man vor lauter bösen Anrufen frustrierter Anwender auf eine ferne Insel fliehen muß.

1.2 DLL-Aufrufe in Visual Basic 5

Die grundlegende Verwendung einer DLL soll hier an einem einfachen Beispiel zunächst ohne zusätzliche Hardware gezeigt werden. Der PC-Lautsprecher wird über Bausteine angesteuert, die über Portbefehle gesteuert werden können. Er läßt sich entweder mit einem Timer steuern, um einen Ton mit bestimmter Frequenz auszugeben, oder man steuert ihn über eine Ausgabeleitung des PIO-Bausteins 8255 im PC direkt. Auch so kann man Töne erzeugen, indem man nämlich eine Leitung in schneller Folge ein- und ausschaltet. Dies soll hier geschehen, um einerseits die grundsätzliche Einbindung einer DLL kennenzulernen und andererseits das Zeitverhalten unter Windows zu untersuchen.

Der Lautsprecher wird über Bit 1 des Port B am 8255 gesteuert. Der Baustein belegt die Adressen ab 60h (96 dez) im I/O-Bereich des PCs. Port B liegt an der Adresse 97. Portausgaben sind immer 8 Bit breit, so daß acht Leitungen gleichzeitig geschaltet werden. Es darf jedoch nur die zweite Leitung (Bit 1) verändert werden, denn Port B des PIO-Bausteins steuert noch vieles andere. Deshalb muß der Portzustand zunächst gelesen werden, um nur ein Bit zu verändern. Wer diese Bitbeißerei bis hierhin noch nicht ganz verstanden hat, der soll sich deshalb keine Gedanken machen, denn erstens befindet sich das fertige Programmbeispiel auf der CD, und zweitens gestaltet sich vieles für die nach außen zugänglichenSchnittstellen wesentlich einfacher.

Für den Zugang zu den einzelnen Portadressen des PCs bietet die DLL zwei spezielle Funktionen:

- `OutPort adr, dat` `Ausgabe von Daten an eine Adresse`
- `InPort adr` `Lesen von einer I/O-Adresse`

In Visual Basic kann OutPort als Sub (Prozedur) eingebunden werden, InPort dagegen muß eine Funktion sein. Die einzelnen Elemente einer DLL werden mit dem DECLARE-Befehl angegeben. Damit die Datenübergabe zwischen Visual Basic und der DLL richtig funktioniert, müssen alle Übergabeparameter ByVal deklariert werden, d. h. als Wert – im Gegensatz zur Übergabe einer Referenz-Adresse. Unter dem 32-Bit-Betriebssystem Windows95/98 muß bei der Deklaration die Großschreibung beachtet werden. In der DLL wurden alle Funktionen nur mit Großbuchstaben bezeichnet, was nun auch bei der Bezeichnung im aufrufenden Programm eingehalten werden muß. Die Deklarationen müssen sich in einem eigenen Modul (hier: Module1.bas) befinden, das in das Projekt TON eingebunden wird.

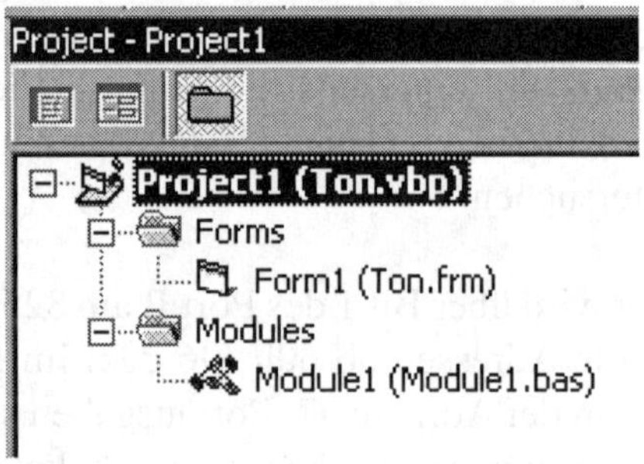

Abb. 1.1: Das Projekt Ton.

```
Declare Sub OUTPORT Lib "PORT.DLL" (ByVal Adr As Integer,
    ByVal Dat As Integer)
Declare Function INPORT Lib "PORT.DLL" (ByVal Adr
    As Integer) As Integer
Declare Sub DELAY Lib "PORT.DLL" (ByVal Zeit As Integer)
```

Listing 1.1: Die Deklarationen im Module1.bas.

InPort und OutPort sind nun im gesamten Projekt verwendbar. Zusätzlich wurde auch gleich die Delay-Prozedur deklariert, die weiter unten verwendet werden soll. Eine erste Tonausgabe soll in einer schnellen Schleife 100 Rechteckimpulse am Lautsprecher erzeugen, die dann als Ton hörbar sein sollten. Die einzelnen Bitmanipulationen der Portausgabe mit OutPort verwenden die logischen Funktionen AND und OR, um jeweils nur eine Leitung des mit InPort gelesenen Ports zu verändern. Auch diese Funktionen werden an späterer Stelle noch genauer erläutert.

Das Programm soll ein einfaches Formular mit einer Schaltfläche „Ton“ verwenden. Die Lautsprecherleitung wird 100 mal ein- und ausgeschaltet. Damit man z. B. bei einem PC mit 200 MHz überhaupt einen Ton hören kann, müssen zusätzliche Wartezeiten eingefügt werden. Sie werden hier durch Zählschleifen bis 10000 gebildet.

Abb. 1.2: *Das Programmfenster.*

```
Private Sub Command1_Click()
  For n = 1 To 100
     OUTPORT 97, (INPORT(97) Or 2)
     For t = 1 To 10000: Next t
     OUTPORT 97, (INPORT(97) And 253)
     For t = 1 To 10000: Next t
  Next n
End Sub
```

Listing 1.2 *Tonausgabe über den Lautsprecher (TON.FRM).*

Betätigt man die Ton-Schaltfläche, dann ist tatsächlich ein Ton zu hören. Die genaue Tonhöhe ist vom verwendeten Rechner abhängig. Außerdem zeichnet sich der Ton nicht gerade durch eine große Reinheit aus. Vielmehr klingt er reichlich verrauscht und kratzig, man könnte auch sagen krächzend. Die Ursache dafür liegt im Zeitverhalten von Windows.

Die durch die Verzögerungsschleifen gebildeten Wartezeiten können keinesfalls gleichmäßig ausfallen, weil Windows so ganz nebenbei noch viele andere Aufgaben erledigen muß. Es muß z.B. die Maus beobachtet werden, und es müssen eventuell parallel laufende

Prozesse verwaltet werden. Man spricht deshalb gern davon, daß Windows nicht "echtzeitfähig" ist, daß man also mit Windows schnelle Prozesse nicht zuverlässig steuern kann. Allerdings ist das relativ, denn es kommt immer darauf an, wie schnell und wie zuverlässig man es braucht. Saubere Töne kann man jedenfalls schon mal nicht erwarten, wenn man wie im vorigen Programmbeispiel vorgeht.

Zählschleifen sind allerdings ohnehin nicht die erste Wahl, wenn es um Zeitverzögerungen geht. Vielmehr liefert Windows selbst bessere Mittel, um genauere Verzögerungen im Millisekundenbereich zu erhalten. Sie werden über die Delay-Funktion der DLL zugänglich. Die Tonausgabe kann daher durch die Verwendung von Delay wesentlich verbessert werden. Leider ist die höchste Ausgabefrequenz nur 500 Hz, wenn man einmal pro Millisekunde den Portzustand wechselt.

```
Private Sub Command1_Click()
  For n = 1 To 100
      OUTPORT 97, (INPORT(97) Or 2)
      DELAY 1
      OUTPORT 97, (INPORT(97) And 253)
      DELAY 1
  Next n
End Sub
```

Listing 1.3: *Tonausgabe mit Delay (Ton2.frm).*

Der nun erzeugte Ton hört sich schon wesentlich besser an, wenn auch noch immer nicht so rein, wie er rein elektronisch zu erzeugen wäre. Das Ergebnis läßt sich mit der DLL-Prozedur RealTime (true) noch wesentlich verbessern (vgl. Kap3.2). Man erhält hier aber immerhin schon einen groben Eindruck davon, wie weit die Echtzeitfähigkeit von Windows gehen kann. Genauere Untersuchungen könnte man mit einem Oszilloskop durchführen. Aber dafür eignen sich eher Programme, die eine Schnittstellenleitung z. B. an der seriellen COM-Schnittstelle schalten.

Neben einer Delayfunktion für Millisekunden gibt es in der DLL auch noch eine Verzögerung im Mikrosekundenraster. Auch diese greift intern auf Windows-Aufrufe zurück.

Alle DLL-Aufrufe sollten in einem externen Basic-Modul PORTS.BAS deklariert werden. Es kann dann problemlos in jedes neue Projekt eingeladen werden. Ohne sich noch um die genauen Konventionen der Deklaration kümmern zu müssen, hat der Programmierer nun den Zugriff auf alle DLL-Funktionen. Die PORT.DLL muß dann mit dem kompilierten Pragramm weitergegeben werden und entweder im Windows-Verzeichnis oder im Verzeichnis des EXE-Programms stehen.

Listing 1.4: Das Modul PORTS.BAS mit allen Deklarationen für VB5.

```
Declare Function OPENCOM Lib „Port" (ByVal A$) As Integer
Declare Sub CLOSECOM Lib „Port" ()
Declare Sub SENDBYTE Lib „Port" (ByVal b%)
Declare Function READBYTE Lib „Port" () As Integer
Declare Sub DTR Lib „Port" (ByVal b%)
Declare Sub RTS Lib „Port" (ByVal b%)
Declare Sub TXD Lib „Port" (ByVal b%)
Declare Function CTS Lib „Port" () As Integer
Declare Function DSR Lib „Port" () As Integer
Declare Function RI Lib „Port" () As Integer
Declare Function DCD Lib „Port" () As Integer
Declare Sub DELAY Lib „Port" (ByVal b%)
Declare Sub TIMEINIT Lib „Port" ()
Declare Sub TIMEINITUS Lib „Port" ()
Declare Function TIMEREAD Lib „Port" () As Long
Declare Function TIMEREADUS Lib „Port" () As Long
Declare Sub DELAYUS Lib „Port" (ByVal l As Long)
Declare Sub REALTIME Lib „Port" (ByVal i As Boolean)
Declare Sub OUTPORT Lib „Port" (ByVal A%, ByVal b%)
Declare Function INPORT Lib „Port" (ByVal p%) As Integer
Declare Function JOYX Lib „Port" () As Long
Declare Function JOYY Lib „Port" () As Long
Declare Function JOYZ Lib „Port" () As Long
Declare Function JOYW Lib „Port" () As Long
Declare Function JOYBUTTON Lib „Port" () As Integer
Declare Function SOUNDSETRATE Lib „Port" (ByVal Rate%) As Integer
Declare Function SOUNDGETRATE Lib „Port" () As Integer
Declare Function SOUNDBUSY Lib „Port" () As Boolean
Declare Function SOUNDIS Lib „Port" () As Boolean
Declare Sub SOUNDIN Lib „Port" (ByVal Puffer$, ByVal Size%)
Declare Sub SOUNDOUT Lib „Port" (ByVal Puffer$, ByVal Size%)
Declare Function SOUNDGETBYTES Lib „Port" () As Integer
Declare Function SOUNDSETBYTES Lib „Port" (ByVal b%) As Integer
Declare Sub SOUNDCAPIN Lib „Port" ()
Declare Sub SOUNDCAPOUT Lib „Port" ()
```

In ähnlicher Weise lassen sich die DLL-Funktionen auch in VBA deklarieren (vgl. [5]). Man kann also prinzipiell alle Versuche aus diesem Buch auch mit Word oder Excel durchführen. Die Programme lassen sich dann als Makro aus der Anwendung heraus starten. Ab Word 7 und Excel 7 lauten die Deklarationen wie in Visual Basic 5. Das folgende Beispiel zur Tonerzeugung mit dem PC-Lautsprecher wurde mit Word 97 gebildet. Weitere VBA-Beispiele finden sich in Kap. 14.

Abb. 1.3: Ein Makro in Word97.

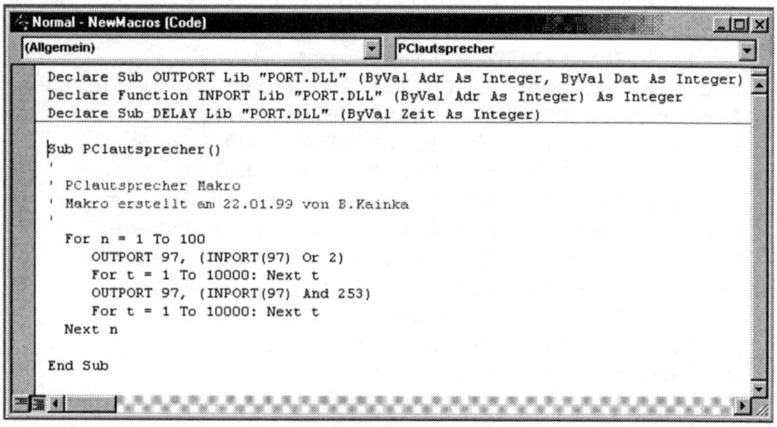

In Word 97 kann auch in einem Makro eine User-Form verwendet werden, die eigene Steuerelemente enthalten kann. Dann muß vor „Declare" das Schlüsselwort „Private" stehen. Ebenso werden alle Funktionen und Prozeduren mit „Private" gebildet.

1.3 DLL-Aufrufe unter Delphi

Auch in Delphi 4 sollen alle Portzugriffe nur über die PORT.DLL erfolgen. Das erste Beispiel ist wieder eine einfache Tonerzeugung über den PC-Lautsprecher. Das Programm enthält zwei Schaltflächen zur Tonerzeugung, wobei einmal (Ton1) mit einer Zählscheife und einmal (Ton2) mit Delay gearbeitet wird.

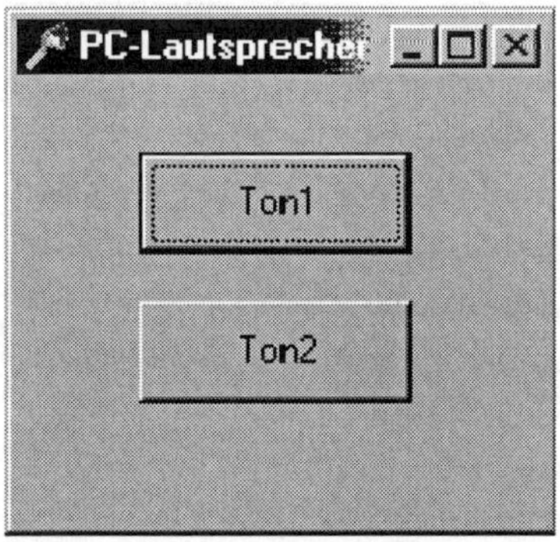

Abb. 1.4: Das erste Delphi-Programm.

Die DLL-Erweiterungen werden wie normale Prozeduren und Funktionen in der selben Unit angegeben und enthalten statt eines Programmcodes den Hinweis auf die externe DLL. Die Schlüsselworte „stdcall“ und „external“ regeln die Übergabe der Parameter an die DLL und sind entscheidend für einen korrekten Aufruf.

Wichtig ist auch die Wahl der geeigneten Typen für die übergebenen Variablen. Es hat sich gezeigt, daß mache Integer-Typen nicht mehr zwischen den einzelnen Delphi-Versionen kompatibel sind. Es kann also insbesondere dann Probleme geben, wenn man einen Quelltext aus Dephi 3 in Delphi 4 verwenden möchte oder umgekehrt. Keine Probleme hat man mit den Typen Word (16 Bit ohne Vorzeichen) und DWord (32 Bit ohne Vorzeichen) sowie Real.

In Delphi darf die eigentliche Unit (*.pas) nicht den selben Namen wie das Projekt (*.dpr) tragen. In diesem Buch soll daher durchgehend ein P für „Projekt“ an den Namen der Projektdatei angehängt werden. Zur Unit TON1.PAS gehört daher das Projekt TON1P.DPR. Beim Compilieren entsteht daher zunächst das ausführbare Programm TON1P.EXE, das aber der besseren Übersicht wegen auf der CD in TON1.EXE umbenannt wurde.

Wählt man eine Zählschleife zur Zeitverzögerung, dann wird sehr schnell die insgesamt gegenüber Visual Basic etwa 10 mal größere Ausführungsgeschwindigkeit sichtbar. Mit einem 200-MHz-PC ergibt sich für eine Zählschleife bis 10000 eine Frequenz von ca. 5 kHz. Bei noch schnelleren Rechnern ist der Ton kaum noch hörbar.

```
unit Ton1;

interface

uses
  Windows, Messages, SysUtils, Classes, Graphics,
  Controls, Forms, Dialogs, StdCtrls;

type
  TForm1 = class(TForm)
    Ton1: TButton; Ton2: TButton;
    procedure Ton1Click(Sender: TObject);
    procedure Ton2Click(Sender: TObject);
  end;

var
  Form1: TForm1;

implementation

{$R *.DFM}

procedure OUTPORT (adr: Word; Wert: Word);
    stdcall; external 'PORT.dll';

function INPORT (adr: Word):Integer;
    stdcall; external 'PORT.DLL';

procedure DELAY (ms: Word);
    stdcall; external 'PORT.DLL';

procedure TForm1.Ton1Click(Sender: TObject);
var n, t: Integer;
begin
  For n := 1 to 100 do begin
    OutPort (97, (InPort (97) OR 2));
    For t := 1 to 10000 Do;
    OutPort (97, (InPort (97) AND 253));
    For t := 1 to 10000 Do;
  end;
end;

procedure TForm1.Ton2Click(Sender: TObject);
var n: Integer;
begin
```

```
  For n := 1 to 100 do begin
    OutPort (97, (InPort (97) OR 2));
    Delay (1);
    OutPort (97, (InPort (97) AND 253));
    Delay (1);
  end;
end;

end.
```

Listing 1.5: Tonausgaben in Delphi (Ton1.pas).

Viele Anwendungen sind auf einen zuverlässigen Zeitablauf unabhängig vom verwendeten Rechner angewiesen. Über die Delay-Prozedur ergibt sich prinzipiell in jeder Umgebung dasselbe Zeitverhalten. Mit einem Klick auf Ton2 erhält man einen konstanten Ton von 500 Hz, der auf Delay basiert.

Auch in Delphi ist es sinnvoll, alle Deklarationen der DLL in einem eigenen Modul, hier in Form einer Unit unterzubringen. Die Unit PORTINC.PAS (in der compilierten Form PORTINC.DCU) kann dann in jedes neue Projekt eingebunden werden, so daß man sich nie mehr um die einzelnen Deklarations-Konventionen kümmern muß.

Listing 1.6: Alle Deklrationen zur PORT.DLL in der Datei PORTINC.PAS.

```
unit PORTINC;

interface

uses windows;

const THEDLL='PORT.DLL';
Procedure DELAY(i:WORD); stdcall; external THEDLL;
Procedure TIMEINIT; stdcall; external THEDLL;
Function TIMEREAD: DWORD; stdcall; external THEDLL;
Procedure DELAYUS(i:DWORD); stdcall; external THEDLL;
Procedure TIMEINITUS; stdcall; external THEDLL;
Function TIMEREADUS: DWORD; stdcall; external THEDLL;
Procedure OUTPORT(PortAddr:Word; Data:byte); stdcall; external THEDLL;
Function INPORT(PortAddr:Word):Byte;stdcall; external THEDLL;
Function OPENCOM(S:PCHAR):Integer;stdcall; external THEDLL;
Function READBYTE:Integer;stdcall; external THEDLL;
Procedure SENDBYTE(d:WORD);stdcall; external THEDLL;
```

```
Procedure DTR(d:WORD);stdcall; external THEDLL;
Procedure RTS(d:WORD);stdcall; external THEDLL;
Procedure TXD(d:WORD);stdcall; external THEDLL;
Function CTS:Integer;stdcall; external THEDLL;
Function DSR:Integer;stdcall; external THEDLL;
Function RI:Integer;stdcall; external THEDLL;
Function DCD:Integer;stdcall; external THEDLL;
Procedure REALTIME(d:BOOLEAN);stdcall; external THEDLL;
Function SOUNDSETRATE(Rate:DWORD):DWORD; stdcall; external THEDLL;
Function SOUNDGETRATE:DWORD; stdcall; external THEDLL;
Function SOUNDBUSY:Boolean; stdcall; external THEDLL;
Function SOUNDIS:Boolean; stdcall; external THEDLL;
Procedure SOUNDIN(Puffer:Pchar;Size:DWORD); stdcall; external THEDLL;
Procedure SOUNDOUT(Puffer:Pchar;Size:DWORD); stdcall; external THEDLL;
Function SOUNDGETBYTES:DWORD; stdcall; external THEDLL;
Function SOUNDSETBYTES(B:DWORD):DWORD; stdcall; external THEDLL;
Procedure SOUNDCAPIN; stdcall; external THEDLL;
Procedure SOUNDCAPOUT; stdcall; external THEDLL;
Function JOYX:DWORD;stdcall; external THEDLL;
Function JOYY:DWORD;stdcall; external THEDLL;
Function JOYZ:DWORD;stdcall; external THEDLL;
Function JOYR:DWORD;stdcall; external THEDLL;
Function JOYBUTTON:DWORD;stdcall; external THEDLL;

implementation

end.
```

2

Die serielle Schnittstelle

Jeder PC besitzt eine oder mehrere serielle Schnittstellen. In den Handbüchern tauchen sie oft als COM1, COM2 usw. auf. Ihr ursprünglicher Verwendungszweck liegt in der Verbindung zwischen Computer und Modem, um Daten über das Telefonnetz auszutauschen. Vielfach werden jedoch auch andere Geräte, wie Drucker, Maus oder Meßgeräte seriell angeschlossen. Deshalb verwendet man oft mehrere serielle Schnittstellen nebeneinander im gleichen PC.

Die Verwendung der seriellen Schnittstelle bringt zahlreiche Vorteile auch für einfache Versuche:

- Die Schnittstelle ist sehr sicher gegen versehentliche Zerstörung.
- Geräte dürfen bei angeschaltetem Computer angeschlossen und getrennt werden.
- Die Stromversorgung einfacher Geräte kann über die serielle Schnittstelle erfolgen.

Oft bringt die serielle Schnittstelle einen erhöhten Aufwand mit sich, weil eine Umwandlung der seriell übertragenen Daten in parallele Daten erforderlich ist. Für kleine Aufgaben, bei denen man mit wenigen Ein/Ausgabeleitungen auskommt, kann man jedoch auf die direkt zugänglichen Hilfsleitungen der Schnittstelle zurückgreifen. Insgesamt stehen dabei zwei Ausgabeleitungen und vier Eingabeleitungen zur Verfügung, die sich mit einfachen Befehlen direkt ansprechen lassen.

Die folgende Tabelle zeigt alle Leitungen mit den Pinbelegungen bei 25poligen und 9poligen Steckern. Die Stecker an der PC-Seite sind immer mit Stiften ausgerüstet, so daß der Anschluß nach Abb. 2.1 über Buchsen erfolgen muß.

Pin 25pol.	Pin 9pol.	Ein/ Ausgang	Bezeichnung	Funktion
2	3	Aus	TxD (Transmit Data)	Sendedaten
3	2	Ein	RxD (Receive Data)	Empfangsdaten
4	7	Aus	RTS (Request To Send)	Sendeteil einschalten
5	8	Ein	CTS (Clear To Send)	Sendebereitschaft
6	6	Ein	DSR (Data Set Ready)	Betriebsbereitschaft
7	5	–	GND (Ground)	Betriebserde
8	1	Ein	DCD (Data Carrier Detect)	Empfangssignalpegel
20	4	Aus	DTR (Data Terminal Ready)	Endgerät bereit
22	9	Ein	RI (Ring Indicator)	Ankommender Ruf

Abb. 2.1: 25poliger und 9poliger Anschluß, von der Lötseite her gesehen.

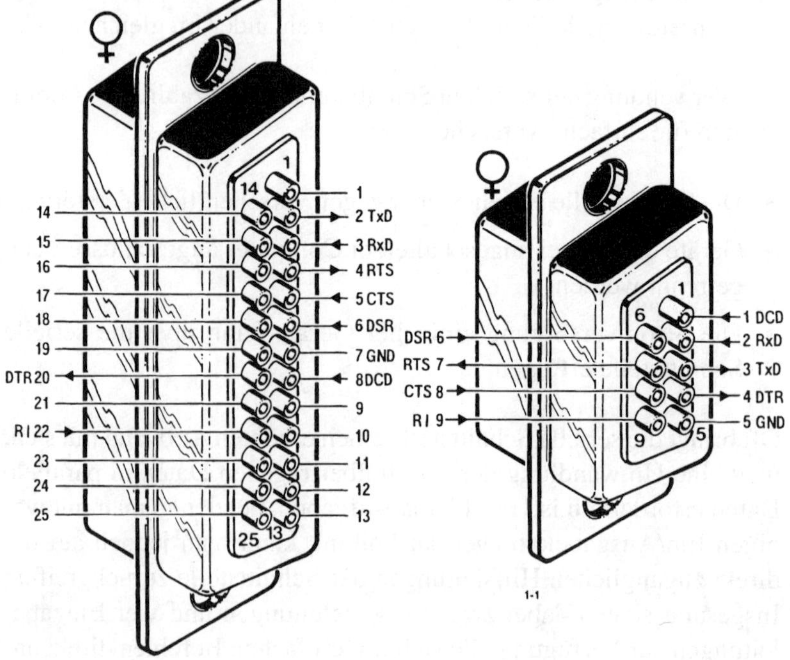

Der eigentliche Datenaustausch über die serielle Schnittstelle erfolgt im Normalfall über die serielle Sendeleitung TxD und die serielle Empfangsleitung RxD. Alle übrigen Leitungen haben Hilfsfunktionen beim Aufbau und bei der Steuerung der Datenübertragung. Man bezeichnet sie üblicherweise als „Handshakeleitungen", weil sie für Quittierungsverfahren zwischen Geräten verwendet werden. Der besondere Vorteil der Handshakeleitungen ist, daß ihr Zustand direkt gesetzt oder gelesen werden kann.

Die elektrischen Eigenschaften der Ein- und Ausgänge sind durch die RS232-Norm festgelegt: Im Low-Zustand wird –12V ausgegeben, im High-Zustand +12V. Alle Ausgänge sind kurzschlußfest und können bis zu etwa 10 bis 20 mA liefern. Damit lassen sich LEDs betreiben oder Treiberstufen direkt ansteuern. Außerdem kann die Spannungsversorgung kleinerer Schaltungen über Ausgänge der seriellen Schnittstelle erfolgen.

Die Eingänge besitzen einen Eingangswiderstand um ca. 10 kΩ und erkennen Spannungen über ca. 1,25 V als high, während Eingangsspannungen unter 1,0 V als low gelesen werden. Zwischen beiden Umschaltspannungen besteht eine Schalthysterese, d. h. der gelesene Zustand ändert sich erst, wenn die Eingangsspannung außerhalb dieses Bereichs liegt.

Üblicherweise wird die serielle Schnittstelle mit bipolaren Signalpegeln von +12V und –12V angesteuert. Da die üblichen Eingangsschaltungen im PC eine Spannung unter 1 V bereits als Low-Pegel erkennen, darf auch mit TTL-Pegeln (0V/5V) gearbeitet werden. Einige wenige PCs, meist Laptops, arbeiten jedoch mit Schaltschwellen von ca. -3V und +3V und bestehen daher auf bipolaren Eingangssignalen.

2.1 DLL-Funktionen zur seriellen Schnittstelle

Die PORT.DLL enthält zahlreiche Funktionen zur direkten Ansteuerung der Schnittstellenleitungen an der seriellen Schnittstelle. Über die OpenCom-Funktion muß dem System und der DLL zunächst mitgeteilt werden, welche COM-Schnittstelle verwendet werden soll. Dann lassen sich drei Leitungen schalten und vier Leitungen direkt lesen. Außerdem können über die DLL auf einfache Weise seriell Daten gesendet und empfangen werden. Hier folgt eine Übersicht der verfügbaren Funktionen.

Öffnen und Schließen einer Schnittstelle:

- `OpenCOM (Parameter)`
- `CloseCOM`

Senden und Empfangen von Einzelbytes:

- `SendByte`
- `ReadByte`

Direkte Ausgabe über Schnittstellenleitungen

- `DTR`
- `RTS`
- `TXD`

Lesen von Portleitungen:

- `CTS`
- `DSR`
- `RI`
- `DCD`

Alle diese Aufrufe verwenden keine Portzugriffe, sondern Windows-Funktionen, die auch unter Windows NT noch funktionieren. Sie sollten daher immer dem Weg über die direkten Hardwarezugriffe mit Portbefehlen vorgezogen werden.

2.2 RS232-Zugriffe in Visual Basic

Visual Basic eignet sich besonders für kleine Programme, bei denen es nicht auf höchste Geschwindigkeiten ankommt. Ein erstes kleines Anwendungsbeispiel soll die direkte Ansteuerung einer Leuchtdiode über die Leitung DTR sein (vgl. Abb. 2.2). Man darf die LED hier ausnahmsweise auch ohne Vorwiderstand anschließen, weil alle Ausgänge der seriellen Schnittstelle strombegrenzt sind und nicht mehr als ca. 10 bis 20 mA abgeben.

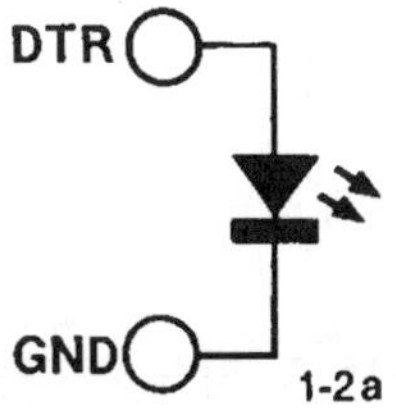

Abb. 2.2: Anschluß einer Leuchtdiode an die serielle Schnittstelle.

Das Blinkprogramm verwendet den Timer aus Visual Basic. Die Blink-Geschwindigkeit läßt sich über die Eigenschaft „Interval“ des Timers zur Entwicklungszeit einstellen und kann auch jederzeit zur Ausführungszeit verändert werden. Der Timer ist nicht sehr genau, reicht aber für einen Blinker aus. Das Programm verwendet einen Schieberegler zur Einstellung der Blinkgeschwindigkeit. Sein Maximum sollte auf etwa 1000 für eine Phase von 1000 ms eingestellt werden.

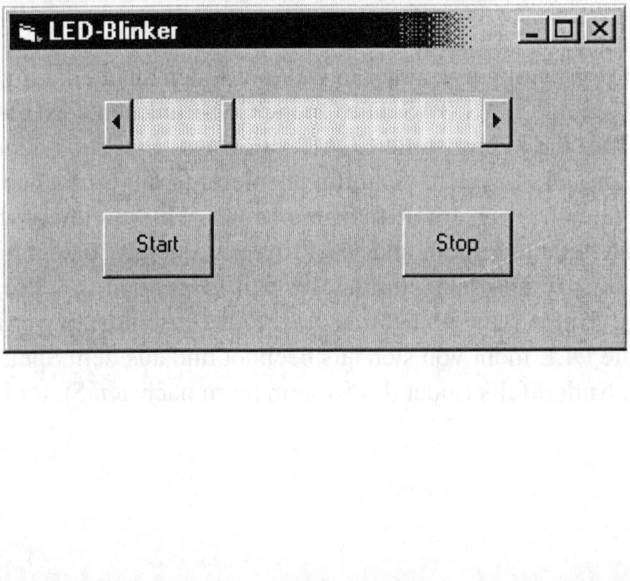

Abb. 2.3: Das Blinkprogramm.

```
Dim Ausgang As Integer

Private Sub Command1_Click()
  Timer1.Interval = HScroll1.Value + 10
  Timer1.Enabled = True
End Sub

Private Sub Command2_Click()
  Timer1.Enabled = False
End Sub

Private Sub Form_Load()
 i = OPENCOM(„COM2,1200,N,8,1")
 If i = 0 Then MsgBox („Schnittstelle nicht verfügbar")
 Timer1.Interval = 250
 Timer1.Enabled = True
 Ausgang = 0
End Sub

Private Sub Form_Unload(Cancel As Integer)
CLOSECOM
End Sub

Private Sub HScroll1_Change()
 Timer1.Interval = HScroll1.Value + 10
End Sub

Private Sub Timer1_Timer()
  If Ausgang = 1 Then Ausgang = 0 Else Ausgang = 1
  If Ausgang = 1 Then DTR 1 Else DTR 0
End Sub
```

Listing 2.1: *Ein LED-Blinker (BLINK.FRM).*

Das Programm verwendet die Deklarationen aus dem eingebundenen Modul PORTS.BAS. Die OpenCOM-Funktion wird hier eingesetzt, um die Schnittstelle COM2 zu öffnen. Erst nach dem Öffnen weiß die DLL, welche Schnittstellenleitung angesprochen werden soll. Gleichzeitig erhält man hier eine Fehlermeldung, falls die Schnittstelle durch ein anderes Programm bereits belegt ist. In Visual Basic muß die Schnittstelle beim Beenden des Programms (Form_Unload) unbedingt mit CloseCOM geschlossen werden, weil VB die DLL nicht von sich aus beendet und aus dem Speicher entfernt. Andernfalls findet das System beim nächsten Start eines Programms die Schnittstelle nicht mehr als frei vor. In Delphi dagegen kann man auf CloseCom verzichten, weil die DLL mit dem Ende des ausgeführten EXE-Programms entfernt wird.

Bei jedem Aufruf der Timer-Prozedur wird der Zustand der DTR-Leitung umgeschaltet. Dazu wird zunächst die globale Variable AUSGANG verändert. Abhängig vom Wert von AUSGANG wird dann DTR gesetzt oder gelöscht. Man kann das Blinken abschalten, indem man über die Schaltfläche „Stop" den Timer anhält.

Das zweite Beispiel soll zeigen, wie ein einfacher Schalter vom Computer abgefragt werden kann. Der Schalter liegt dabei z.B. zwischen der hochgesetzten Ausgangsleitung RTS und der Eingangsleitung CTS (vgl. Abb. 2.4). Das Programm ABFRAGE.FRM setzt die drei verfügbaren Ausgangsleitungen am Anfang hoch, fragt alle Eingänge regelmäßig ab und gibt ihren Zustand in Checkboxen aus. Die Abfrage wird wieder über den Timer gesteuert.

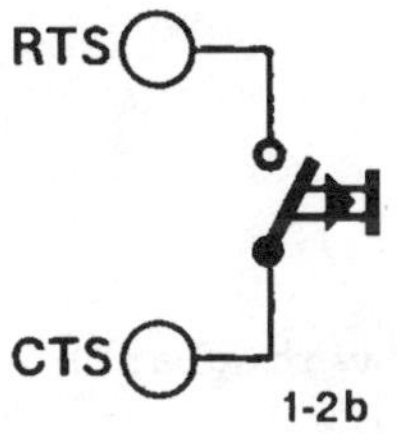

Abb. 2.4: Anschluß eines Schalters an die serielle Schnittstelle.

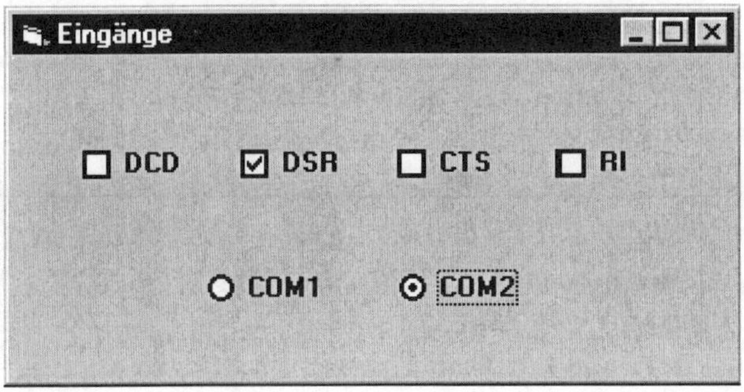

Abb. 2.5: Zustandsanzeige für alle Eingangsleitungen.

```
Private Sub Form_Load()
 i = OPENCOM(„COM2,1200,N,8,1")
 If i = 0 Then
    i = OPENCOM(„COM1,1200,N,8,1")
    Option1.Value = True
 End If
 If i = 0 Then MsgBox („Schnittstelle nicht verfügbar")
 TXD 1
 RTS 1
 DTR 1
 TIMEINIT
End Sub


Private Sub Form_Unload(Cancel As Integer)
  CLOSECOM
End Sub

Private Sub Option1_Click()
 i = OPENCOM(„COM1,1200,N,8,1")
 If i = 0 Then MsgBox („COM1 nicht verfügbar")
 TXD 1
 RTS 1
 DTR 1
End Sub

Private Sub Option2_Click()
 i = OPENCOM(„COM2,1200,N,8,1")
 If i = 0 Then MsgBox („COM2 nicht verfügbar")
 TXD 1
 RTS 1
 DTR 1
End Sub

Private Sub Timer1_Timer()
  If CTS() = 1 Then Check1.Value = 1 Else Check1.Value = 0
  If DSR() = 1 Then Check2.Value = 1 Else Check2.Value = 0
  If DCD() = 1 Then Check3.Value = 1 Else Check3.Value = 0
  If RI() = 1 Then Check4.Value = 1 Else Check4.Value = 0
 End Sub
```

Listing 2.2: *Der Zustand der Eingänge wird am Bildschirm angezeigt.*

Das Programm demonstriert zugleich einen verbesserten Umgang mit der Auswahl der seriellen Schnittstelle. Statt eine bestimmte Schnittstelle fest vorzugeben wird hier automatisch versucht, COM1 zu öffnen, falls COM2 belegt war. Falls also COM2 durch die Maus belegt ist, können die Versuche an COM1 durchgeführt werden. Der Anwender kann aber auch bei laufendem Programm versuchen, die Schnittstelle zu wechseln. Falls er zwei freie Schnittstellen besitzt, kann er damit insgesamt bis zu acht Schalter direkt abfragen. Dieses Verfahren kann in viele der in diesem Buch vorgestellten Programme eingebunden werden und ist leicht auf vier serielle Schnittstellen zu erweitern.

Beim Verlassen des Programms wird die serielle Schnittstelle mit CloseCOM geschlossen. Dies ist insbesondere für die experimentelle Arbeit mit Visual Basic wichtig, weil die DLL nicht automatisch beim Beenden eines Programms aus dem Speicher entfernt wird, sondern erst beim Verlassen der gesamten Entwicklungsumgebung VB5. Vergißt man den Aufruf von CloseCOM in der Prozedur Form_Unload, dann findet ein Programm beim zweiten Aufruf die Schnittstelle belegt vor, so daß das Open-Kommando versagt. Ganz anders ist es in Delphi. Dort wird immer ein vollständiges EXE-File erzeugt, das die DLL beim Beenden vollständig aus dem Speicher entfernt und damit die Schnittstelle wieder freigibt.

2.3 RS232-Zugriffe in Delphi

Delphi-Programme eignen sich auch für zeitkritische Aufgaben. Die Quelltexte werden zuerst in echten Binärcode compiliert, d.h. in Maschinencode übersetzt, so daß sehr schnelle Programme möglich werden. Der Programmieraufwand erscheint kaum höher als mit Visual Basic. Anwender, die bereits Erfahrungen mit Pascal haben, finden in Delphi eine echte Alternative.

Ein erstes Programmbeispiel soll eine mit dem Visual Basic-Programm in Listing 2.1 vergleichbare Aufgabe lösen. Wieder wird eine

Ausgangsleitung nach Abb. 2.2 angesteuert. Bevor auf eine Ausgangsleitung zugegriffen werden kann, muß die Schnittstelle geöffnet werden. Wichtig ist die korrekte Schnittstellennummer, während die anderen Parameter wie Baudrate, Parität usw. hier beliebig sind. Der Open-String muß in der C-Konvention als nullterminierter String an die DLL übergeben werden. Dies geschieht in der Deklaration der OPENCOM-Funktion durch den Pascal-Typ PCHAR.

```
Function OPENCOM(S:PCHAR):Integer; stdcall; external ´PRORT.DLL´;
OpenCom (Pchar('COM2:9600,N,8,1'));
```

Alle Deklarationen wurden bereits in der Unit PORTINC.PAS (vgl. Kap. 1.3) vorgenommen, die über die USES-Anweisung in das Projekt aufgenommen wird.

Abb. 2.6: Ein Rechteckgenerator mit einstellbarer Flankenlänge.

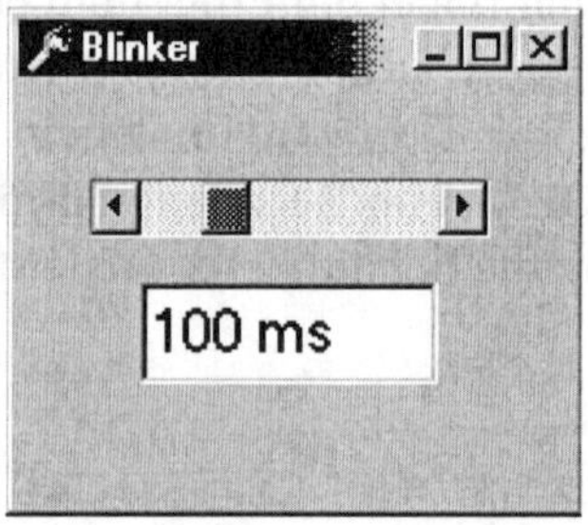


```
unit Blinker;

interface

uses PortInc, Windows, Messages, SysUtils, Classes,
  Graphics, Controls, Forms, Dialogs, ExtCtrls, StdCtrls;

type
  TForm1 = class(TForm)
    ScrollBar1: TScrollBar; Edit1: TEdit;
    Timer1: TTimer;
```

(Fortsetzung nächste Seite)

```
    procedure ScrollBar1Change(Sender: TObject);
     procedure FormCreate(Sender: TObject);
     procedure Timer1Timer(Sender: TObject);
   end;

 var
   Form1: TForm1;

 implementation
 {$R *.DFM}
 var Ausgang: Integer;

 procedure TForm1.ScrollBar1Change(Sender: TObject);
 begin
   Edit1.Text := floattostr(Scrollbar1.Position)+ ' ms';
   Timer1.Interval := Scrollbar1.Position
 end;

 procedure TForm1.FormCreate(Sender: TObject);
 begin
   OpenCom (Pchar('COM2:9600,N,8,1'));
   Timer1.Enabled := true;
   Ausgang := 0;
 end;

 procedure TForm1.Timer1Timer(Sender: TObject);
 begin
   Ausgang := (Ausgang + 1) AND 1;
   DTR (Ausgang);
   RTS (Ausgang);
 end;

 end.
```

Listing 2.3: Ein Taktgenerator in Delphi.

Das Programm BLINKER steuert die Leitungen DTR und RTS mit symmetrischen Rechtecksignalen. Die Impulslänge ist über einen Schieberegler einstellbar und wird durch den Timer1 kontrolliert. Messungen zeigen, daß der Timer erst ab etwa 50 ms einigermaßen zuverlässige Intervalle liefert. Der Arbeitsbereich wurde daher über die Eigenschaften Min und Max des ScrollBar1 auf den Bereich 50 ms bis 250 ms begrenzt.

Ein zweites Beispiel soll den Zustand eines Schalters abfragen. Das Programm liest und speichert zunächst 2000 Schalterzustände und gibt sie erst danach am Bildschirm aus. Die Zeit zwischen den Portabfragen ist mit 100 µs so gering, daß das Kontaktprellen des Schalters erkennbar werden kann. Das Programm verwendet ein Memo-Eingabefeld zur Darstellung der Nullen und Einsen auf dem Schirm.

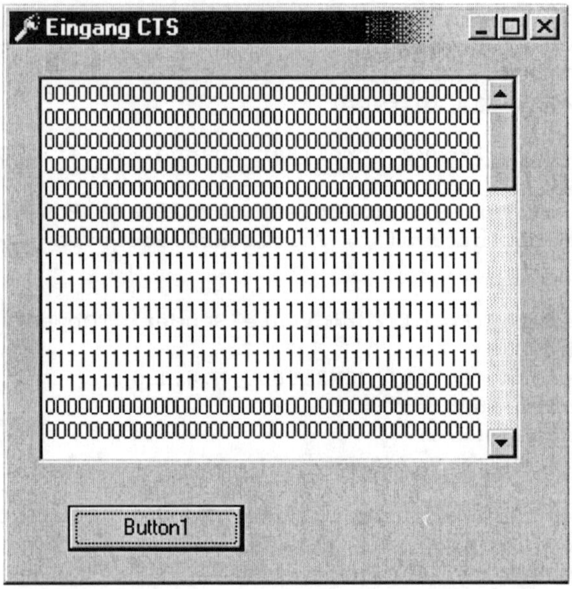

Abb. 2.7: Ein Ergebnis der schnellen Schalterabfrage.

```
unit Schalter;

interface

uses  PortInc,Windows, Messages, SysUtils, Classes,
 Graphics, Controls, Forms, Dialogs, StdCtrls;

type
  TForm1 = class(TForm)
    Memo1: TMemo;   Button1: TButton;
    procedure Button1Click(Sender: TObject);
    procedure FormCreate(Sender: TObject);
  end;
```

(Fortsetzung nächste Seite)

```
var
  Form1: TForm1;

implementation

{$R *.DFM}

procedure TForm1.Button1Click(Sender: TObject);
var Puffer: Array [0..2000] of Byte;
    n, m: Integer;
    Zeile: String;
begin
  for n:= 0 to 2000 do begin
    Puffer[n]:=CTS;
    Delayus(100);
  end;
  For n:= 0 to 49 do begin
    Zeile := '';
    For m:= 0 to 39 do begin
      Zeile := Zeile + floattostr(Puffer[40*n+m]);
    end;
    Memo1.Lines[n]:=Zeile;
  end;
end;

procedure TForm1.FormCreate(Sender: TObject);
begin
  OpenCom (Pchar('COM2:9600,N,8,1'));
  DTR (1); RTS(1);
end;

end.
```

Listing 2.4: *Schalterabfrage in Pascal.*

Genauere Untersuchungen des Zeitverhaltens z. B. mit einem Funktionsgenerator am Eingang CTS zeigen, daß die Verzögerung von 100 µs nicht zuverlässig eingehalten werden kann. Es treten vielmehr zeitliche Lücken auf, die durch Windows verursacht werden. Weiter unten wird noch gezeigt, wie man mit dem DLL-Aufruf RealTime(True) die Zuverlässigkeit erhöhen kann.

2.4 Zugriff über Portbefehle

Die serielle Schnittstelle des PCs verwendet den UART 8250 von National Semiconductor (UART = Universal Asynchronous Receiver/Transmitter) bzw. den Nachfolgetyp 16450 oder einen kompatiblen Nachfolger. Er enthält zehn Register, über die alle Funktionen der seriellen Ein- und Ausgabe gesteuert werden können. Die Register werden über sieben Adressen angesprochen, von denen einige doppelt belegt sind (vgl. [2]). Die folgende Tabelle zeigt alle Register des 8250, von denen in diesem Buch allerdings nur wenige benutzt werden.

Register	Offset	Bemerkungen
Sende-Halteregister	0	Sendebyte schreiben
Empfangs-Halteregister	0	Empfangsbyte lesen
nur erreichbar, wenn Bit 7 des Leitungs-Steuerregisters high:		
Baudratenregister (low)	0	
Baudratenregister (high)	1	
Interrupt-Freigaberegister	1	
Interrupt-Erkennungsregister	2	
Leitungs-Steuerregister	3	
Modem-Steuerregister	4	Hilfsleitungen setzen
Leitungs-Statusregister	5	
Modem-Statusregister	6	Hilfsleitungen lesen

Jedes dieser Register verfügt über acht Bits, also über acht einzelne Speicherzellen für bestimmte Funktionen. Es würde den Umfang dieses Buches sprengen, jedes Register genau zu beschreiben. Besonders wichtig für die in den folgenden Kapiteln beschriebenen einfachen Anwendungen der Schnittstelle sind das Modem-Steuerregister und das Modem-Statusregister, weil über sie die Hilfsleitungen der Schnittstelle direkt zugänglich sind.

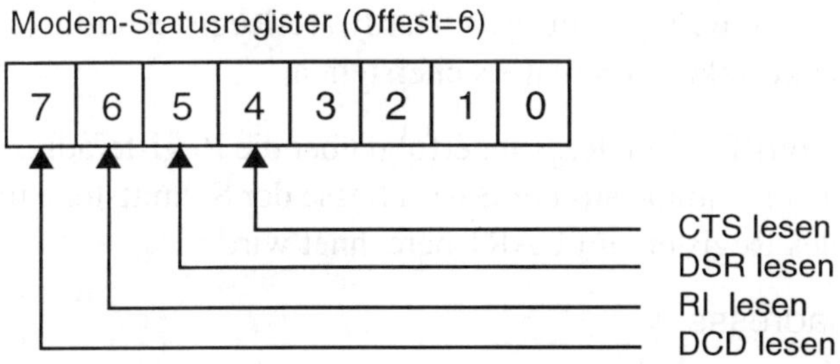

Alle Register werden wie Speicherzellen im I/O-Bereich des PCs behandelt. Der Rechner findet die Registeradressen in einem für jede Schnittstelle festgelegten Bereich, dessen erste Adresse als Basisadresse (BA) bezeichnet wird. Die erste serielle Schnittstelle (COM1) verwendet die Basisadresse 3F8 (hexadezimal). Die Register belegen also den Bereich 3F8 bis 3FF. Der Abstand einer Registeradresse zur Basisadresse wird als Offset bezeichnet.

Alle Programme in diesem Buch verwenden die zweite serielle Schnittstelle (COM2), lassen sich aber mit einer geänderten Basisadresse leicht auch für COM1 bis COM4 benutzen. Adressen werden üblicherweise in hexadezimaler Form geschrieben, dürfen aber auch dezimal angegeben werden. Die Basisadressen für die einzelnen Schnittstellen sind.

	COM1	COM2	COM3	COM4
hexadezimal	3F8	2F8	3E8	2E8
dezimal	1016	760	1000	744

Unter Windows95/98 lassen sich alle Geräteeigenschaften der Schnittstellen unter Systemsteuerung/System/Geräte-Manager/Anschlüsse überprüfen. Zu jeder Schnittstelle findet man unter „Ressourcen“ den Adreßbereich und die eingestellten Interruptleitungen. Im Einzelfall kann die Adreßlage von der hier angegebenen abweichen, wenn eine Schnittstelle anders eingetragen wurde. Dies ist kein

Problem, wenn über Windows-Treiber auf die Hardware zugegriffen wird. Vor einem Zugriff über die Hardware-Register sollte man allerdings die korrekte Adreßlage sicherstellen.

Der direkte Zugriff auf ein Register erfolgt über die Registeradresse, die wiederum als Summe aus der Basisadresse der Schnittstelle und dem Offset des Registers im UART berechnet wird:

```
  Basisadresse
+ Offset
----------------
= Registeradresse
```

Um die Hilfleitungen DTR und RTS der ersten seriellen Schnittstelle zu steuern, muß daher auf die Adresse (3F8+4), also 3FC zugegriffen werden. Es ist sinnvoll, die Basisadresse BA nur einmal im Programm festzulegen. Die gemeinte Adresse kann dann als (BA+4) angegeben werden.

Direkte Ausgaben über DTR und RTS erfolgen somit über die Adresse (BA+4), also für COM1 über die Adresse 1020 (3FC):

Adresse	Bit	Anschluß
BA+4	0	DTR
BA+4	1	RTS

Beispiel: Die Leitung RTS soll eingeschaltet werden. Bit 1 wird über den Zahlenwert $2^1=2$ angesprochen. Deshalb wird eine 2 ausgegeben. Der Wert $2^0=1$ würde entsprechend DTR anschalten, der Wert 3 beide Leitungen. Mit der OutPort-Funktion der PORT.DLL lautet die Ausgabe nun:

in Visual Basic: `OutPort BA+4 , 2   : REM  RTS an`
in Delphi: `OutPort (BA+4 , 2); {RTS an}`

Versucht man eine direkte Portausgabe in Visual Basic 5 oder in Delphi 4, dann erlebt man zunächst eine herbe Enttäuschung: OutPort wird zwar ohne Fehlermeldung scheinbar ausgeführt, aber es kommt zu keiner wirklichen Pegelumschaltung an der Leitung RTS.

Das Problem liegt an den Sicherheitsmechanismen von Windows. Es wird zwar ein Array für alle Portadressen im Speicher angelegt, die Ausgaben werden jedoch nicht an die wirkliche Hardware weitergeleitet. Zunächst muß man nämlich vom System die Erlaubnis für einen solchen Zugriff erbitten. Dies geschieht durch das ordnungsgemäße Öffnen der Schnittstelle, im einfachsten Fall mit der OpenCOM-Funktion der DLL. Windows gibt eine Rückmeldung über den Erfolg oder den Mißerfolg, z. B. wenn eine Schnittstelle nicht vorhanden oder bereits durch ein anderes Programm belegt ist.

Zumindest mit Windows95 gibt es noch eine andere, allerdings nicht ganz saubere Methode: Die gewünschte Schnittstelle kann über den Gerätemanager aus dem System entfernt werden. Dann wird sie auch nicht weiter überwacht und kann beliebig benutzt werden. Das Verfahren macht aber nur dann Sinn, wenn man eine überzählige Schnittstelle ausschließlich für einfache Hardware-Versuche verwenden will. Der sinnvollere und bessere Weg geht dagegen über die Anmeldung mit OpenCOM. Das folgende Programm erzeugt Rechteckimpulse an der Leitung RTS der Schnittstelle COM2. Hier wird ein Signal von 500 Hz erzeugt. Beim Start des Programms wird die Schnittstelle zuvor mit OpenCOM geöffnet.

Abb. 2.8: Direkte Ausgabe an RTS.

```
unit Rechteck;

interface

uses PortInc,Windows, Messages, SysUtils, Classes,
  Graphics, Controls, Forms, Dialogs, ExtCtrls, StdCtrls;

type
  TForm1 = class(TForm)
    Button1: TButton;
    procedure FormCreate(Sender: TObject);
    procedure Button1Click(Sender: TObject);
  end;

var
  Form1: TForm1;

implementation
{$R *.DFM}
Const BA = $02F8;

procedure TForm1.FormCreate(Sender: TObject);
begin
  OpenCom (Pchar('COM2:9600,N,8,1'));
end;

procedure TForm1.Button1Click(Sender: TObject);
var n: Integer;
begin
  For n := 1 to 100 do begin
    OutPort (BA+4, 2);
    Delay (1);
    OutPort (BA+4, 0);
    Delay (1);
  end;
end;

end.
```

Listing 2.5: Öffnen und Ansteuern der Schnittstelle.

Direkte Eingaben über die Leitungen CTS, DSR, RI und DCD erfolgen über die Adresse (BA+6), also für COM2 über die Adresse 766 (2FE):

Adresse	Bit	Anschluß
BA+6	4	CTS
BA+6	5	DSR
BA+6	6	RI
BA+6	7	DCD

Beispiel: Die Leitung CTS soll abgefragt werden. Bit 4 repräsentiert den Zahlenwert $2^4=16$. Nachdem ein Portbefehl alle acht Bits des Registers gemeinsam gelesen hat, kann man über die AND-Funktion ein bestimmtes Bit isolieren („maskieren"). AND 16 bewirkt hier, daß alle anderen Bits gelöscht werden, so daß das Ergebnis entweder 16 (CTS an) oder 0 (CTS aus) ist.

```
if (InPort (BA+6) AND 16) = 16 then ....
```

Während vier Eingangsleitungen zur Verfügung stehen, gibt es unter den Hilfsleitungen der seriellen Schnittstelle nur zwei Ausgänge. Wenn das nicht reicht, kann auch noch die serielle Sendeleitung TxD direkt gesteuert werden. Der Ausgang TxD wird normalerweise für die asynchrone Datenübertragung verwendet. Mit dem sogenannten Break-Zustand kann er jedoch auch direkt eingeschaltet werden. Er diente ursprünglich dazu, die Unterbrechung einer Signalleitung zu simulieren. Dazu muß das Bit 6 des Leitungs-Steuerregisters gesetzt werden.

Leitungs-Steuerregister (Offest=3)

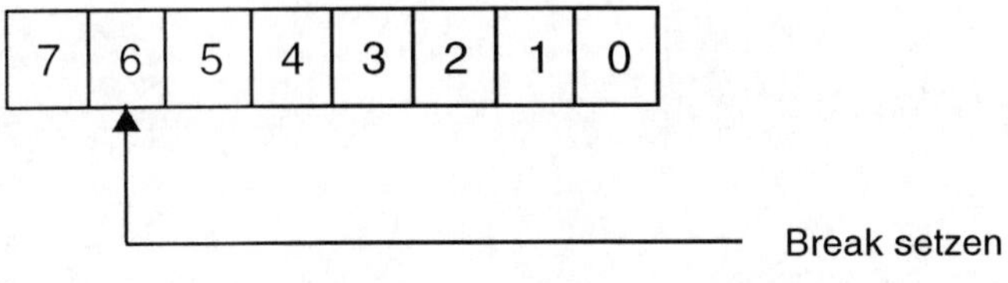

Soll TxD eingeschaltet werden, dann muß also 64 in die Adresse (BA+3) geschrieben werden. Damit die Ausgabe gelingt, muß die Schnittstelle zuerst geöffnet werden. In Visual Basic führen die folgenden Zeilen zum Ziel:

```
i = OPENCOM(„COM2,1200,N,8,1")
If i = 0 Then MsgBox („COM2 nicht verfügbar")
BA=760
OutPort(BA+3),64
```

Gegenüber direkten Zugriffen auf Hardware-Adressen stellt die PORT.DLL mit ihren Augabefunktionen DTR, RTS und TXD sowie mit den Lesefunktionen CTS, DSR, RI und DCD eine einfache Alternative bereit. In vielen Fällen kann man daher auf die direkten Portbefehle verzichten. Wenn allerdings mehrere Leitungen gleichzeitig mit einem einzigen Zugriff berücksichtigt werden sollen, dann gelingt dies nur mit dem Portbefehl. Außerdem kann man auch auf solche Adressen zugreifen, die nicht in der DLL berücksichtigt werden, also z. B. auf die Parallelschnittstelle oder auf die Hardwaretimer des Systems.

3

Direkte digitale Ausgaben

Die drei Leitungen RTS und DTR und TxD der seriellen Schnittstelle können direkt angesteuert werden. Da hierzu nur je ein Ausgabebefehl nötig ist, läßt sich ihr Zustand sehr schnell und sehr zeitgenau steuern. Interessante Anwendungen ergeben sich, wenn die Steuerung an die interne Uhr des PCs gebunden wird.

Wenn man Ereignisse zu vorgewählten Uhrzeiten auslösen will, kann man, z.B. von Visual Basic oder Delphi aus, auf die Echtzeituhr des PCs zugreifen und erhält eine sekundengenaue Zeitsteuerung. Bestimmte Aufgaben erfordern jedoch eine sehr viel schnellere Steuerung im Millisekunden- oder Mikrosekunden-Bereich. Für diese Fälle hält Windows entsprechende Timer bereit.

3.1 Zeitschaltuhr

Die Ausgangsleitungen der seriellen Schnittstelle können bis zu etwa 10 mA liefern. Damit lassen sich verschiedene Leistungsschalter problemlos ansteuern. Abb. 3.1 zeigt einige Möglichkeiten der Steuerung größerer Lasten.

Abb. 3.1: *Anschluß größerer Lasten über Leistungsschalter.*

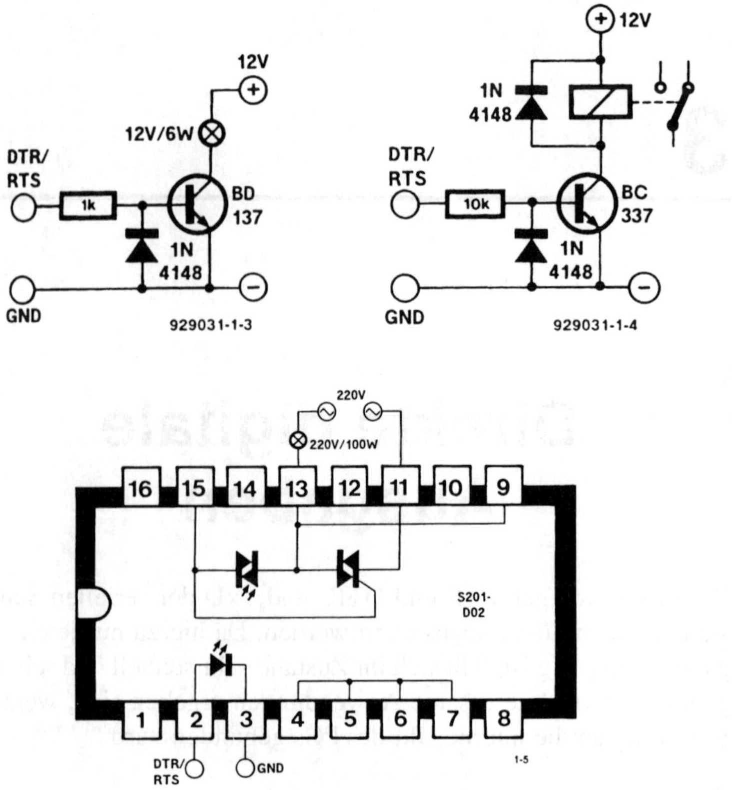

Für den Einsatz im Niederspannungsbereich ist die Steuerung durch Leistungstransistoren mit dem geringsten Aufwand verbunden. Sollen Verbraucher am Lichtnetz geschaltet werden, dann ist eine sorgfältige Potentialtrennung und Isolierung entscheidend. Man kann sie durch den Einsatz von Relais erreichen. Eine rein elektronische Alternative sind Halbleiter-Relais. Dabei handelt es sich um Optokoppler mit Triac-Ausgang. Der Typ S201-D02 von Sharp benötigt einen Steuerstrom von maximal 10 mA und kann Lasten bis zu 1,2 A schalten. Er enthält einen Nullspannungsschalter, d. h. der Triac schaltet immer genau im Nulldurchgang der Wechselspannung durch, so daß kaum Funkstörungen entstehen.

Baut man zwei Halbleiter-Relais in ein isoliertes Gehäuse mit zwei Einbausteckdosen, dann kann mit dem PC eine intelligente und universell einsetzbare Schaltuhr für zwei unabhängige Verbraucher entwickelt werden. Die möglichen Anwendungen reichen vom Akkuladen bis zur automatischen Lichtsteuerung für das Aquarium.

Eine Zeitschaltuhr läßt sich sehr einfach in VB5 erzeugen. Abb. 3.2 zeigt den Aufbau einer entsprechenden Form. Über fünf Textfenster werden die aktuelle Uhrzeit und die gewählten Schaltzeiten angezeigt. Die Schaltzeiten sind auch im laufenden Betrieb editierbar. Ein Verbraucher kann hier zu zwei Uhrzeiten an- und zu zwei anderen Zeiten ausgeschaltet werden, so daß zwei Schaltzyklen am Tag möglich werden. Das Programm ist aber leicht auf mehr Schaltpunkte erweiterbar.

Abb. 3.2:
Die Schaltuhr.

Listing 3.1 zeigt den Programmtext für eine zeitabhängige Steuerung eines Verbrauchers. Direkte Vergleiche zwischen der aktuellen Uhrzeit Time$ und den vorgegebenen Zeiten der Textfenster führen zu Entscheidungen über den Zustand der Leitung DTR. Das Programm wird von einem Timer gesteuert, dessen Intervall auf 1000 ms eingestellt ist. Einmal pro Sekunde wird eine neue Zeit ausgegeben und ein Vergleich ausgeführt.

```
Private Sub Form_Load()
  If OPENCOM(„COM2:9600,N,8,1") = 0 Then MsgBox („COM2 belegt")
  Timer1.Interval = 1000
  Timer1.Enabled = True
End Sub

Private Sub Form_Unload(Cancel As Integer)
  CLOSECOM
End Sub

Private Sub Timer1_Timer()
  Text1.Text = Time$
  If Time$<Text1.Text Then DTR 0
  If (Time$>Text2.Text) And (Time$<Text3.Text) Then DTR 1
  If (Time$>Text3.Text) And (Time$<Text4.Text) Then DTR 0
  If (Time$>Text4.Text) And (Time$<Text5.Text) Then DTR 1
  If (Time$>Text5.Text) Then DTR 0
End Sub
```

Listing 3.1: Programm einer einfachen Zeitschaltuhr.

Die Schaltuhr arbeitet problemlos auch im Hintergrund. Man kann daher das Programm starten und sich dann anderen Anwendungen widmen.

3.2 Ansteuerung von Servos

Fernsteuer-Servos werden über Serien kurzer Impulse zwischen 1 ms und 2 ms gesteuert. Die Wiederholfrequenz liegt üblicherweise bei etwa 50 Hz, ist aber nicht kritisch. Mit dem Ausbleiben weiterer Impulse behält der Servo seine aktuelle Position. Der PC kann solche Impulse direkt erzeugen, so daß über TxD, RTS und DTR bis zu drei Servos beliebig gesteuert werden können. Man hat so die Möglichkeit, ohne großen Hardwareaufwand programmgesteuerte Bewegungsmodelle zu bauen. Abb. 3.3 zeigt den Anschluß eines Servos an den Ausgang DTR. Eine Zenerdiode schützt den Eingang des Servos vor zu großen Spannungen.

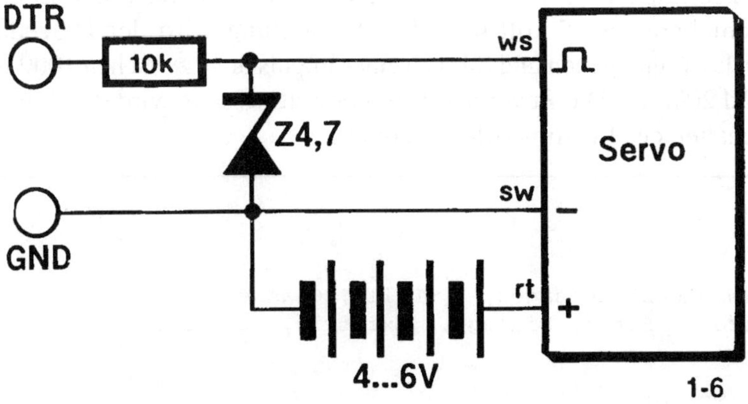

Abb. 3.3: Steuerung eines Servos über die serielle Schnittstelle.

Eine zeitgenaue Erzeugung kurzer Impulse erfordert den Einsatz einer Compiler-Sprache. Delphi ist schnell genug, um Impulse ab ca. 0,1 ms mit einer Auflösung von einigen Mikrosekunden zu erzeugen. Für die Zeitsteuerung kann die Prozedur „Delayus" zur Verzögerung im Mikrosekundenraster eingesetzt werden. Wie genau solche Zeiten allerdings wirklich eingehalten werden können, hängt stark vom verwendeten PC ab. Für einen ersten Versuch soll ein Servo direkt über einen Windows-Schieberegler gesteuert werden. Abb. 3.4 zeigt die Oberfläche des Programms.

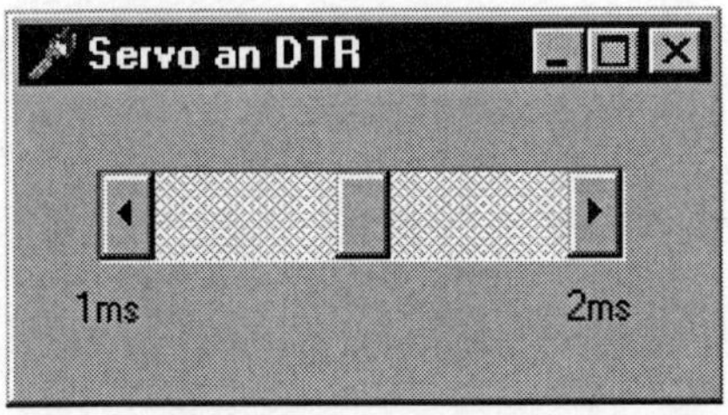

***Abb. 3.4:** Erzeugen der Steuerimpulse für ein Servo.*

Listing 3.2 zeigt eine mögliche Realisierung. Die Abfolge der Impulse wird durch einen Timer im 20-ms-Raster gesteuert. Jeder

Einzelimpuls erhält seine Länge über die aktuelle Position des Schiebereglers ScrollBar1. Die Einstellung wird der Prozedur Delayus übergeben und führt zu einer Impulslänge zwischen 1000 µs und 2000 µs. Die Zuverlässigkeit der Zeitmessung wird durch Einschalten des Realtime-Modus erhöht.

Listing 3.2: Steuerung eines Fernsteuer-Servos.

```
unit Sevo1;

interface

uses   PORTINC, Windows, Messages, SysUtils, Classes,
  Graphics, Controls, Forms, Dialogs,  ExtCtrls, StdCtrls;

type
  TForm1 = class(TForm)
    ScrollBar1: TScrollBar;  Timer1: TTimer;
    Label1: TLabel;  Label2: TLabel;
    procedure Timer1Timer(Sender: TObject);
    procedure FormCreate(Sender: TObject);
end;

var
  Form1: TForm1;

implementation

{$R *.DFM}

procedure TForm1.Timer1Timer(Sender: TObject);
var PulseTime: Word;
begin
 PulseTime := ScrollBar1.Position;
 RealTime (true);
 DTR (1);
 Delayus (PulseTime);
 DTR (0);
 RealTime (false);
end;

procedure TForm1.FormCreate(Sender: TObject);
begin
 OpenCom (Pchar('COM2:9600,N,8,1'));
 Timer1.Interval := 20;
 Timer1.Enabled := true;
end;

end.
```

Das Programm ist geeignet, die Grenzen der Echtzeitfähigkeit eines PCs unter Windows auszuloten. An einem Pentium-75 wurde ein Jitter (Flattern der Impulslänge) in der Größenordnung von 20 µs gemessen. Das Servo reagiert darauf mit einem deutlich wahrnehmbaren Zittern. Mit einem schnelleren PC wird diese Ungenauigkeit entsprechend kleiner.

Mit einem ausreichend schnellen PC können nun auch mehrere Servos gleichzeitig angesteuert werden. Außer der direkten Steuerung ist es natürlich auch möglich, Bewegungsabläufe automatisch zu generieren. Das folgende Programm demonstriert die Ansteuerung von zwei Servos an DTR und RTS. Sie sollen hier einer X- und Y-Position einer gedachten Maschine zugeordnet sein. Durch eine langsame Sinus- und Cosinus-Ansteuerung der Positionen kann bei entsprechendem mechanischen Aufbau eine Kreisbewegung erzeugt werden.

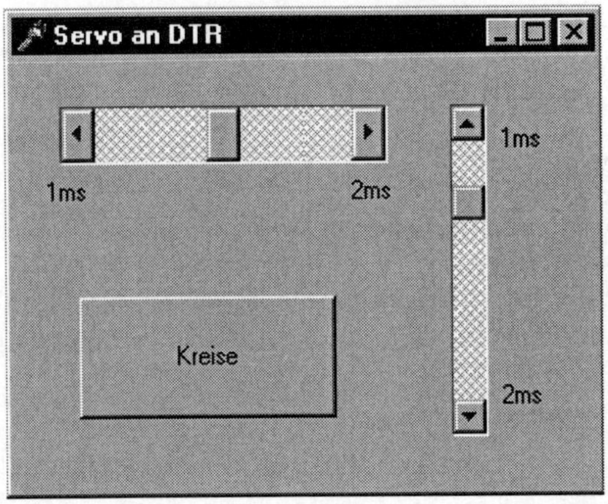

Abb. 3.5: Direkte und automatische Ansteuerung von zwei Servos.

Das Programm verwendet zwei Timer. Während Timer1 die Wiederholfrequenz der Steuerimpulse festlegt, wird über Timer2 die eigentliche Bewegung gesteuert. Timer2 wird erst über die Schaltfläche „Kreise" freigegeben. Die zugehörige Timerprozedur berechnet die X- und Y-Positionen und stellt direkt die zugehörigen Schieberegler ein. Auf dem Bildschirm kann die Steuerung der Positionen daher direkt verfolgt werden.

```
unit Sevo2;

interface

uses   PORTINC, Windows, Messages, SysUtils, Classes,
  Graphics, Controls, Forms, Dialogs, ExtCtrls, StdCtrls;

type
  TForm1 = class(TForm)
    ScrollBar1: TScrollBar; Timer1: TTimer;
    Label1: TLabel; Label2: TLabel;
    ScrollBar2: TScrollBar; Label3: TLabel;
    Label4: TLabel; Button1: TButton;
    Timer2: TTimer;
    procedure Timer1Timer(Sender: TObject);
    procedure FormCreate(Sender: TObject);
    procedure Timer2Timer(Sender: TObject);
    procedure Button1Click(Sender: TObject);
  end;

var
  Form1: TForm1;
  n: Word;
implementation

{$R *.DFM}

procedure TForm1.Timer1Timer(Sender: TObject);
var PulseTime1, PulseTime2: Word;
begin
  PulseTime1 := ScrollBar1.Position;
  PulseTime2 := ScrollBar2.Position;
  RealTime (true);
  DTR (1);
  Delayus (PulseTime1);
  DTR (0);
  RTS (1);
  Delayus (PulseTime2);
  RTS (0);
  RealTime (false);
end;

procedure TForm1.FormCreate(Sender: TObject);
begin
```

(Fortsetzung nächste Seite)

```
   OpenCom (Pchar('COM2:9600,N,8,1'));
   Timer1.Interval := 20;
   Timer1.Enabled := true;
   n:=0;
end;

procedure TForm1.Timer2Timer(Sender: TObject);
var Pos1, Pos2: real;
begin
   n:=n+1;
   Pos1:= (1500+ 400*sin(n/50));
   Scrollbar1.Position := Round(Pos1);
   Pos2:= (1500+ 400*cos(n/50));
   Scrollbar2.Position := Round(Pos2);
end;

procedure TForm1.Button1Click(Sender: TObject);
begin
   Timer2.Interval := 50;
   Timer2.Enabled := true;
end;

end.
```

Listing 3.3: Ansteuerung von zwei Servos an DTR und RTS.

Für höhere Anforderungen an die Impulsgenauigkeit auch bei nicht so schnellen Rechnern kann es sinnvoll sein, die Servo-Impulse direkt vom seriellen Sender der COM-Schnittstelle erzeugen zu lassen. Bei einer Standardübertragungsrate von 600 Baud hat jedes Bit eine Länge von exakt 1,667 ms. Sendet man ein Byte 255, dann erscheint nur das Startbit als einzelner Impuls. Die acht folgenden Datenbits sind wegen der Invertierung des Signals low und damit nicht vorhanden. Die so erzeugte Impulslänge ist völlig unabhängig vom PC, weil der Schnittstellenbaustein (UART) über einen eigenen Taktgenerator und eine reine Hardwaresteuerung verfügt. Zur Einstellung beliebiger Impulslängen kann man am Betriebssystem vorbei „krumme Baudraten" erzwingen, indem man direkt auf die Register des UART zugreift. Der hierbei eingesetzte OutPort-Befehl funktioniert allerdings unter Windows NT nicht mehr.

Die Baudrate wird durch Übergabe eines 16-Bit-langen Teilerfaktors an den UART eingestellt. Die Baudrate ergibt sich mit 115200/Teilerfaktor. Mit einem Teilerfaktor von 115 erhält man 1000 Baud bzw. 1 ms. Entsprechend liefert der Faktor 230 die Geschwindigkeit 500 Baud bzw. 2 ms. Dazwischen können wegen des ganzzahligen Teilerfaktors 115 einstellbare Impulslängen liegen. An einem Servo können also entsprechend viele verschiedene Positionen mit hoher Genauigkeit angefahren werden.

Bevor eine neue Baudrate eingestellt werden kann, muß zunächst das DLAB-Bit im Leitungs-Steuerregister gesetzt werden. Dann wird der Teilerfaktor in die beiden Baudratenregister geschrieben, wobei das Highbyte im vorliegenden Fall immer Null ist. Nach der Einstellung muß das Leitungs-Steuerregister mit den üblichen Daten zur Einstellung der Übertragungsdaten beschrieben werden. Danach kann sofort mit den neuen Einstellungen gesendet werden. Das Betriebssystem hat die Umstellung der Baudrate sozusagen gar nicht bemerkt und behandelt den Befehl Sendbyte daher wie immer.

```
unit Sevo3;

interface

uses   PORTINC,Windows, Messages, SysUtils, Classes,
  Graphics, Controls, Forms, Dialogs, ExtCtrls, StdCtrls;

type
  TForm1 = class(TForm)
    ScrollBar1: TScrollBar;  Timer1: TTimer;
    Label1: TLabel;  Label2: TLabel;
    procedure Timer1Timer(Sender: TObject);
    procedure FormCreate(Sender: TObject);
  end;

var
  Form1: TForm1;

implementation

{$R *.DFM}

procedure TForm1.Timer1Timer(Sender: TObject);
var Teiler : Word;
Const COM2 =$02F8;
begin
```

(Fortsetzung nächste Seite)

```
    Teiler := round (0.1152 * ScrollBar1.Position);
    OutPort (COM2+3,128);     {Baudrate freigeben}
    OutPort (COM2+0,Teiler);  {Baudrate low}
    OutPort (COM2+1,0);       {Baudrate high}
    OutPort (COM2+3,3);       {8,N,1}
    SendByte (255);
  end;

  procedure TForm1.FormCreate(Sender: TObject);
  begin
    OpenCom (Pchar('COM2:9600,N,8,1'));
    Timer1.Interval := 20;
    Timer1.Enabled := true;
  end;

  end.
```

Listung 3.4: Erzeugung genauer Impulszeiten mit SendByte.

Das Programm sieht nach außen aus wie das erste Programm zur Steuerung über DTR. Es liefert jedoch an TxD wesentlich exaktere Impulse. Ohne eine Änderung am Schieberegler kommt das Servo nach kurzer Zeit vollständig zur Ruhe.

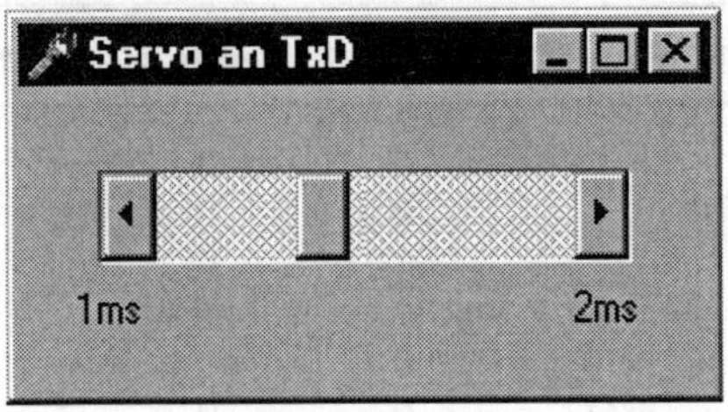

Abb. 3.6: Das verbesserte Steuerprogramm.

3.3 Schrittmotorsteuerung

Schrittmotoren besitzen einen drehbar gelagerten Magneten und mehrere feststehende Magnetspulen. Durch Einschalten einzelner Magnetspulen ergeben sich stabile Stellungen des Ankers, die schrittweise umgeschaltet werden können. Der Vorteil dieses Verfahrens ist, daß die Winkeländerung jederzeit ohne eine Abfrage bekannt ist, da sich die Schritte leicht zählen lassen. Übliche Schrittmotoren benötigen für eine volle Umdrehung z. B. 100 Schritte, so daß sich auch kleine Winkeländerungen präzise darstellen lassen. Aufgrund der trägen Masse des Ankers können Schrittmotoren nicht beliebig schnell gesteuert werden. Erreichbar sind etwa 1000 Schritte pro Sekunde.

Kleine Schrittmotoren werden meist unipolar betrieben, d. h. der Strom durch die einzelnen Spulen fließt nur in einer Richtung. Man kann daher einfache Ansteuerschaltungen verwenden. Der Leistungstreiber ULN2803 von SGS besteht aus acht Darlingtontransistor-Schaltstufen mit offenem Kollektor, die sich für Lasten bis 500 mA eignen. Das IC enthält auch die erforderlichen Schutzdioden zur Ansteuerung induktiver Lasten.

Die Steuerung muß für ein drehendes Magnetfeld im Motor sorgen, indem jeweils benachbarte Spulen nacheinander eingeschaltet werden. Wenn immer nur eine Spule eingeschaltet ist, ergibt sich das folgende Steuerschema:

Spule 1	Spule 2	Spule 3	Spule 4	Steuerwert
1	0	0	0	8
0	1	0	0	4
0	0	1	0	2
0	0	0	1	1
1	0	0	0	8
0	1	0	0	4
u.s.w.				

Man sieht, daß eigentlich vier Ausgangsleitungen erforderlich sind. Da aber praktisch nur vier verschiedene Zustände vorkommen, ließe sich die Ansteuerung mit den beiden Ausgangsleitungen DTR und RTS und eine Decoderschaltung realisieren. Es gibt aber noch eine weniger aufwendige Möglichkeit, einen Schrittmotor über zwei Bits zu steuern. Dazu werden immer zwei benachbarte Spulen zusammen eingeschaltet:

Spule 1	Spule 2	Spule 3	Spule 4	Steuerwert
1	1	0	0	3
0	1	1	0	1
0	0	1	1	0
1	0	0	1	2
1	1	0	0	3
0	1	1	0	1
u.s.w.				

Bei dieser Ansteuerung benötigt der Schrittmotor bei gleicher Spannung den doppelten Strom. Zugleich ist er aber auch kräftiger. Eine Ansteuerung über zwei Leitungen wird erleichtert, weil jeweils zwei Spulen zueinander invertiert angesteuert werden. Die Steuersignale für Spule 3 lassen sich durch Invertierung der Signale für Spule 1

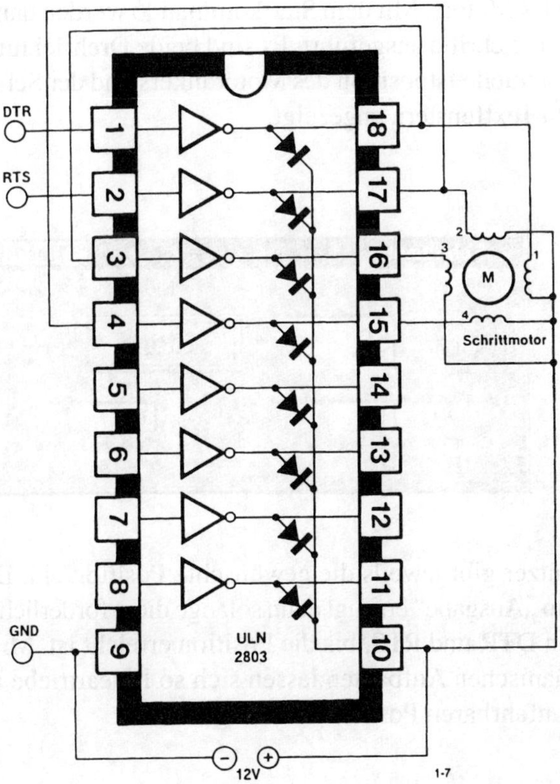

Abb. 3.7:
2-Bit-Ansteuerung eines Schrittmotors.

erzeugen. Genauso gehören Spule 2 und Spule 4 zusammen. Abb. 3.7 zeigt die Ansteuerung durch einen Leistungstreiber ULN2803. Da jede Stufe zugleich eine Invertierung bewirkt, lassen sich die Steuersignale für die Treiber 2 und 4 direkt an den Ausgängen für die Spulen 1 und 2 entnehmen.

Die Zustände der beiden ersten Spulen können als Binärzahlen mit der Folge 3,1,0,2 aufgefaßt werden. Eine Steuerung des Schrittmotors durch Ausgabe dieser Werte an den Ausgangsleitungen DTR und RTS muß relativ langsam erfolgen, weil die höchste erlaubte Schrittfolge je nach Motor bei etwa 100 bis 500 Schritten pro Sekunde liegt. Deshalb genügt ein einfaches Programm in Visual Basic. Die Zeitverzögerung kann mit Delay oder TimeRead erfolgen.

Ein einfaches Beispielprogramm erlaubt die Eingabe einer Schrittposition des Motors. Mit dem Startkommando werden dann entsprechend viele Schritte ausgeführt. Es sind beide Drehrichtungen möglich. Die aktuelle Istposition des Motorankers und der Schaltzustand werden in Textfenstern angezeigt.

Abb. 3.8: *Das einfache Steuerprogramm.*

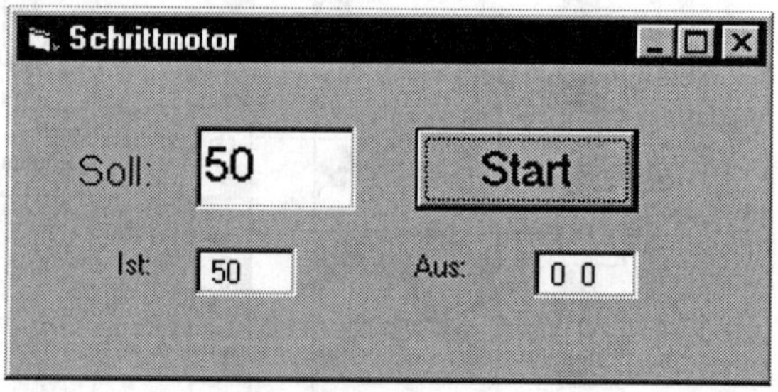

Der Benutzer gibt jeweils die gewünschte Position ein. Das Unterprogramm „Ausgabe" erzeugt dann solange die erforderlichen Steuersignale an DTR und RTS, bis die Position erreicht ist. Mit geeigneten mechanischen Aufbauten lassen sich so Lineartriebe mit vielen tausend anfahrbaren Positionen erzeugen.

```
Dim Soll, Ist

Private Sub Command1_Click()
  Soll = Val(Text1.Text)
  Ausgabe
End Sub

Private Sub Form_Load()
  If OPENCOM("COM2:9600,N,8,1") = 0
       Then MsgBox "COM2 nicht frei"
  DTR 1
  RTS 1
  Soll = 0: Ist = 0

End Sub

Sub Phase1()
  DTR 1
  RTS 1
  Text3.Text = " 1  1"
End Sub

Sub Phase2()
  DTR 1
  RTS 0
  Text3.Text = " 1  0"
End Sub

Sub Phase3()
  DTR 0
  RTS 0
  Text3.Text = " 0  0"
End Sub

Sub Phase4()
  DTR 0
  RTS 1
  Text3.Text = " 0  1"
End Sub

Sub Ausgabe()
  While Soll <> Ist
    If Soll > Ist Then Ist = Ist + 1
    If Soll < Ist Then Ist = Ist - 1
    Text2.Text = Str$(Ist)
    Phase = Ist Mod 4
```

(Fortsetzung nächste Seite)

```
    If Phase < 0 Then Phase = Phase + 4
    If Phase = 0 Then Phase1
    If Phase = 1 Then Phase2
    If Phase = 2 Then Phase3
    If Phase = 3 Then Phase4
    TIMEINIT
    While TIMEREAD < 10
      DoEvents
    Wend
  Wend
End Sub

Private Sub Form_Unload(Cancel As Integer)
  CLOSECOM
End Sub
```

Listing 3.5: Programm zur 2-Bit-Ansteuerung eines Schrittmotors.

Wie bei jedem VB-Projekt muß auch hier wieder die Schnittstelle mit dem Verlassen des Programms ordentlich beendet werden. Das Beispiel zeigt ein weites wichtiges Detail im Umgang mit Zeitverzögerungen. Verwendet man in einer Prozedur Verzögerungen mit DELAY, dann reagiert das Programm während dieser Zeit nicht mehr auf äußere Ereignisse, es scheint zu „hängen". Das kann man sich nur leisten, wenn die Prozedur sehr schnell abgearbeitet ist. Längere Abläufe, wie die Steuerung des Bewegungsablaufs für einen Schrittmotor, sollten dagegen so verzögert werden, daß äußere Ereignisse möglich bleiben. Die Verzögerung verwendet hier nicht DELAY, sondern TIMEREAD in Verbindung mit DOEVENTS. Damit wird erreicht, daß z. B. alle Mausereignisse korrekt behandelt werden können.

```
While TIMEREAD < 10
  DoEvents
Wend
```

4

Direkte digitale Eingaben

Mit der seriellen Schnittstelle lassen sich durch direkte Abfrage der Handshake-Leitungen bis zu vier logische Zustände einlesen und überwachen. Je nach Aufgabenstellung können die Eingangssignale von Schaltern, Sensoren oder komplexeren Schaltungen kommen.

4.1 Zeitliche Registrierung von Ereignissen

Viele Vorgänge lassen sich durch binäre Zustände darstellen. Der Zustand einer Tür ist z. B. „auf" oder „zu", was sich mit einem Türkontakt erfassen läßt. Der Zustand „an" oder „aus" eines elektrischen Geräts ließe sich z. B. über die Schaltkontakte eines zusätzlich angebrachten Relais erkennen.

Im einfachsten Fall können vier Schalter nach Abb. 4.1 an die serielle Schnittstelle angeschlossen werden. Für eine Langzeitbeobachtung ist es z. B. sinnvoll, jede Änderung eines oder mehrerer Zustände mit ihrer genauen Uhrzeit zu speichern. Listing 4.1 zeigt eine Realisierung in Visual Basic. Zu jedem Eingang existiert eine Variable für den aktuellen Zustand (CTSneu) und eine für den letzten Zustand (CTSalt). Durch einen einfachen Vergleich kann festgestellt werden, ob ein Zustand sich geändert hat. In diesem Fall erfolgt eine Ausgabe aller Zustände. Beim Start des Programms werden allen Alt-Zuständen Werte von −1 zugewiesen. Dies führt dazu, daß bereits der erste Aufruf der Timer-Prozedur eine Änderung feststellt und den aktuellen Zustand ausgibt.

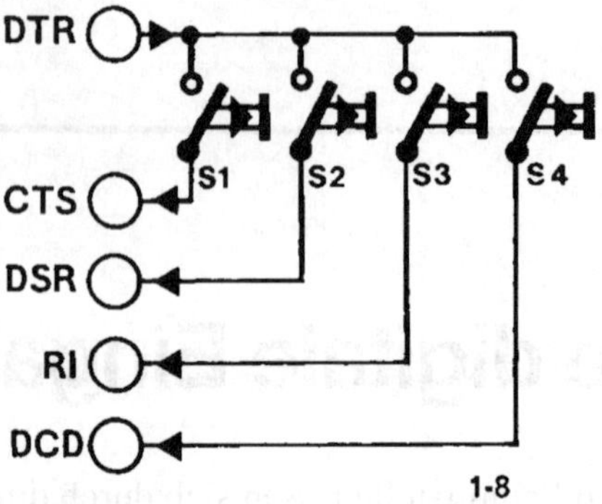

Abb. 4.1: Anschluß von vier Schaltern an die serielle Schnittstelle.

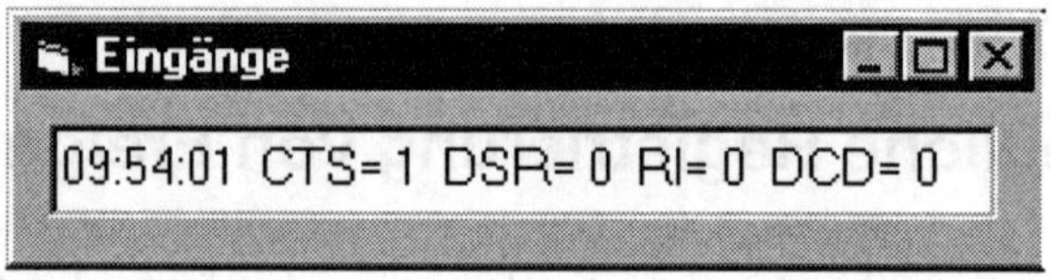

Abb. 4.2: Anzeige der aktuellen Zustände.

```
Dim CTSneu, DSRneu, RIneu, DCDneu
Dim CTSalt, DSRalt, RIalt, DCDalt

Private Sub Form_Load()
   If OPENCOM(„COM2:9600,N,8,1") = 0
       Then MsgBox „COM2 nicht frei"
   DTR 1
   CTSalt = -1: DSRalt = -1: RIalt = -1: DCDalt = -1
End Sub

Private Sub Form_Unload(Cancel As Integer)
  CLOSECOM
End Sub
```

(Fortsetzung nächste Seite)

```
Private Sub Timer1_Timer()
  CTSneu = CTS: DSRneu = DSR: RIneu = RI: DCDneu = DCD
  If (CTSneu <> CTSalt) Or (DSRneu <> DSRalt) Or
    (RIneu <> RIalt) Or (DCDneu <> DCDalt) Then Ausgabe
  CTSalt = CTSneu: DSRalt = DSRneu
  RIalt = RIneu: DCDalt = DCDneu
End Sub
Sub Ausgabe()
  Zustand$ = Time$ + „  CTS=" + Str$(CTSneu) + „  DSR="
      + Str$(DSRneu) + „  RI=" + Str$(RIneu) + „  DCD="
      + Str$(DCDneu)
  Text1.Text = Zustand$
  Open „Daten.TXT" For Append As #1
  Print #1, Zustand$
  Close 1

End Sub
```

Listing 4.1: Registrierung von Schaltereignissen.

Das Programm liefert eine Textdatei mit allen Zustandsänderungen und den zugehörigen Uhrzeiten. Die Datei DATEN.TXT wird bei jeder erkannten Änderung an mindestens einer der Eingangsleitungen erneut geöffnet, um eine Textzeile anzuhängen. Die Ausgabedatei kann später mit externen Programmen weiterverarbeitet werden. Die folgende Tabelle zeigt ein Beispiel, bei dem Änderungen an RI, CTS und DCD erkennbar sind.

```
09:47:19  CTS= 0  DSR= 0  RI= 0  DCD= 0
09:47:26  CTS= 0  DSR= 0  RI= 1  DCD= 0
09:47:31  CTS= 0  DSR= 0  RI= 0  DCD= 0
09:47:33  CTS= 1  DSR= 0  RI= 0  DCD= 0
09:47:36  CTS= 0  DSR= 0  RI= 0  DCD= 0
09:47:48  CTS= 0  DSR= 0  RI= 0  DCD= 1
09:47:50  CTS= 0  DSR= 0  RI= 0  DCD= 0
```

Statt der Schalter lassen sich z. B. auch Fotowiderstände oder andere Eingabeelemente anschließen. Eine interessante Anwendung ist die Registrierung aktiver Zeiten elektrischer Verbraucher. Der Computer kann hier bei der Planung von Energiesparmaßnahmen helfen.

4.2 Nachbildung logischer Schaltungen

Digitale Schaltungen verknüpfen die Zustände von Eingängen nach logischen Regeln miteinander und geben das Ergebnis aus. Übliche Grundfunktionen sind z. B. die AND-, OR-, NAND-, NOR- und die EXOR-Funktion. Da sie in dem meisten Hochsprachen ebenfalls enthalten sind, lassen sich leicht Programme schreiben, die das Verhalten digitaler Schaltungen nachbilden. Außer für Übungszwecke lassen sich solche Programme auch für die logische Steuerung von Geräten einsetzen.

Die folgende Tabelle zeigt die „Wahrheitstabelle" der logischen Grundfunktionen bei der Verknüpfung der Eingänge A und B:

A	B	Ausgang:	AND	NAND	OR	NOR	EXOR
0	0		0	1	0	1	0
0	1		0	1	1	0	1
1	0		0	1	1	0	1
1	1		1	0	1	0	0

Für den Versuch werden zwei Schalter als Eingabeelemente benötigt. Eine LED gibt das Ergebnis aus. Abb. 4.3 zeigt die Beschaltung der Schnittstelle. Listing 4.2 (Seite 62) stellt eine mögliche Realisierung des Programms in Visual Basic vor. Der Anwender kann über Radio-Buttons die gewünschte logische Grundfunktion auswählen. Beide Eingangszustände und der Ausgangszustand werden auch im Programmfenster angezeigt.

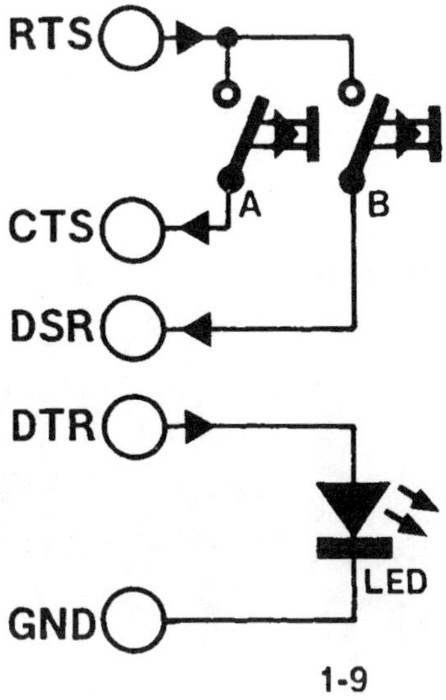

Abb. 4.3: Nachbildung logischer Grund- schaltungen mit zwei Eingängen und einem Ausgang.

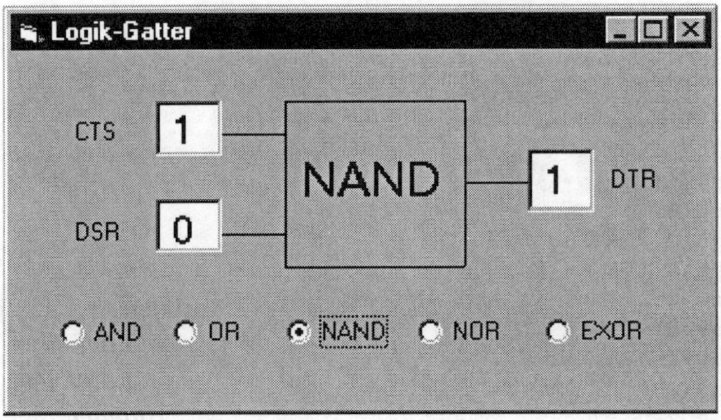

Abb 4.4: Programm- fenster des Programms LOGIK.FRM.

```
Dim Logik

Private Sub Form_Load()
   If OPENCOM("COM2:9600,N,8,1") = 0 Then MsgBox "COM2 nicht frei"
   RTS 1
   Logik = 1
End Sub

Private Sub Form_Unload(Cancel As Integer)
  CLOSECOM
End Sub

Private Sub Option1_Click()
  Logik = 1
  Label3.Caption = "AND"
End Sub

Private Sub Option2_Click()
  Logik = 2
  Label3.Caption = "OR"
End Sub

Private Sub Option3_Click()
  Logik = 3
  Label3.Caption = "NAND"
End Sub

Private Sub Option4_Click()
  Logik = 4
  Label3.Caption = "NOR"
End Sub

Private Sub Option5_Click()
  Logik = 5
  Label3.Caption = "EXOR"
End Sub

Private Sub Timer1_Timer()
  A = CTS: B = DSR
  Text1.Text = Str$(A)
  Text2.Text = Str$(B)
  If Logik = 1 Then C = A And B
  If Logik = 2 Then C = A Or B
  If Logik = 3 Then C = (Not (A And B)) And 1
  If Logik = 4 Then C = (Not (A Or B)) And 1
  If Logik = 5 Then C = A Xor B
  Text3.Text = Str$(C)
  DTR C
End Sub
```

Listing 4.2: *Logische Verknüpfung von Eingangszuständen.*

5

Einfache Analog/Digital-Wandler

Ein Analog/Digital-Wandler setzt eine analoge Größe, z. B. eine Spannung, einen Widerstandswert oder eine Temperatur in Zahlenwerte um, die sich mit dem Computer weiterverarbeiten lassen. Grundsätzlich muß dabei das analoge Signal treppenförmig in kleine Bereiche eingeteilt werden, die jeweils einem Zahlenwert zugeordnet sind. Die Größe einer Stufe hängt von der Auflösung des Wandlers ab. Bei einer Spannungsauflösung von 100 mV würden z. B. alle Spannungen zwischen 1,10 V und 1,19 V mit 1,1 V gemessen.

Mit wenigen zusätzlichen Bauteilen kann man analoge Werte in Impulslängen umzusetzen und diese dann mit dem Computer direkt messen. Die folgenden Anwendungen zeigen Schaltungen, über die sich mit geringem Aufwand analoge Werte erfassen lassen.

5.1 Messung von Widerständen

Ein einfaches RC-Glied erzeugt eine Verzögerung, die proportional zum Widerstand und zur Kapazität ist. Man kann z. B. einen Impuls an DTR erzeugen und die Impulsverzögerung an einem der digitalen Eingänge messen. Die Breite des verzögerten Impulses ist ein Maß für die gemessene analoge Größe. Alle Eingänge der RS232 besitzen Schmitt-Trigger, so daß auch langsam ansteigende Eingangsspannungen ein gut definiertes Schaltsignal erzeugen.

Abb. 5.1 zeigt eine Schaltung zur Abfrage eines Potentiometers. Jede Stellung des Potis wird in einen Zählerwert umgesetzt. Das Abfrageprogramm erfordert eine schnelle Zählschleife, da die gemessene Verzögerung in der Größenordnung von Millisekunden liegt. Listing 5.1 stellt eine Realisierung in Delphi vor. Die eigentliche Zeitmessung verwendet „TimeReadus“ in Mirosekundeneinheiten.

Mit den Werten 1 µF und 10 kΩ ergibt sich eine Ladezeit von ca. 4,5 ms. Mit der Einstellung R=0 mißt man etwa 1 ms, weil der Ausgang DTR einen maximalen Ladestom von ca. 10 mA an den Kondensator liefert. Der gesamte Meßbereich umfaßt also ca. 3,5 ms bei einer theoretischen Auflösung von 1 µs. Die tatsächlich erreichte Auflösung hängt stark vom verwendeten PC ab und liegt für einen Pentium-200 bei etwa 5 µs. Der Aufruf von RealTime (true) erhöht die Zuverlässigkeit der Messung, indem andere Prozesse auf eine niedrigere Priorität gesetzt werden.

Die Meßschleife fragt die Leitung CTS ab bis der Zustand 1 erkannt wird. Gleichzeitig wird ein Grenzwert von 10000 µs als Timeout-Bedingung für den Fehlerfall überwacht. Die gesamte Messung braucht eine gewisse Erholzeit zur Entladung des Kondensators. Mit einer Timer-Einstellung auf 1000 ms ergibt sich eine ausreichende Entladezeit bei einer Wiederholrate von einer Messung pro Sekunde.

Abb. 5.1: Messung des Widerstands über die Ladezeit.

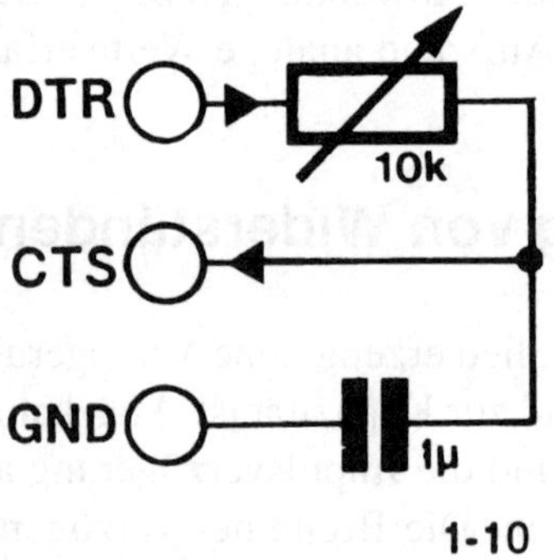

Abb. 5.2: *Ein Meßergebnis der Zeitmessung.*

```
unit AD1;

interface

uses
  PORTINC, Windows, Messages, SysUtils, Classes, Graphics,
  Controls, Forms, Dialogs, StdCtrls, ComCtrls, ExtCtrls;

type
  TForm1 = class(TForm)
    Timer1: TTimer;  Edit1: TEdit;
    procedure FormCreate(Sender: TObject);
    procedure Timer1Timer(Sender: TObject);
end;

var
  Form1: TForm1;

implementation

{$R *.DFM}

procedure TForm1.FormCreate(Sender: TObject);
begin
  OpenCom(pchar('com2:9600,N,8,1'));
  DTR(0);
end;
procedure TForm1.Timer1Timer(Sender: TObject);
var Ausgabe:String;
   Zeit: DWord;
begin
```

(Fortsetzung nächste Seite)

```
    RealTime (true);
    DTR (1);
    TimeInitus;
    While(( CTS=0) and (TimeReadus < 10000)) do;
    Zeit:=TimeReadus;
    DTR (0);
    Str(Zeit,Ausgabe);
    Edit1.Text := Ausgabe + ' us';
    RealTime (false);
  end;

  end.
```

Listing 5.1: Einfache Abfrageschleife zur Messung des Widerstands.

Mit diesem Meßgerät lassen sich nicht nur Potis abfragen. Viele Sensoren arbeiten nach dem Prinzip der Widerstandsänderung. Beispiele sind NTCs zur Messung der Temperatur und LDRs zur Erfassung der Beleuchtungsstärke. Über die gemessenen Impulslängen lassen sich daher auch nichtelektrische Größen erfassen.

5.2 Spannungsmessung

Um Spannungen nach dem Impulsbreitenverfahren zu messen, benötigt man nicht mehr als ein RC-Glied und einen Operationsverstärker, der als Komparator eingesetzt wird. Abb. 5.3 zeigt eine Schaltung mit einem Eingangskanal. Der Operationsverstärker benötigt keine zusätzliche Spannungsversorgung, sondern erhält ca. –10V und +10V direkt von der Schnittstelle. Die Schaltung findet z. B. Platz im Gehäuse eines Sub-D-Anschlußsteckers.

Die Funktion der Schaltung ist leicht zu verstehen: Wenn DTR hochgeschaltet wird, beginnt der Kondensator sich aufzuladen. Seine Spannung wird laufend mit der zu messenden Eingangsspannung verglichen. Sobald die Eingangsspannung erreicht ist, kippt der Ausgang des Operationsverstärkers. Dies geschieht um so später, je höher die Meßspannung ist. Über die Verzögerungszeit kann also die Eingangsspannung gemessen werden. Für die Eingangsspannung

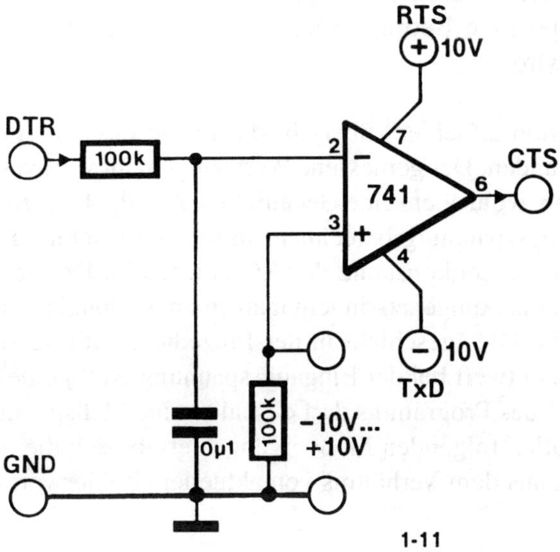

Abb. 5.3: Ein A/D-Wandler nach dem Impulsbreitenverfahren.

Null beträgt die Ladezeit mit der vorgeschlagenen Dimensionierung etwa 8 ms.

Leider ist der Anstieg der Kondensatorspannung nicht linear. Er hängt vielmehr direkt von der Restspannung am Ladewiderstand ab. Je weiter der Kondensator also schon aufgeladen ist, desto langsamer ist sein Spannungsanstieg. Der Spannungsverlauf folgt der Exponentialfunktion. Es wäre sehr schwierig, diese Funktion allein mit elektronischen Mitteln zu linearisieren. Eine Linearisierung im Programm ist jedoch leicht möglich, da ein eindeutiger mathematischer Zusammenhang zwischen der gemessenen Zeit und der Spannung besteht.

Listing 5.2 zeigt das Meßprogramm. Die Messung beruht wieder auf einem Zählvorgang. Im Unterschied zu Listing 5.1 wird diesmal statt einer Prozedur eine Funktion eingesetzt, weil das Zählergebnis mehrfach weiterverarbeitet werden muß. Zusätzlich zur Leitung DTR muß auch RTS dauerhaft hochgeschaltet werden, da über diese Leitung die positive Betriebsspannung an den Operationsverstärker geliefert wird.

Die Funktion „Zaehler“ übergibt die Länge des Ladeimpulses in Mikrosekunden. Der gemessene Wert hängt nicht vom verwendeten Rechner ab, wohl aber seine Genauigkeit. Aus der Ladezeit läßt sich die Eingangsspannung berechnen. In die Berechnung geht außerdem noch die Zeitkonstante des RC-Glieds ein. Die genaue Messung kann man umgehen, indem man einen Nullpunktwert automatisch erfaßt. Dies geschieht in der Prozedur „Kalibrieren“, indem der Nullpunktwert bei der Eingangsspannung Null gemessen wird. Beim Start des Programms darf deshalb keine Meßspannung anliegen. Bei allen folgenden Meßvorgängen ergibt sich die gemessene Spannung aus dem Verhältnis von aktuellem Zählerwert und Nullpunktwert.

Die Umrechnung des Zählerwertes in die gemessene Spannung folgt aus dem Exponentialgesetz der Aufladung eines Kondensators. Es sagt aus, daß ein Kondensator sich über einen Widerstand um so langsamer auflädt, je näher die Kondensatorspannung schon der Ladespannung gekommen ist. Die Exponentialfunktion beschreibt diesen immer flacher werdenden Spannungsanstieg. Die Linearisierung der Messung erfolgt durch die folgende Umrechung:

Spannung = 20 V • (1 – exp(–Zaehler/Nullpunkt)) – 10V

Wenn man das Meßgerät in beiden Polaritäten, z. B. mit einer Batterie überprüft, dann wird man eine leichte Unlinearität feststellen. Die Voraussetzung, daß die Ausgangsspannung an DTR –10V und +10V beträgt, stimmt nämlich nicht genau. Durch Ändern der Werte „Negativ“ und „Positiv“ läßt sich die Linearität erheblich verbessern. Durch einen sorgfältigen Abgleich erreicht man insgesamt eine Genauigkeit von etwa einem Prozent.

Die Auflösung des A/D-Wandlers hängt davon ab, wie genau der Computer in der Verzögerungszeit des RC-Gliedes messen kann. Sie wird daher mit einem schnellen Rechner besser. Mit der gezeigten Dimensionierung und einem Pentium-200 entspricht die Auflösung etwa einem 10-Bit-Wandler. Die angezeigte Spannungsauflösung beträgt 10 mV. Es können also bis zu 2000 Spannungswerte unterschieden werden. Damit erreicht man etwa die Qualität eines einfachen Digitalvoltmeters.

Ein Nachteil dieses Verfahrens liegt in seiner relativen Langsamkeit. Damit die Vergleichsspannung für eine neue Messung wieder ganz am unteren Bereichsende beginnt, muß eine Wartezeit von mehr als 0,1s zwischen den Messungen eingehalten werden.

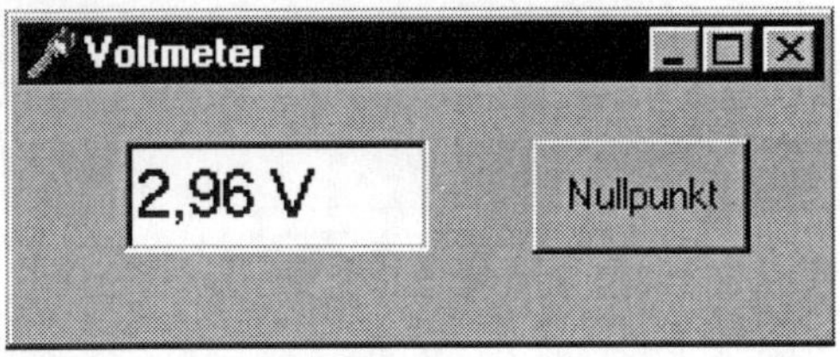

Abb. 5.4: Spannungsmessung in Delphi.

```
unit ADU1;

interface

uses
PORTINC, Windows, Messages, SysUtils, Classes, Graphics,
Controls, Forms, Dialogs, StdCtrls, ComCtrls, ExtCtrls;

type
  TForm1 = class(TForm)
    Timer1: TTimer;    Edit1: TEdit;
    Button1: TButton;
    procedure FormCreate(Sender: TObject);
    procedure Timer1Timer(Sender: TObject);
    procedure Button1Click(Sender: TObject);
  end;

var
Form1: TForm1;
  Nullp: Real;
const Neg = 10.2;
      Pos = 10.25;
```

(Fortsetzung nächste Seite)

```
implementation

{$R *.DFM}

function Zaehler: Double;
var  Zeit : Double;
begin
  RealTime (true);
  DTR (1);
  TimeInitus;
  While(( CTS=1) and (TimeReadus < 50000)) do;
  Zeit:=TimeReadus;
  DTR (0);
  RealTime (false);
  Zaehler := Zeit;
end;

procedure Nullpunkt;
begin
  delay (500);
  Nullp := -(Zaehler/ln(1-Neg/(Pos+Neg)));
  Delay (500);
end;

procedure TForm1.FormCreate(Sender: TObject);
begin
  OpenCom(pchar('com2:9600,N,8,1'));
  DTR(0);
  RTS (1);
  TXD (0);
  Timer1.Enabled := false;
  delay (500);
  Nullp := -(Zaehler/ln(1-Neg/(Pos+Neg)));
  Delay (500);
  Timer1.Enabled := false;
  Nullpunkt;
  Timer1.Enabled := true;
end;


procedure TForm1.Timer1Timer(Sender: TObject);
var Ausgabe:String;
    Zeit: Double;
    Spannung:Real;
begin
```

(Fortsetzung nächste Seite)

```
 Zeit := Zaehler;
  Spannung := (neg+Pos)*(1-exp(-Zeit/Nullp))-Neg;
  Spannung := round(Spannung*100)/100;
  Edit1.Text := floattostr(Spannung) + ' V';
end;

procedure TForm1.Button1Click(Sender: TObject);
begin
  Timer1.Enabled := false;
  Nullpunkt;
  Timer1.Enabled := true;
end;

end.
```

Listing 5.2: Pascal-Programm für ein einfaches Digitalvoltmeter.

5.3 Ein 4-Kanal-A/D-Wandler

Ein Blick auf die Eingänge der seriellen Schnittstelle zeigt, daß bis zu vier analoge Eingangskanäle möglich sind. Vier Komparatoren kommen dabei mit einem gemeinsamen RC-Glied aus. Bei der Erweiterung lassen sich auch gleich einige Schwächen der Grundschaltung beseitigen. Mit der einfachen Schaltung hängt die Genauigkeit der Messung von der Ausgangsspannung des Computers ab, also von seinem Netzteil und von den Leitungstreibern der seriellen Schnittstelle. Um eine eigene Referenzspannung höherer Genauigkeit zu erhalten, wird in Abb. 5.5 eine Stabilisierung durch zwei Zenerdioden eingeführt. Der Meßbereich wird damit auf ca. –8V bis +8V eingeengt.

Außerdem wird die Betriebsspannung des Operationsverstärkers durch Abblockkondensatoren von eventuellen Impulsstörungen befreit. Die Eingänge 1 und 2 erhalten einen Eingangswiderstand von 100 kΩ, so daß die Eingangsspannung im Ruhezustand Null ist. Die beiden anderen Eingänge werden bewußt ohne Eingangswiderstand, also extrem hochohmig gelassen, damit auch an sehr hochohmigen Meßobjekten ohne Beeinflussung gemessen werden kann. Allerdings dürfen sie nicht mit offenen Eingängen betrieben werden, weil dann Eingangsspannungen außerhalb des Meßbereichs auftreten können.

Der vierfache Operationsverstärker LM324 benötigt insgesamt nur 1 mA und kann problemlos über die Schnittstelle versorgt werden. Da keine Batterie und kein Netzteil erforderlich ist, läßt sich auch die Vierkanal-Version des A/D-Wandlers mit einigem Geschick noch in ein Steckergehäuse einbauen.

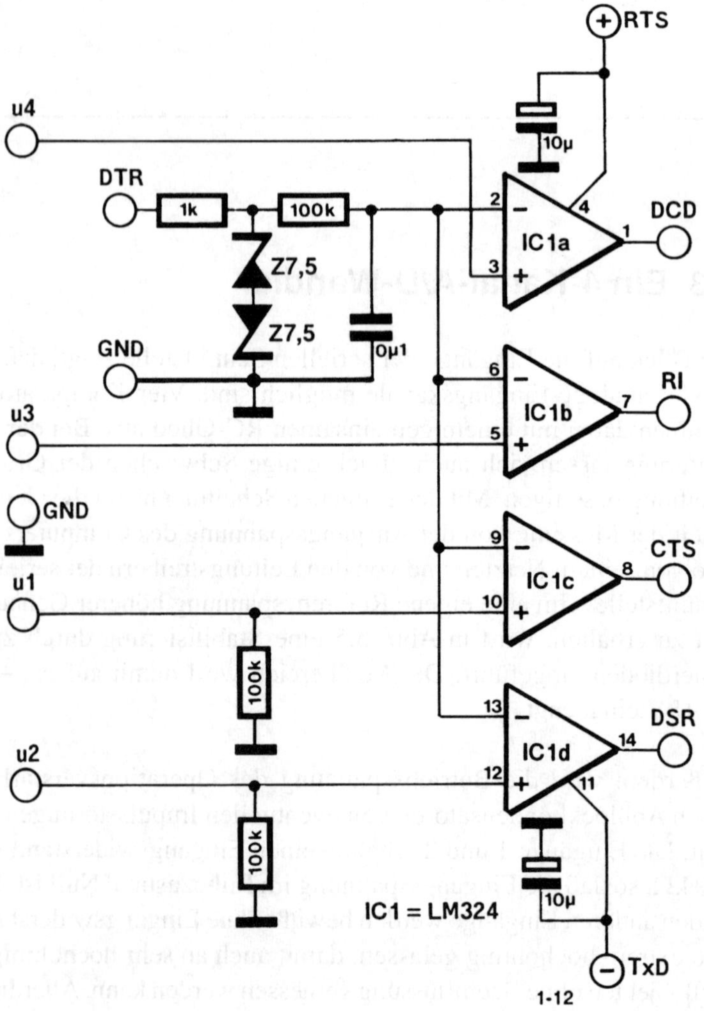

Abb. 5.5: *Ein einfacher 4-Kanal-A/D-Wandler ohne zusätzliche Spannungsversorgung.*

Das neue Programm (Listing 5.3) verwendet eine geänderte Funktion „Zaehler", der diesmal der gewünschte Eingangskanal übergeben wird. Bei jeder Messung wird nur eine Eingangsleitung beobachtet, indem beim Lesen der Portadresse das Bit mit der Wertigkeit 16, 32, 64 oder 128 ausgewertet wird. Auch die Linearisierung der Messung wird diesmal in einer Funktion durchgeführt. Die Funktion „Spannung" liefert direkt das Meßergebnis am angegebenen Eingangskanal.

Im Hauptprogramm wird laufend die Spannung an den Kanälen 1 bis 4 angezeigt. Man verfügt damit über vier unabhängige Digitalvoltmeter.

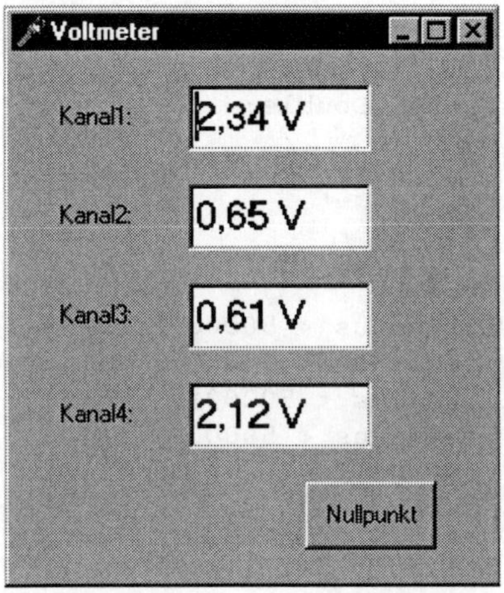

Abb. 5.6: *Die Form des Vierkanalmeßgeräts.*

```
unit ADU4;

interface

uses
  PORTINC, Windows, Messages, SysUtils, Classes, Graphics,
  Controls, Forms, Dialogs, StdCtrls, ComCtrls, ExtCtrls;

type
  TForm1 = class(TForm)
    Timer1: TTimer; Edit1: TEdit;
```

(Fortsetzung nächste Seite)

```
    Button1: TButton; Edit2: TEdit;
    Edit3: TEdit; Edit4: TEdit;
    Label1: TLabel; Label2: TLabel;
    Label3: TLabel; Label4: TLabel;
    procedure FormCreate(Sender: TObject);
    procedure Timer1Timer(Sender: TObject);
    procedure Button1Click(Sender: TObject);
end;

var
  Form1: TForm1;
  Nullp: Real;
const Neg = 8.2;
      Pos = 8.2;
implementation

{$R *.DFM}

function Zaehler (Kanal: Integer): Double;
begin
  RealTime (true);
  DTR (1);
  TimeInitus;
  Case Kanal of
  1:   While(( CTS=1) and (TimeReadus < 50000)) do;
  2:   While(( DSR=1) and (TimeReadus < 50000)) do;
  3:   While(( RI=1) and (TimeReadus < 50000)) do;
  4:   While(( DCD=1) and (TimeReadus < 50000)) do;
  end;
  Zaehler := TimeReadus;
  DTR (0);
  RealTime (false);
end;

procedure Nullpunkt;
begin
  delay (500);
  Nullp := -(Zaehler(1)/ln(1-Neg/(Pos+Neg)));
  Delay (500);

end;

procedure TForm1.FormCreate(Sender: TObject);
begin
```

(Fortsetzung nächste Seite)

```
  OpenCom(pchar('com2:9600,N,8,1'));
  DTR(0);
  RTS (1);
  TXD (0);
  Timer1.Enabled := false;
  Nullpunkt;
  Timer1.Enabled := true;
end;

function Spannung(Kanal:Integer):Real;
var u:Real;
begin
  U := (neg+Pos)*(1-exp(-Zaehler(Kanal)/Nullp))-Neg;
  Spannung := Round(U*100)/100;
  delay (150);
end;

procedure TForm1.Timer1Timer(Sender: TObject);
begin
  Edit1.Text := floattostr(Spannung(1)) + ' V';
  Edit2.Text := floattostr(Spannung(2)) + ' V';
  Edit3.Text := floattostr(Spannung(3)) + ' V';
  Edit4.Text := floattostr(Spannung(4)) + ' V';
end;

procedure TForm1.Button1Click(Sender: TObject);
begin
  Timer1.Enabled := false;
  Nullpunkt;
  Timer1.Enabled := true;
end;

end.
```

Listing 5.3: Programm eines Mehrkanal-Digitalvoltmeters.

5.4 Messung an einem Transistor

Der 4-Kanal-A/D-Wandler kann nicht nur als Digitalmultimeter eingesetzt werden, sondern es lassen sich vielseitige Einsatzmöglichkeiten finden, die über die Möglichkeiten normaler Meßgeräte hinausgehen. Besonders interessant sind automatisierte Messungen, bei denen umfangreiche Berechnungen gleich mit ausgeführt werden. Ein kleines Beispiel für den möglichen Einsatz des Geräts zeigt die Messung an einer Transistorschaltung. Durch ein Potentiometer läßt sich die Eingangsspannung und damit der Basisstrom verändern. Das Meßgerät erfaßt zahlreiche vom Basisstrom abhängige Größen. Abb. 5.7 zeigt den Meßaufbau und den Anschluß der Meßeingänge. Alle Spannungen beziehen sich auf eine gemeinsame Masse.

Abb. 5.7: Untersuchung eines NPN-Transistors in Emitterschaltung.

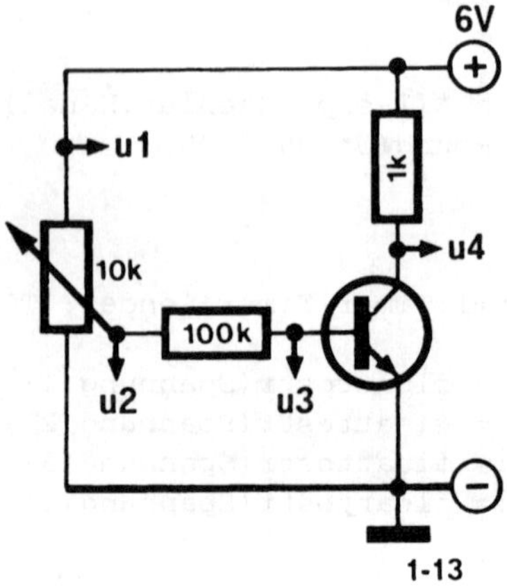

Unter Windows bietet es sich an, den Aufbau auch im Programm zu visualisieren. In der Schaltung können reale Meßwerte angezeigt werden. Auf diese Weise erhält man eine Messung mit großer Anschaulichkeit. Das Programm läßt sich z. B. sehr gut für pädagogische Zwecke oder zum Testen von Transistoren einsetzen.

In der gegebenen Schaltung sind nicht nur Spannungen, sondern auch der Basisstrom und der Kollektorstrom meßbar. Aus beiden läßt sich der Stromverstärkungsfaktor V des Transistors bestimmen. Die Stromstärken werden über die Spannungsabfälle am Basiswiderstand und am Kollektorwiderstand erfaßt. Beide Spannungsabfälle sind die Differenzen zwischen direkt meßbaren Spannungen. Listing 5.4 zeigt ein Programm, das alle wichtigen Meßwerte einschließlich der Stromverstärkung berechnet.

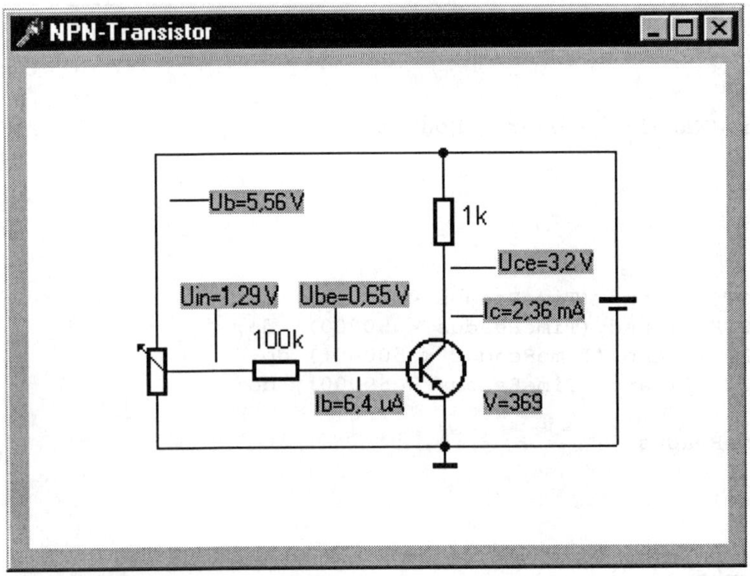

Abb. 5.8: Ein virtueller Meßaufbau mit realen Meßgeräten.

```
unit NPN;

interface

uses
  PORTINC, Windows, Messages, SysUtils, Classes, Graphics,
  Controls, Forms, Dialogs, StdCtrls, ComCtrls, ExtCtrls;

type
 TForm1 = class(TForm)
    Timer1: TTimer; Image1: TImage;
    Label1: TLabel; Label2: TLabel;
    Label3: TLabel; Label4: TLabel;
    Label5: TLabel; Label6: TLabel;
    Label7: TLabel;
    procedure FormCreate(Sender: TObject);
    procedure Timer1Timer(Sender: TObject);
end;

var
  Form1: TForm1;
  Nullp: Real;
const Neg = 8.2;
      Pos = 8.2;
```

(Fortsetzung nächste Seite)

```
implementation
{$R *.DFM}

function Zaehler (Kanal: Integer): Double;
begin
  RealTime (true);
  DTR (1);
  TimeInitus;
  Case Kanal of
  1:   While(( CTS=1) and (TimeReadus < 50000)) do;
  2:   While(( DSR=1) and (TimeReadus < 50000)) do;
  3:   While(( RI=1) and (TimeReadus < 50000)) do;
  4:   While(( DCD=1) and (TimeReadus < 50000)) do;
  end;
  Zaehler := TimeReadus;
  DTR (0);
  RealTime (false);
end;

procedure Nullpunkt;
begin
  delay (500);
  Nullp := -(Zaehler(1)/ln(1-Neg/(Pos+Neg)));
  Delay (500);

end;

procedure TForm1.FormCreate(Sender: TObject);
begin
  OpenCom(pchar('com2:9600,N,8,1'));
  DTR(0);
  RTS (1);
  TXD (0);
  Timer1.Enabled := false;
  Nullpunkt;
  Timer1.Enabled := true;
end;

function Spannung(Kanal:Integer):Real;
var u:Real;
begin
  U := (neg+Pos)*(1-exp(-Zaehler(Kanal)/Nullp))-Neg;
  Spannung := Round(U*100)/100;
  delay (150);
end;
```
(Fortsetzung nächste Seite)

```
procedure TForm1.Timer1Timer(Sender: TObject);
var U1,U2,U3,U4,Ib,Ic,V: Real;
begin
  U1:=Spannung(1); U2:=Spannung(2);
  U3:=Spannung(3); U4:=Spannung(4);
  Ib:=(U2-U3)*10;
  Ic:=U1-U4;
  V:=Round(Ic/(Ib+0.00001)*1000);
  Ib:= round(Ib*100)/100;
  Ic:= round(Ic*100)/100;
  Label1.Caption := 'Ub='+floattostr(U1) + ' V';
  Label2.Caption := 'Uin='+floattostr(U2) + ' V';
  Label3.Caption := 'Ube='+floattostr(U3) + ' V';
  Label4.Caption := 'Uce='+floattostr(U4) + ' V';
  Label5.Caption := 'Ib='+floattostr(Ib) + ' uA';
  Label6.Caption := 'Ic='+floattostr(Ic) + ' mA';
  Label7.Caption := 'V='+floattostr(V);
end;

end.
```

Listing 5.4: *Programm zur Messung der Stromverstärkung eines Transistors an verschiedenen Arbeitspunkten.*

6

Frequenzmessung

Zur Messung der Frequenz benötigt man einen Zähler und eine möglichst genaue Zeitbasis. Werden genau eine Sekunde lang alle ankommenden Impulse gezählt, erhält man die Frequenz in Hertz. Übliche Digitalzähler verarbeiten Frequenzen bis in den Megahertzbereich. Für viele Aufgaben reichen jedoch Frequenzmessungen bis zu einigen Kilohertz aus. In diesen Fällen kann der PC einen Digitalzähler ersetzen.

6.1 Software-Zähler

Verwendet man die Eingänge der seriellen Schnittstelle, dann können Eingangssignale zwischen etwa 2 V und 12 V ganz ohne zusätz-

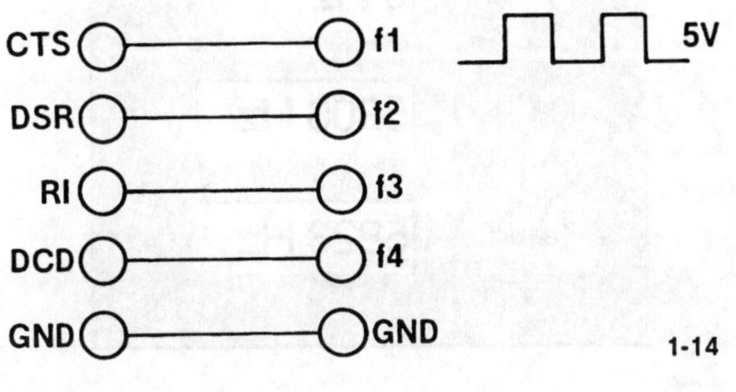

Abb. 6.1: *Vier Eingänge für Frequenzmessungen.*

liche Elektronik verarbeitet werden. Da vier direkt lesbare Eingänge zur Verfügung stehen, können vier Meßkanäle realisiert werden (vgl. Abb. 6.1). Listing 6.1 zeigt ein geeignetes Delphi-Programm zur Frequenzmessung an vier Kanälen. Ein Pentium-200 erreicht damit eine Grenzfrequenz von etwa 10 kHz.

Das Programm verwendet die Funktion TimeReadus der DLL als Zeitbasis. Die Prozedur Frequenz zählt eine Sekunde lang alle positiven Flanken am jeweiligen Eingang. Dazu wird jeweils der aktuelle Eingangszustand mit dem letzen beobachteten Zustand verglichen. Zur Verbesserung der zuverlässigen Erkennung aller Eingangsimpulse wird RealTime (true) aufgerufen. Trotzdem können im oberen Bereich möglicher Frequenzen Meßfehler entstehen, weil Impulse während anderweitiger Beschäftigung des Systems überlesen werden. Man sollte daher vor einem praktischen Einsatz mit dem vorgesehenen PC eine Messung der oberen Grenzfrequenz vornehmen.

Abb. 6.2: Anzeige von bis zu vier Frequenzen.

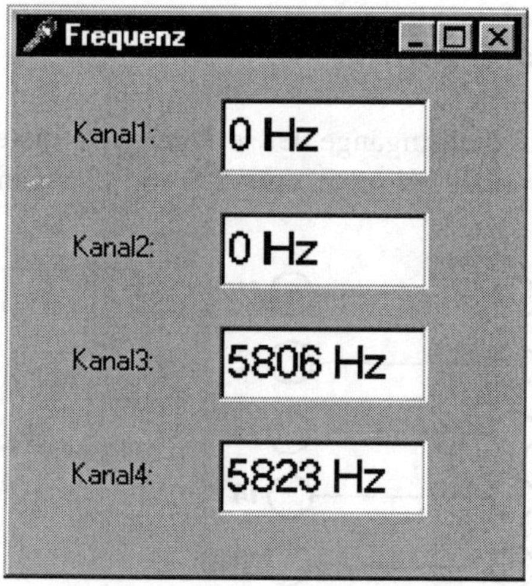

```
unit Freq4;

interface

uses
  PORTINC, Windows, Messages, SysUtils, Classes, Graphics,
  Controls, Forms, Dialogs, StdCtrls, ComCtrls, ExtCtrls;

type
  TForm1 = class(TForm)
    Timer1: TTimer; Edit1: TEdit;
    Edit2: TEdit; Edit3: TEdit;
    Edit4: TEdit; Label1: TLabel;
    Label2: TLabel; Label3: TLabel;
    Label4: TLabel;
    procedure FormCreate(Sender: TObject);
    procedure Timer1Timer(Sender: TObject);
end;

var
  Form1: TForm1;

implementation

{$R *.DFM}

function Frequenz (Kanal: Integer): Integer;
var Zaehler, alt, Eingang : Integer;
begin
  Zaehler := 0;
  RealTime (true);
  TimeInitus;
  Case Kanal of
  1:   begin
         alt:=CTS;
         while TimeReadus < 1000000 do begin
           Eingang := CTS;
           if Eingang> alt then Zaehler := Zaehler +1;
           Alt := Eingang;
         end;
       end;
  2:   begin
         alt:=DSR;
         while TimeReadus < 1000000 do begin
         Eingang := DSR;
```

(Fortsetzung nächste Seite)

```
          if Eingang> alt then Zaehler := Zaehler +1;
          Alt := Eingang;
        end;
      end;
  3:    begin
        alt:=RI;
        while TimeReadus < 1000000 do begin
          Eingang := RI;
          if Eingang> alt then Zaehler := Zaehler +1;
          Alt := Eingang;
        end;
      end;
  4:    begin
        alt:=DCD;
        while TimeReadus < 1000000 do begin
          Eingang := DCD;
          if Eingang> alt then Zaehler := Zaehler +1;
          Alt := Eingang;
        end;
      end;
  end;
  Frequenz := Zaehler;
  RealTime (false);
end;

procedure TForm1.FormCreate(Sender: TObject);
begin
  OpenCom(pchar('com2:9600,N,8,1'));
  Timer1.Interval := 5000;
  Timer1.Enabled := true;
end;

procedure TForm1.Timer1Timer(Sender: TObject);
begin
  Edit1.Text := floattostr(Frequenz(1)) + ' Hz';
  Edit2.Text := floattostr(Frequenz(2)) + ' Hz';
  Edit3.Text := floattostr(Frequenz(3)) + ' Hz';
  Edit4.Text := floattostr(Frequenz(4)) + ' Hz';
end;

end.
```

***Listing 6.1:** Meßprogramm für einen vierfachen Frequenzmesser.*

6.2 Temperatur- und Luftfeuchtemessung

Temperatur und Luftfeuchte sind wichtige Größen zur Beurteilung des Raumklimas und zur Wetterbeobachtung. Eine Erfassung durch den PC kann hilfreich bei Langzeitbeobachtungen, Planungen oder automatischen Steuerungen sein. Da die Meßorte weit entfernt vom PC liegen können, sollte eine einfache Kabelverbindung angestrebt werden. Der Umweg über die Frequenzmessung erlaubt problemlose Verbindungen mit zweiadrigen Kabeln über Distanzen bis etwa 30 m.

Ein weiterer Vorteil der Frequenzmessung ist die sehr gute Auflösung mit einfachen Mitteln. Abb. 6.3 zeigt Oszillatoren mit dem CMOS-Timer TLC555, die durch die eigentlichen Sensoren in ihrer Frequenz verstimmt werden. Die Leitungen CTS und DSR dienen als Eingänge. Damit sind noch zwei Eingänge für Erweiterungen frei.

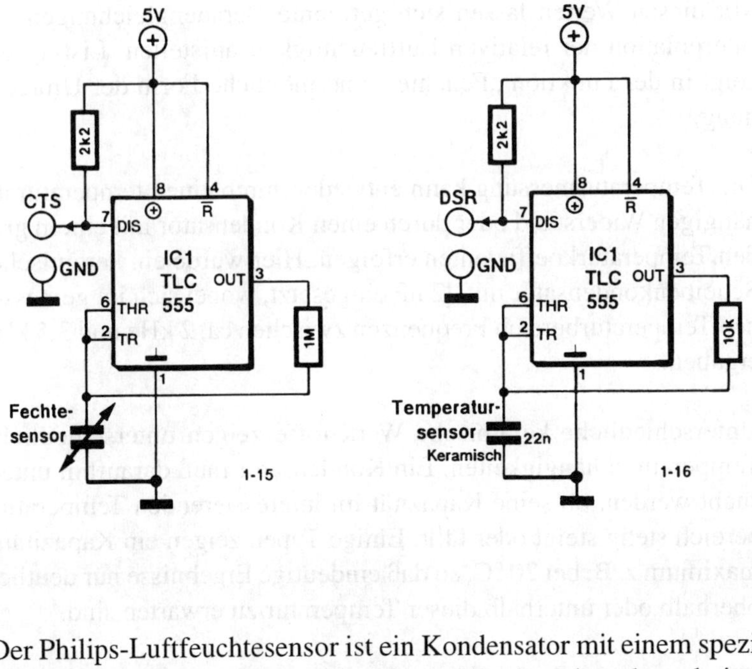

Abb. 6.3: Kapazitäts/ Frequenz-Wandler zur Messung der Luftfeuchte und der Temperatur.

Der Philips-Luftfeuchtesensor ist ein Kondensator mit einem speziellen Dielektrikum, dessen Kapazität sich mit steigender relativer Luftfeuchtigkeit vergrößert. Mit ihm läßt sich ein Oszillator für den

Frequenzbereich um 5 kHz aufbauen. Die Frequenz ist dann von der relativen Luftfeuchtigkeit abhängig. Der Zusammenhang Feuchte-Kapazität ist nicht linear, so daß das Auswerteprogramm eine geeignete Linearisierung vornehmen muß.

Zur Linearisierung werden die Meßwerte zwischen bekannten Meßpunkten interpoliert. Durch Frequenzmessung bei bekannten Luftfeuchtigkeiten wurden z. B. die folgenden Fixpunkte bestimmt:

relative Luftfeuchte	Frequenz
100 %	4520 Hz
80 %	4897 Hz
60 %	5262 Hz
40 %	5509 Hz
20 %	5828 Hz
0 %	6027 Hz

Mit diesen Werten lassen sich getrennte Geradengleichungen zur Interpolation der relativen Luftfeuchtigkeit aufstellen. Listing 6.2 zeigt in der Funktion „Feuchte“ eine mögliche Form der Umrechnung.

Die Temperaturmessung kann entweder durch einen temperaturabhängigen Widerstand oder durch einen Kondensator mit einem großen Temperaturkoeffizienten erfolgen. Hier wurde ein keramischer Scheibenkondensator mit 22 nF eingesetzt, wobei sich im gemessenen Temperaturbereich Frequenzen zwischen ca. 2 kHz und 3,5 kHz ergaben.

Unterschiedliche keramische Werkstoffe zeigen unterschiedliche Temperaturabhängigkeiten. Ein Kondensator muß daraufhin untersucht werden, ob seine Kapazität im interessierenden Temperaturbereich stetig steigt oder fällt. Einige Typen zeigen ein Kapazitätsmaximum z. B. bei 20 °C, so daß eindeutige Ergebnisse nur deutlich oberhalb oder unterhalb dieser Temperatur zu erwarten sind.

Für den verwendeten Scheibenkondensator in seiner Oszillatorschaltung wurden die folgenden Frequenzen bestimmt:

Temperatur	Frequenz
0 °C	2065 Hz
10 °C	2223 Hz
20 °C	2475 Hz
30 °C	2835 Hz
40 °C	3430 Hz

Diese Stützpunkte werden in der Funktion „Temperatur“ zur Interpolation der Meßtemperatur benutzt. Das Programm zeigt die Temperatur und die relative Luftfeuchte gemeinsam an. Es läßt sich leicht auf vier Meßkanäle, z. B. für Innen- und Außenmessungen erweitern.

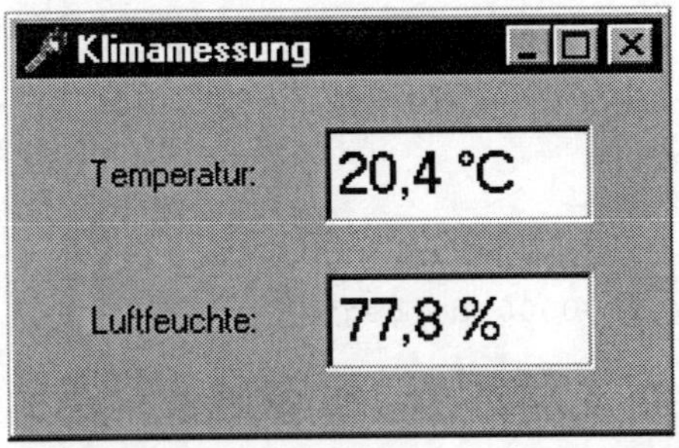

Abb. 6.4: *Meßergebnisse der Klimamessung.*

```
unit Templu;

interface

uses
  PORTINC, Windows, Messages, SysUtils, Classes, Graphics,
  Controls, Forms, Dialogs, StdCtrls, ComCtrls, ExtCtrls;

type
  TForm1 = class(TForm)
    Timer1: TTimer; Edit1: TEdit;
    Edit2: TEdit; Label1: TLabel;
    Label2: TLabel;
    procedure FormCreate(Sender: TObject);
    procedure Timer1Timer(Sender: TObject);
end;
```

(Fortsetzung nächste Seite)

```
var
  Form1: TForm1;

implementation

{$R *.DFM}

function Frequenz (Kanal: Integer): Integer;
var Zaehler, alt, Eingang : Integer;
begin
  Zaehler := 0;
  RealTime (true);
  TimeInitus;
  Case Kanal of
  1:  begin
        alt:=CTS;
        while TimeReadus < 1000000 do begin
          Eingang := CTS;
          if Eingang> alt then Zaehler := Zaehler +1;
          Alt := Eingang;
        end;
      end;
  2:    begin
        alt:=DSR;
        while TimeReadus < 1000000 do begin
          Eingang := DSR;
          if Eingang> alt then Zaehler := Zaehler +1;
          Alt := Eingang;
        end;
      end;
  3:    begin
        alt:=RI;
        while TimeReadus < 1000000 do begin
          Eingang := RI;
          if Eingang> alt then Zaehler := Zaehler +1;
          Alt := Eingang;
        end;
      end;
  4:    begin
        alt:=DCD;
        while TimeReadus < 1000000 do begin
          Eingang := DCD;
          if Eingang> alt then Zaehler := Zaehler +1;
```

(Fortsetzung nächste Seite)

```
          Alt := Eingang;
        end;
       end;
  end;
  Frequenz := Zaehler;
  RealTime (false);
end;

function Feuchte: Real;
var Messfrequenz: Integer;
begin
  Feuchte := 0;
  Messfrequenz := Frequenz(1);
  if Messfrequenz > 4520 then
     Feuchte := 100 - 20 * (Messfrequenz-4520) / (4897-4520);
  if Messfrequenz > 4897 then
     Feuchte := 80 - 20 * (Messfrequenz-4897) / (5262-4897);
  if Messfrequenz > 5262 then
     Feuchte := 60 - 20 * (Messfrequenz-5262) / (5509-5262);
  if Messfrequenz > 5509 then
     Feuchte := 40 - 20 * (Messfrequenz-5509) / (5828-5509);
  if Messfrequenz > 5828 then
     Feuchte := 20 - 20 * (Messfrequenz-5828) / (6027-5828);
end;
function Temperatur: Real;
var Messfrequenz : Integer;
begin
  Messfrequenz := Frequenz(2);
   Temperatur := 10 * (Messfrequenz-2065) / (2230-2065);
  if Messfrequenz > 2230 then
     Temperatur := 10 + 10 * (Messfrequenz-2230) / (2475-2230);
  if Messfrequenz > 2475 then
     Temperatur := 20 + 10 * (Messfrequenz-2475) / (2835-2475);
  if Messfrequenz > 2835 then
     Temperatur := 30 + 10 * (Messfrequenz-2835) / (3430-2835);
end;

procedure TForm1.FormCreate(Sender: TObject);
begin
  OpenCom(pchar('com2:9600,N,8,1'));
  Timer1.Interval := 3000;
```

(Fortsetzung nächste Seite)

```
  Timer1.Enabled := true;
end;

procedure TForm1.Timer1Timer(Sender: TObject);
begin
  Edit1.Text := FloatToStrF(Temperatur,ffGeneral,3,4) + ' °C';
  Edit2.Text := FloatToStrF(Feuchte,ffGeneral,3,4) + ' %';
end;

end.
```

Listing 6.2: Messung der Temperatur und der relativen Luftfeuchte über die Frequenzänderung.

6.3 Ein Spannungs/Frequenz-Wandler

Die direkte Frequenzmessung mit dem PC liefert prinzipiell eine sehr gute Genauigkeit und Auflösung. Ähnlich gute Ergebnisse lassen sich auch für andere Meßgrößen erzielen, wenn sie in eine Frequenz umgesetzt werden können. Der Spannungs/Frequenz-Wandler (U/f-Wandler) AD654 von Analog Devices setzt eine Spannung im Bereich von 0 V bis 1 V mit hoher Linearität in eine Frequenz um. Sein Ausgangssignal läßt sich direkt über die serielle Schnittstelle auswerten.

Abb. 6.5 zeigt den Anschluß des U/f-Wandlers. Pin 1 des AD654 liefert ein symmetrisches Rechtecksignal, dessen Frequenz proportional zur Eingangsspannung ist. Da der Ausgang einen offenen Kollektor besitzt, muß ein Pull-Up-Widerstand verwendet werden. Mit der angegebenen Beschaltung wird eine Spannung von 1 V in eine Frequenz von 10 kHz umgesetzt. Der 10 nF-Kondensator kann verändert werden, um den Frequenzbereich des Ausgangssignals an andere Bedürfnisse anzupassen. Mit einer Kapazität von 1 nF würde z. B. die Spannung 1 V in die Frequenz 100 kHz umgesetzt. Es muß ein hochwertiger Folienkondensator benutzt werden, damit die Umsetzung temperaturstabil bleibt. Ein genauer Abgleich der Frequenz ist möglich, wenn man den 1 kΩ-Widerstand durch ein Trimmpotentiometer ersetzt.

Die Eingangsspannung sollte den Bereich 0…1 V nicht überschreiten. Zum Schutz vor Überspannungen wurde ein Schutzwiderstand von 10 kΩ eingefügt.

Während übliche A/D-Wandler eine konstruktionsbedingte Auflösung haben, hängt die Auflösung eines U/f-Wandlers in erster Linie von der Frequenzmessung ab. Die in Listing 6.1 vorgestellte Frequenzmessung liefert im Bereich bis 10 kHz bei einer Meßzeit von einer Sekunde eine Auflösung in zehntausend Schritte. Die Spannung würde also in Schritte von 0,1 mV aufgelöst. Mit einer größeren Torzeit läßt sich die Auflösung noch steigern, so daß beispielsweise 0,01 mV erreicht wird.

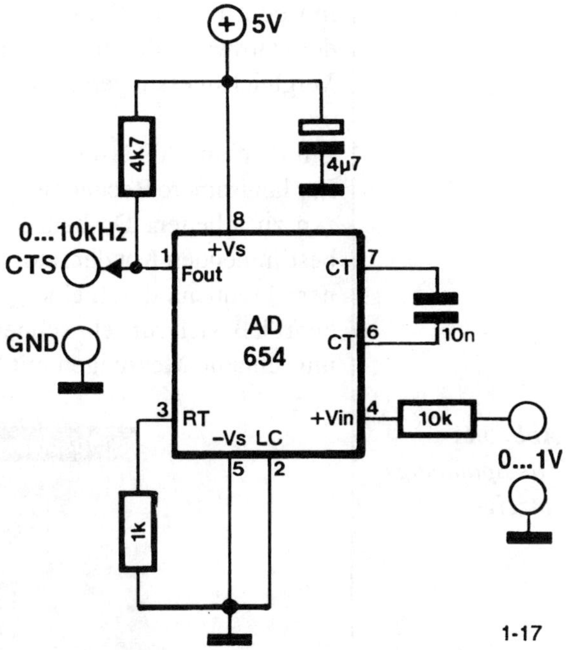

Abb. 6.5: Ein Spannungs/Frequenz-Wandler mit dem AD654.

Listing 6.3 stellt ein Meßprogramm mit wählbarer Auflösung vor. Die gegenüber Listing 6.1 veränderte Meßfunktion „Frequenz“ erhält als Übergabeparameter die gewünschte Torzeit in Millisekunden. Wird z. B. der Wert 10000 übergeben, dann dauert die Messung zehn Sekunden. Die in dieser Zeit gezählten Impulse werden durch zehn dividiert, um die Frequenz zu berechnen. Deshalb wird die Frequenz hier als Real-Wert behandelt.

Das Delphi-Programm UF.EXE erlaubt die Wahl der gewünschten Auflösung über entsprechende Buttons. Mit der Wahl der Auflösung verändert sich die Torzeit der Frequenzmessung, die Interwallzeit des Timers zur wiederholen Messung und das Ausgabeformat. Die Spannung wird entsprechend der gewählten Auflösung mit keiner, einer oder zwei Nachkommastellen angegeben. Die Umrechnung in eine Spannung in mV erfordert im wesentlichen eine Division durch zehn. Zusätzlich ist eine softwaremäßige Kalibrierung mit dem Faktor „Kalibrierung“ vorgesehen. Statt eines Abgleichs der Hardware (durch Einstellung des 1 kΩ-Widerstands) wird nach Vergleichsmessungen dieser Faktor angepaßt.

Ein Pentium-200 erreicht bei der Frequenzmessung sicher 10 kHz. Für langsamere Rechner ist es erforderlich, mit geringeren Frequenzen zu arbeiten. Deshalb kann es notwendig sein, den frequenzbestimmenden Kondensator am AD654 zu vergrößern und die kleinere Frequenz durch eine größere Meßzeit auszugleichen. Umgekehrt läßt sich für sehr schnelle Rechner die Meßfrequenz erhöhen, um schnelle Messungen mit hoher Auflösung zu ermöglichen.

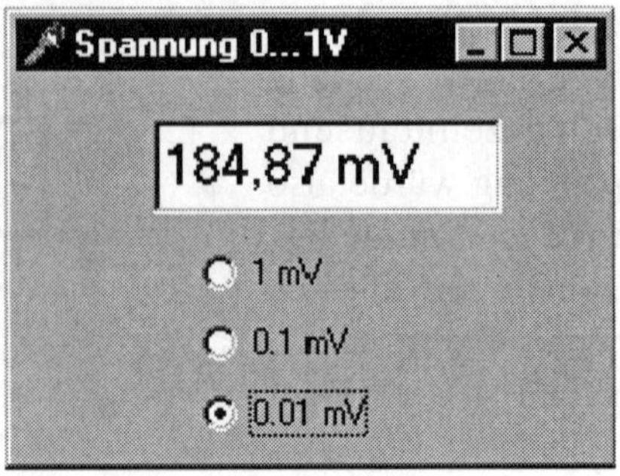

Abb. 6.6: *Die Spannungsanzeige.*

```
unit UF;

interface

uses
  PORTINC, Windows, Messages, SysUtils, Classes, Graphics,
  Controls, Forms, Dalogs, StdCtrls, ComCtrls, ExtCtrls;

type
  TForm1 = class(TForm)
    Timer1: TTimer; Edit1: TEdit;
    RadioButton1: TRadioButton;
    RadioButton2: TRadioButton;
    RadioButton3: TRadioButton;
    procedure FormCreate(Sender: TObject);
    procedure Timer1Timer(Sender: TObject);
    procedure RadioButton1Click(Sender: TObject);
```

(Fortsetzung nächste Seite)

```
    procedure RadioButton2Click(Sender: TObject);
    procedure RadioButton3Click(Sender: TObject);
end;

var
  Form1: TForm1;
  Aufloesung: Integer;
const Kalibrierung = 1.0000;

implementation

{$R *.DFM}

function Frequenz (Torzeit: Integer): Real;
var Zaehler, alt, Eingang : Integer;
begin
  Zaehler := 0;
  RealTime (true);
  TimeInitus;
  alt:=CTS;
  while TimeReadus < (1000*Torzeit) do begin
    Eingang := CTS;
    if Eingang> alt then Zaehler := Zaehler +1;
    Alt := Eingang;
  end;
  Frequenz := Zaehler/Torzeit*1000;
  RealTime (false);
end;

procedure TForm1.FormCreate(Sender: TObject);
begin
  OpenCom(pchar('com2:9600,N,8,1'));
  Timer1.Interval := 500;
  Timer1.Enabled := true;
  Aufloesung := 1
end;

procedure TForm1.Timer1Timer(Sender: TObject);
var Spannung: Real;
begin
  Case Aufloesung of
  1:   begin
         Spannung := Frequenz(100)/10*Kalibrierung;
         Edit1.Text := FloatToStrF(Spannung,ffGeneral,3,0) + ' mV';
       end;
```

(Fortsetzung nächste Seite)

```
  2:    begin
          Spannung := Frequenz(1000)/10*Kalibrierung;
           Edit1.Text := FloatToStrF(Spannung,ffGeneral,5,1) + ' mV';
        end;
  3:    begin
          Spannung := Frequenz(10000)/10*Kalibrierung;
           Edit1.Text := FloatToStrF(Spannung,ffGeneral,6,2) + ' mV';
        end;
   end;
end;

procedure TForm1.RadioButton1Click(Sender: TObject);
begin
  Timer1.Interval := 1000;
  Aufloesung := 1
end;

procedure TForm1.RadioButton2Click(Sender: TObject);
begin
  Timer1.Interval := 1500;
  Aufloesung := 2

end;

procedure TForm1.RadioButton3Click(Sender: TObject);
begin
  Timer1.Interval := 12000;
  Aufloesung := 3
end;

end.
```

Listing 6.3: Spannungsmessung mit einem U/f-Umsetzer.

6.4 Ein Frequenzplotter

Analoge Meßgrößen lassen sich vielfach besser in Form von digitalen Signalen übertragen. Wandelt man eine Spannung zunächst in eine proportionale Frequenz um, dann läßt sich das Signal z. B. sehr einfach über einen Optokoppler oder über ein Glasfaserkabel leiten. So erreicht man mit geringem Aufwand eine Potentialtrennung. Eine typische Anwendung für potientialgetrennte Messungen ist die Aufnahme von EKG-Spannungen. Die Signale müssen wegen der elektrischen Sicherheit und zur Unterdrückung von Brummstörungen entkoppelt werden.

Die Aufzeichnung erfordert die Erfassung schneller Änderungen der Signalspannung. Die bisherige Frequenzmessung ist dazu wegen ihrer langen Torzeit nicht geeignet. Deshalb wird hier eine Messung der Periodendauer angewandt, aus der sich leicht die Frequenz ableiten läßt. Da die erreichbare Auflösung eng an die Zeitauflösung unter Windows gekoppelt ist, muß mit relativ kleinen Frequenzen und damit langen Peridendauern gearbeitet werden. Günstig sind Frequenzen um etwa 100 Hz. Das vorliegende Programm begrenzt den Meßbereich zwischen 50 Hz und 200 Hz.

Das Programm EKG zeichnet mehrere Kurven untereinander auf, damit ein genügend langer Zeitraum betrachtet werden kann. Das Meßintervall wird über den Timer gesteuert und beträgt 20 ms. Die eigentliche Meßfunktion FQ führt alle 20 ms eine Periodenmessung am Eingang DSR durch. Dazu wird zunächst die folgende positive Flanke des Eingangssignals abgewartet. Dann erfolgt eine Zeitmessung für beide Phasen des Eingangssignals, also bis zur nächsten positiven Flanke. Eine Division von 1000000 µs durch die gemessene Peridendauer liefert die Frequenz in Hz.

```
unit ekg;

interface

uses  PortInc,
  Windows, Messages, SysUtils, Classes, Graphics, Controls,
  Forms, Dialogs, StdCtrls, ExtCtrls;

type
  TForm1 = class(TForm)
    PaintBox1: TPaintBox;
    Timer1: TTimer;
    procedure FormCreate(Sender: TObject);
```

(Fortsetzung nächste Seite)

```
    procedure Timer1Timer(Sender: TObject);
  end;

var
  Form1: TForm1;

implementation

{$R *.DFM}

var
    Buffer:PCHAR;
    Size:Integer;
    n: word;
var i,x,y,w,h:Integer;

function Fq: Integer;
var Zaehler: word;
begin
  RealTime (true);
  TimeInitus;
  if (DSR=1) then while ((TimeReadus < 20000) and (DSR=1)) do;
  TimeInitUs;
  while ((TimeReadus < 20000) and (DSR=0)) do;
   TimeInitUs;
  while ((TimeReadus < 10000) and (DSR=1)) do;
  while ((TimeReadus < 20000) and (DSR=0)) do;
  Zaehler := TimeReadus;
  If Zaehler > 20000 Then Zaehler := 20000;
  If Zaehler < 5000 then Zaehler := 5000;
  RealTime (false);
  Fq := 1000000 div Zaehler;
end;

procedure TForm1.FormCreate(Sender: TObject);
begin
   OpenCom(pchar('com2:9600,N,8,1'));
   RTS (1);
   Size:=paintbox1.width;
   GetMem(Buffer,Size+1);
   for n:=0 to size-1 do buffer[n]:=#127;
   n:=0;
end;
```

(Fortsetzung nächste Seite)

```
procedure TForm1.Timer1Timer(Sender: TObject);
var u:Integer;
begin
  {u:= 20+round(20*sin(n/5)) + 20* (n div 380);  }
  u:= fq div 4 + 30* (n div 380);
  if n=0 then begin;
  w:=paintbox1.width;
  h:=paintbox1.height;
  Paintbox1.Canvas.Pen.Color:=ClBlack;
  Paintbox1.Canvas.Brush.Color:=ClGreen;
  PaintBox1.Canvas.Rectangle(0,0,w,h);
  paintbox1.canvas.pen.color:=cllime;
    x:= 10;
  paintbox1.canvas.MoveTo(x,u);
  end else begin
    x:=10+ n mod 380;
    paintbox1.canvas.LineTo(x,u);
    if x=389 then paintbox1.canvas.MoveTo(9,u+30);
  end;
  n:= n+1;
  if n= 3800 then n:=0;
end;

end.
```

Listing 6.4: *EKG-Aufzeichnung über Frequenzmessung.*

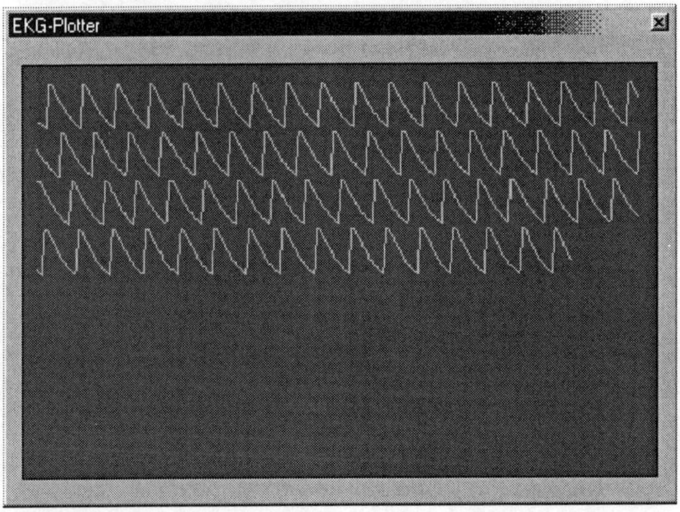

Abb. 6.7: *Aufzeichnung eines Testsignals.*

```
[illegible]
```

7

Synchrone, serielle Datenübertragung

Die serielle Schnittstelle arbeitet im Normalfall als asynchrone RS232-Schnittstelle. Dabei werden die einzelnen Datenbits in gleichlange Impulse verpackt und nacheinander über die Leitung TxD geschickt. Der Empfänger muß den Zeitrahmen kennen und den Beginn einer Übertragung jederzeit erwarten. Dieses Verfahren stellt hohe Ansprüche an die Empfangsschaltungen. Um die Vorteile der seriellen Datenübertragung mit geringem Aufwand nutzen zu können, werden im folgenden zusätzliche Taktimpulse für den Empfänger erzeugt.

7.1 Serielle Ausgabe

Zum Empfang seriell gesendeter Daten benötigt man in erster Linie ein Schieberegister. Das ist eine Schaltung mit z. B. acht hintereinandergeschalteten Flipflops, die ihren logischen Zustand mit einem gemeinsamen Takt weiterreichen. Der wechselnde Zustand des ersten Dateneingangs wird daher nach und nach in die acht Flipflops geschoben, so daß die seriell übertragenen Informationen parallel zur Verfügung stehen. Das erforderliche Taktsignal zur Ansteuerung eines einfachen Schieberegisters muß vom Übertragungsprogramm selbst erzeugt werden, da die serielle Schnittstelle des PCs von sich aus keinen Takt ausgibt.

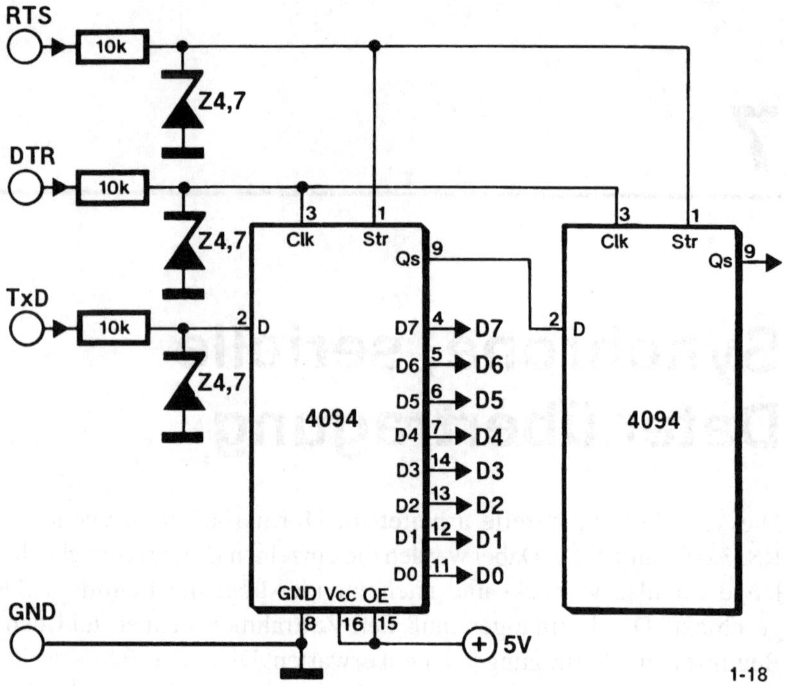

Abb. 7.1: Datenausgabe über Schieberegister CD4094.

Abb. 7.1 zeigt den Anschluß eines oder mehrerer CMOS-Schieberegister 4094. Man sieht, daß neben Daten- und Taktleitung noch eine weitere Leitung verwendet wird. Der 4094 verfügt nämlich zusätzlich noch über Auffangregister, die alle empfangenen Bits gleichzeitig an die Ausgänge übernehmen. Dazu wird ein Strobe-Impuls benötigt, den der PC nach erfolgter Übertragung von acht Datenbits erzeugen muß.

Die Ausgangsspannungen der Leitungen TxD, RTS und DTR passen nicht zu den geforderten Eingangsspannungen eines CMOS-ICs. Durch Vorwiderstände und Zenerdioden wird hier erreicht, daß die Signale auf den Bereich 0 V bis 5 V begrenzt werden. Alternativ kann man auch hochohmige Widerstände mit 100 kΩ einsetzen und die Zenerdioden weglassen. Die Spannungsbegrenzung erfolgt dann über die internen Schutzdioden im CMOS-Baustein.

Listing 7.1 zeigt die Ausgabeprozedur für die getaktete, serielle Datenübertragung. Anders als bei der üblichen asynchronen Übertragung werden die Datenbits an der Leitung TxD direkt vom Programm als statische Ausgangszustände erzeugt. Die erforderlichen Taktimpulse werden durch Ein- und Ausschalten von DTR generiert. Nach acht Impulsen wird zusätzlich der Strobe-Impuls an RTS ausgegeben.

Das Programm enthält Verzögerungen von 10 µs, die sicherstellen sollen, daß keine zeitlichen Überschneidungen der einzelnen Impulse auftreten, und daß Impulse ausreichender Länge erzeugt werden. Zu schnelle Ausgaben könnten zu Übertragungsfehlern führen, da das verwendete IC bei einer Betriebsspannung von 5 V eine maximale Taktrate um 2 MHz zuläßt. Außerdem ist die Anstiegsgeschwindigkeit der Schnittstellenleitungen begrenzt, so daß zu kurze Impulse unterdrückt werden könnten.

Das Programm SCHIEB1 verwendet acht Checkboxes, mit denen man den Zustand jedes Ausgangs am Schieberegister 4094 beeinflussen kann. Die eigentliche Datenübertragung erfolgt mit dem eingestellten Intervall des Timers1 zehn mal pro Sekunde. Das Schieberegister kann verwendet werden, um mit geeigneten Treibern bis zu acht unabhängige Lasten über den PC zu steuern. Mit einer direkten Ansteuerung der Prozedur AUSGABE lassen sich Schaltvorgänge auch automatisch steuern.

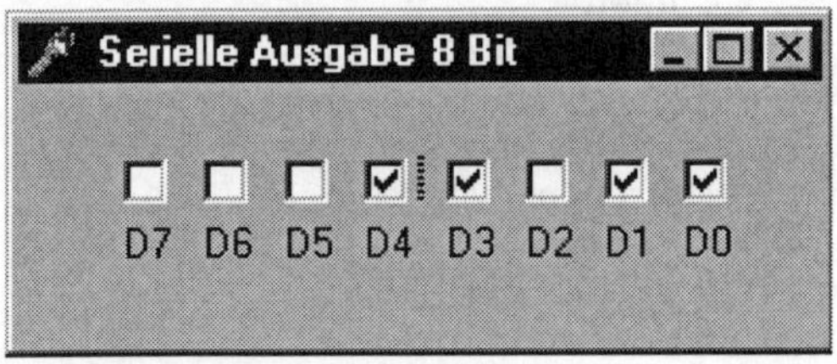

Abb. 7.2: *Steuerung von Ausgangszuständen.*

```
unit Schieb1;

interface

uses PORTINC,Windows, Messages, SysUtils, Classes,
Graphics, Controls, Forms, Dialogs, ExtCtrls, StdCtrls;

type
  TForm1 = class(TForm)
    CheckBox1: TCheckBox; CheckBox2: TCheckBox;
    CheckBox3: TCheckBox; CheckBox4: TCheckBox;
    CheckBox5: TCheckBox; CheckBox6: TCheckBox;
    CheckBox7: TCheckBox; CheckBox8: TCheckBox;
    Label1: TLabel; Label2: TLabel;
    Label3: TLabel; Label4: TLabel;
    Label5: TLabel; Label6: TLabel;
    Label7: TLabel; Label8: TLabel;
    Timer1: TTimer;
    procedure FormCreate(Sender: TObject);
    procedure Timer1Timer(Sender: TObject);
  end;

var
  Form1: TForm1;

implementation

{$R *.DFM}

procedure Ausgeben ( Wert : Byte );
var Stelle, n : Integer;
begin
  Stelle := 1;
  for n:=1 to 8 do begin
    if ((Wert AND Stelle) > 0) then
      TXD(1)                   { Daten an TxD    }
      else TXD(0);
    Delayus(10);               { Verzögerung }
    DTR (1);                   { Clock an  (DTR) }
    Stelle := Stelle * 2;
    Delayus(10);               { Verzögerung }
    DTR (0);                   { Clock aus (DTR) }
  end;
  RTS (1);                     { Strobe an (RTS) }
    Delayus(10);               { Verzögerung }
  RTS (0);                     { Strobe aus (RTS) }
end;
```
(Fortsetzung nächste Seite)

```
procedure TForm1.FormCreate(Sender: TObject);
begin
  OpenCom(pchar('com2:9600,N,8,1'));
  Timer1.Interval := 100;
  Timer1.Enabled := true;
end;

procedure TForm1.Timer1Timer(Sender: TObject);
var Wert: Byte;
begin
  Wert := 0;
  if  CheckBox1.Checked Then Wert := Wert +1;
  if  CheckBox2.Checked Then Wert := Wert +2;
  if  CheckBox3.Checked Then Wert := Wert +4;
  if  CheckBox4.Checked Then Wert := Wert +8;
  if  CheckBox5.Checked Then Wert := Wert +16;
  if  CheckBox6.Checked Then Wert := Wert +32;
  if  CheckBox7.Checked Then Wert := Wert +64;
  if  CheckBox8.Checked Then Wert := Wert +128;
  Ausgeben(Wert);
end;

end.
```

Listing 7.1: Ausgabe von 8-Bit-Werten über ein Schieberegister.

Oft ist es erforderlich, mehr als acht Ausgabeleitungen zu verwenden. Schieberegister können zu diesem Zweck kaskadiert werden. Der 4094 stellt an seinem Ausgang Qs die seriellen Daten für einen weiteren Baustein zur Verfügung (vgl. Abb 7.1). Das erforderliche Ansteuerprogramm muß zunächst alle Bits in die Schieberegister takten und erst dann einen Strobe-Impuls für beide Bausteine ausgeben. Listing 7.2 zeigt eine Prozedur zur seriellen Ausgabe über zwei Schieberegister. Hier muß ein 16-Bit-Wert übergeben werden. Es ist zu beachten, daß die acht niederwertigen Bits in das zweite IC übertragen werden, da sie zuerst herausgetaktet werden.

Abb. 7.3: Ausgaben an zwei Schieberegister.

```
unit Schieb2;

interface

uses PORTINC,Windows, Messages, SysUtils, Classes, Graphics,
Controls, Forms, Dialogs, ExtCtrls, StdCtrls;

type
  TForm1 = class(TForm)
    CheckBox1: TCheckBox; CheckBox2: TCheckBox;
    CheckBox3: TCheckBox; CheckBox4: TCheckBox;
    CheckBox5: TCheckBox; CheckBox6: TCheckBox;
    CheckBox7: TCheckBox; CheckBox8: TCheckBox;
    Label1: TLabel; Label2: TLabel;
    Label3: TLabel; Label4: TLabel;
    Label5: TLabel; Label6: TLabel;
    Label7: TLabel; Label8: TLabel;
    Timer1: TTimer; Label9: TLabel;
    CheckBox9: TCheckBox; CheckBox10: TCheckBox;
    CheckBox11: TCheckBox; CheckBox12: TCheckBox;
    CheckBox13: TCheckBox; CheckBox14: TCheckBox;
    CheckBox15: TCheckBox; CheckBox16: TCheckBox;
    Label10: TLabel;
    procedure FormCreate(Sender: TObject);
    procedure Timer1Timer(Sender: TObject);
  end;

var
  Form1: TForm1;

implementation

{$R *.DFM}
procedure Ausgeben ( Wert : Word );
var Stelle, n : Integer;
begin
  Stelle := 1;
  for n:=1 to 16 do begin
    if ((Wert AND Stelle) > 0) then
      TXD(1)                  { Daten an TxD     }
      else TXD(0);
    Delayus(10);              { Verzögerung }
    DTR (1);                  { Clock an  (DTR) }
    Stelle := Stelle * 2;
```

(Fortsetzung nächste Seite)

```
    Delayus(10);              { Verzögerung }
    DTR (0);                  { Clock aus (DTR) }
  end;
  RTS (1);                    { Strobe an (RTS) }
    Delayus(10);              { Verzögerung }
  RTS (0);                    { Strobe aus (RTS) }
end;

procedure TForm1.FormCreate(Sender: TObject);
begin
  OpenCom(pchar('com2:9600,N,8,1'));
  Timer1.Interval := 100;
  Timer1.Enabled := true;
end;

procedure TForm1.Timer1Timer(Sender: TObject);
var Wert: Word;
begin
  Wert := 0;
  if  CheckBox1.Checked Then Wert := Wert +256;
  if  CheckBox2.Checked Then Wert := Wert +512;
  if  CheckBox3.Checked Then Wert := Wert +1024;
  if  CheckBox4.Checked Then Wert := Wert +2048;
  if  CheckBox5.Checked Then Wert := Wert +4096;
  if  CheckBox6.Checked Then Wert := Wert +8192;
  if  CheckBox7.Checked Then Wert := Wert +16384;
  if  CheckBox8.Checked Then Wert := Wert +32768;
  if  CheckBox9.Checked Then Wert := Wert +1;
  if  CheckBox10.Checked Then Wert := Wert +2;
  if  CheckBox11.Checked Then Wert := Wert +4;
  if  CheckBox12.Checked Then Wert := Wert +8;
  if  CheckBox13.Checked Then Wert := Wert +16;
  if  CheckBox14.Checked Then Wert := Wert +32;
  if  CheckBox15.Checked Then Wert := Wert +64;
  if  CheckBox16.Checked Then Wert := Wert +128;
  Ausgeben(Wert);
end;

end.
```

Listing 7.2: Programm zur seriellen Ausgabe von zwei Bytes.

7.2 Serielle Eingabe

Das Verfahren der seriellen, getakteten Datenübertragung läßt sich auch für Eingaben verwenden. Man benötigt dazu ein Schieberegister, das Daten parallel übernimmt und seriell herausschiebt. Hier wird der CD4021 eingesetzt. Abb. 7.4 zeigt den Anschuß an die serielle Schnittstelle. Die Daten werden durch die Funktion „Lesen" in Listing 7.3 mit der Geschwindigkeit der erzeugten Taktimpulse über DCD eingelesen.

Abb. 7.4: 8-Bit-Eingabeport mit einem Schieberegister.

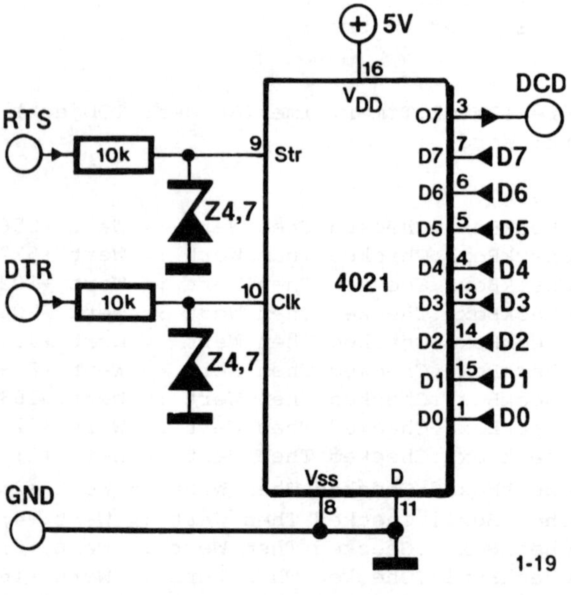

Ein Impuls am Strobe-Eingang Str steuert die Übernahme der Eingangspegel in die Schieberegister. Bit 7 ist nun am Ausgang Q7 lesbar. Die folgenden Bits können dann durch Taktimpulse am Clock-Eingang Cl zum Ausgang Q7 geschoben werden.

Das Programm SCHIEB3 liest die acht Eingangsleitungen des Schieberegisters und stellt ihre Zustände in Checkboxes dar. Die Leseoperation wird in Abhängigkeit vom Timer1 alle 100 ms wiederholt. Das Programm kann verwendet werden, um acht unabhängige Eingangszustände zu überwachen.

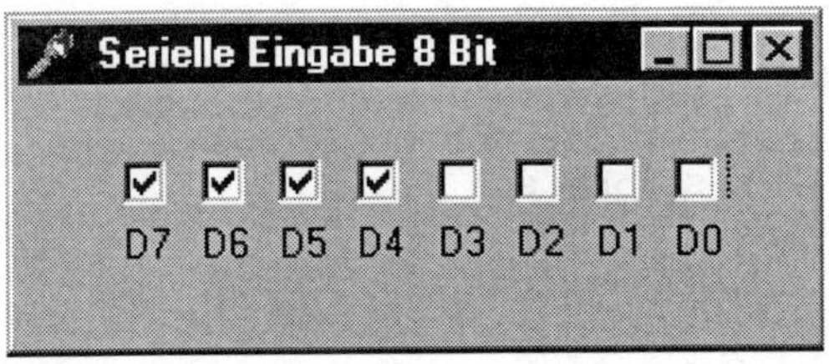

Abb. 7.5: *Die eingelesenen Zustände eines Schieberegisters.*

```
unit Schieb3;

interface

uses PORTINC,
   Windows, Messages, SysUtils, Classes, Graphics, Controls, Forms,
Dialogs,
  ExtCtrls, StdCtrls;

type
  TForm1 = class(TForm)
    CheckBox1: TCheckBox;  CheckBox2: TCheckBox;
    CheckBox3: TCheckBox;  CheckBox4: TCheckBox;
    CheckBox5: TCheckBox;  CheckBox6: TCheckBox;
    CheckBox7: TCheckBox;  CheckBox8: TCheckBox;
    Label1: TLabel;  Label2: TLabel;
    Label3: TLabel;  Label4: TLabel;
    Label5: TLabel;  Label6: TLabel;
    Label7: TLabel;  Label8: TLabel;
    Timer1: TTimer;
    procedure FormCreate(Sender: TObject);
    procedure Timer1Timer(Sender: TObject);
  end;

var
  Form1: TForm1;

implementation

{$R *.DFM}

function Lesen: Byte;
var Stelle, n : Integer;
    Empfang : Byte;
```

(Fortsetzung nächste Seite)

```
begin
  RTS(1);                       { Strobe an }
  Delayus(10);                  { Verzögerung }
  RTS (0);                      { Strobe aus }
  Stelle := 1;
  Empfang := 0;
  for n:=1 to 8 do begin
    Delayus(10);                { Verzögerung }
    if DCD=1                    { Daten lesen }
       then Empfang := Empfang + Stelle;
    DTR (1);                    { Clock an }
    Stelle := Stelle * 2;
    Delayus(10);                { Verzögerung }
    DTR (0);                    { Clock aus }
  end;
  Lesen := Empfang;
end;


procedure TForm1.FormCreate(Sender: TObject);
begin
  OpenCom(pchar('com2:9600,N,8,1'));
  Timer1.Interval := 100;
  Timer1.Enabled := true;
end;

procedure TForm1.Timer1Timer(Sender: TObject);
var Wert: Byte;
begin
  Wert := Lesen;
  CheckBox1.Checked := (Wert And 1) > 0;
  CheckBox2.Checked := (Wert And 2) > 0;
  CheckBox3.Checked := (Wert And 4) > 0;
  CheckBox4.Checked := (Wert And 8) > 0;
  CheckBox5.Checked := (Wert And 16) > 0;
  CheckBox6.Checked := (Wert And 32) > 0;
  CheckBox7.Checked := (Wert And 64) > 0;
  CheckBox8.Checked := (Wert And 128) > 0;
end;

end.
```

Listing 7.3: *Programm zum seriellen Auslesen eines Schieberegisters.*

7.3 Ein seriell auslesbarer A/D-Wandler

Der preiswerte A/D-Wandler TLC549 von Texas Instruments (vgl. auch [5]) verfügt über ein Schieberegister, das ähnlich wie ein 4021 ausgelesen werden kann. Die eigentliche Wandlung in einen 8-Bit-Wert benötigt weniger als 20 µs, so daß schnelle Messungen möglich sind. Das IC benötigt ein Chip-Select-Signal, um zwischen Wandeln und Auslesen umzuschalten. Es muß ähnlich behandelt werden, wie das Strobe-Signal des 4021.

Abb 7.6 zeigt den Anschluß des Wandlers an die serielle Schnittstelle. Die Versorgungsspannung von 5 V wird hier zugleich als Referenzspannung verwendet. Bei einer Auflösung in 256 mögliche Spannungswerte können Unterschiede von ca. 20 mV erkannt werden. Als Referenzspannung wird oft auch 2,55 V gewählt, um genaue 10-mV-Schritte zu erhalten.

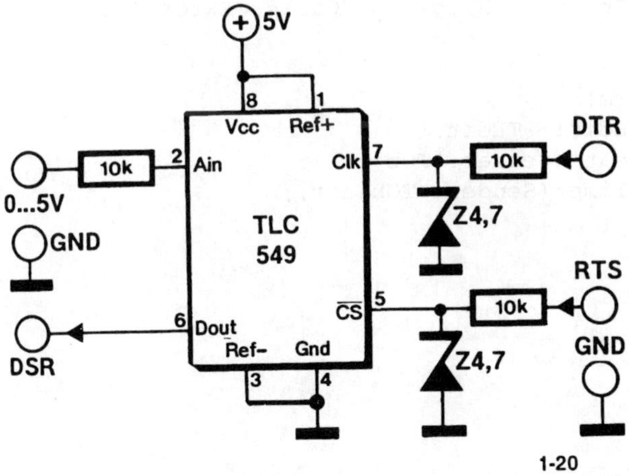

Abb. 7.6: Anschluß des A/D-Wandlers TLC549 an die serielle Schnittstelle.

Listing 7.4 zeigt mit der Funktion „AD" den einfachen Zugriff auf den A/D-Wandler. Die eigentliche Wandlung findet bei hochgesetzter $\overline{CS}$-Leitung statt. Dazu sollten etwa 20 µs zur Verfügung stehen. Wenn $\overline{CS}$ wieder heruntergesetzt wird, steht zuerst das höchstwertige Datenbit an der Datenleitung bereit. Mit jedem Taktimpuls wird das nächst niederwertige Bit herausgeschoben. Die Reihenfolge der Datenbits unterscheidet den A/D-Wandler also von den bisher benutzten Schieberegistern.

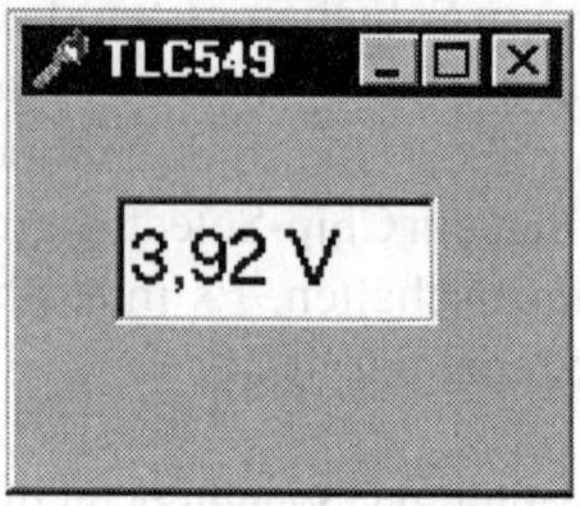

Abb. 7.7: *Anzeige der Meßspannung.*

```
unit TLC549;

interface

uses PORTINC, Windows, Messages, SysUtils, Classes,
Graphics, Controls, Forms, Dialogs, StdCtrls, ExtCtrls;

type
  TForm1 = class(TForm)
    Timer1: TTimer; Edit1: TEdit;
    procedure FormCreate(Sender: TObject);
    procedure Timer1Timer(Sender: TObject);
  end;

var
  Form1: TForm1;

implementation

{$R *.DFM}

function AD : Byte;
var n, Stelle : Integer;
    Wert : Byte;
begin
  RTS (1);                  { /CS an }
  Delayus(10);              { Verzögerung }
```

(Fortsetzung nächste Seite)

```
  RTS (0);                    { /CS aus }
  Delayus(10);                { Verzögerung }
  Wert := 0;
  Stelle := 128;
  for n:= 1 to 8 do begin
    if DSR = 1 then           { Daten lesen }
    Wert := Wert + Stelle;
    DTR (1);                  { Clock an }
    Delayus(10);              { Verzögerung }
    DTR (0);                  { Clock aus }
    Stelle := Stelle div 2;
  end;
  AD := Wert;
end;

procedure TForm1.FormCreate(Sender: TObject);
begin
  OpenCom(pchar('com2:9600,N,8,1'));
  Timer1.Interval := 100;
  Timer1.Enabled := true;
end;

procedure TForm1.Timer1Timer(Sender: TObject);
var Spannung: Real;
begin
  Spannung := AD/255*5;
  Edit1.Text := FloatToStrF(Spannung,ffGeneral,3,2) + ' V';
end;

end.
```

Listing 7.4: *Programm zur Spannungsmessung mit dem TLC549.*

8

Ein Mehrzweck-Interface

Obwohl die Anzahl der verfügbaren Leitungen an der seriellen Schnittstelle begrenzt ist, können mehrere der in Kap. 7 beschriebenen seriellen Interface-Verfahren miteinander kombiniert werden, um ein vielseitiges Interface für unterschiedliche Aufgaben zu bauen.

8.1 Die Hardware und ihre Ansteuerung

Abb. 8.1 zeigt das Blockschaltbild eines Interfaces mit acht digitalen Ausgängen, acht digitalen Eingängen, einem analogen Eingang und einem Zählereingang. Alle drei Schieberegister für Ein- und Ausgaben können mit je einer gemeinsamen Takt- und Strobeleitung angesteuert werden.

Ein- und Ausgaben können gleichzeitig durchgeführt werden, weil eine gemeinsame Taktleitung für alle Bausteine verwendet wird. Die Prozedur „Austausch“ in Listing 8.1 übernimmt die Datenübertragung in beide Richtungen. Jeder Aufruf erneuert die Ausgangszustände des 4094 und liest zugleich die Zustände der digitalen Eingänge und den A/D-Wandler aus. Alle Daten liegen in den globalen Variablen Dout (digitaler Ausgang), Din (digitaler Eingang) und Ain (analoger Eingang) vor.

Abb. 8.1: Ein serielles Mehrzweck-interface.

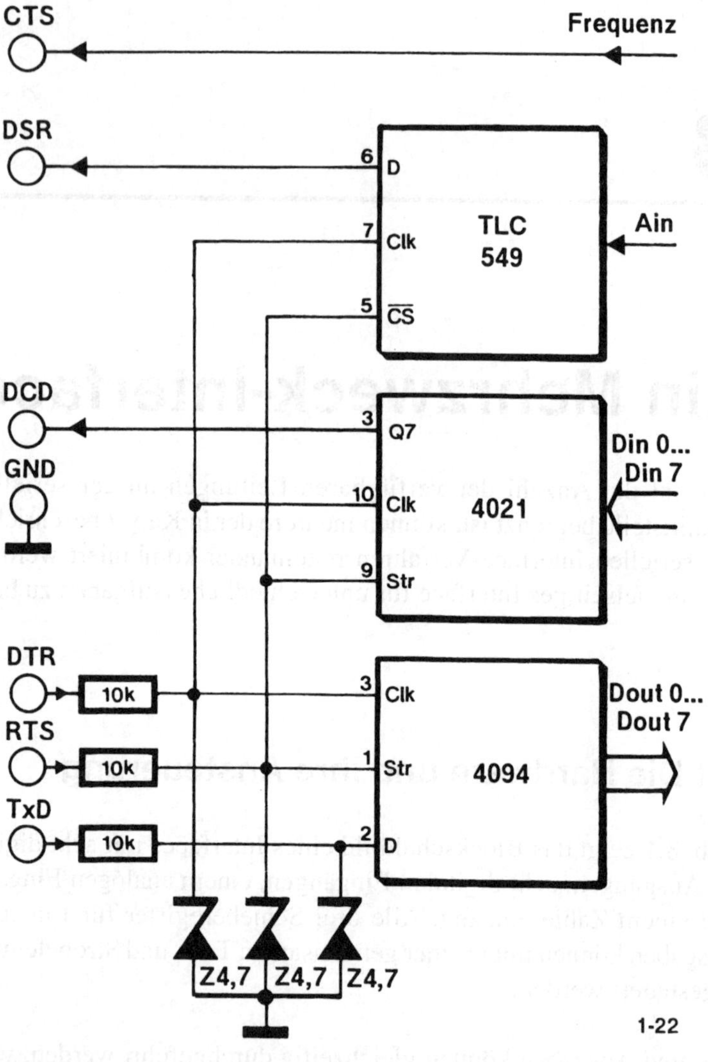

Zusätzlich wird der freie Eingang CTS für Frequenzmessungen verwendet. Die Torzeit ist hier fest auf 100 ms eingestellt, so daß sich eine Frequenzauflösung von 10 Hz ergibt. Schaltet man einen Spannungs-Frequenzwandler vor, dann kann das Interface mit zwei Analogeingängen verwendet werden.

Abb. 8.2: Ansteuerung des Universal-interface.

```
unit Uni1;

interface

uses PORTINC, Windows, Messages, SysUtils, Classes, Graphics,
Controls, Forms, Dialogs, ExtCtrls, StdCtrls;

type
  TForm1 = class(TForm)
    CheckBox1: TCheckBox; CheckBox2: TCheckBox;
    CheckBox3: TCheckBox; CheckBox4: TCheckBox;
    CheckBox5: TCheckBox; CheckBox6: TCheckBox;
    CheckBox7: TCheckBox; CheckBox8: TCheckBox;
    Label1: TLabel; Label2: TLabel;
    Label3: TLabel; Label4: TLabel;
    Label5: TLabel; Label6: TLabel;
    Label7: TLabel; Label8: TLabel;
    Timer1: TTimer; Label9: TLabel;
    CheckBox9: TCheckBox; CheckBox10: TCheckBox;
    CheckBox11: TCheckBox; CheckBox12: TCheckBox;
    CheckBox13: TCheckBox; CheckBox14: TCheckBox;
    CheckBox15: TCheckBox; CheckBox16: TCheckBox;
    Label10: TLabel; Edit1: TEdit;
    Label11: TLabel; Edit2: TEdit;
    Label12: TLabel;
    procedure FormCreate(Sender: TObject);
    procedure Timer1Timer(Sender: TObject);
  end;
```

(Fortsetzung nächste Seite)

```
var
  Form1: TForm1;
  Dout, Din, Ain: Byte;

implementation

{$R *.DFM}

procedure Austausch;
var Stelle, StelleAD, n, m  : Integer;
begin
  RTS (1);                    { Strobe an }
  Delayus(20);                { Verzögerung }
  RTS (0);                    { Strobe aus }
  Stelle := 1;
  StelleAD := 128;
  Din := 0;
  Ain := 0;
  for n:=1 to 8 do begin
    if ((Dout AND Stelle) > 0) then
      TXD (1)                 { Daten ausgeben }
      else TXD (0);
    if DCD = 1                { Daten lesen }
       then Din := Din + Stelle;
    if DSR = 1 then           { A/D lesen }
       Ain := Ain + StelleAD;
    DTR (1);                  { Clock an }
  Delayus(20);                { Verzögerung }
    DTR (0);                  { Clock aus }
    Stelle := Stelle * 2;
    StelleAD := StelleAD div 2;
  end;
  RTS (1);                    { Strobe an }
  Delayus(20);                { Verzögerung }
  RTS (0);                    { Strobe aus }
end;

function Frequenz: Integer;
var Zaehler, alt, Eingang : Integer;
begin
  Zaehler := 0;
  RealTime (true);
  TimeInitus;
  alt:=CTS;
```

(Fortsetzung nächste Seite)

```
  while TimeReadus < (100000) do begin
    Eingang := CTS;
    if Eingang> alt then Zaehler := Zaehler +1;
    Alt := Eingang;
  end;
  Frequenz := Zaehler;
  RealTime (false);
end;

procedure TForm1.FormCreate(Sender: TObject);
begin
  OpenCom(pchar('com2:9600,N,8,1'));
  Timer1.Interval := 100;
  Timer1.Enabled := true;
end;

procedure TForm1.Timer1Timer(Sender: TObject);
var Wert: Word;
    Spannung: Real;
begin
  Dout := 0;
  if  CheckBox1.Checked Then Dout := Dout +1;
  if  CheckBox2.Checked Then Dout := Dout +2;
  if  CheckBox3.Checked Then Dout := Dout +4;
  if  CheckBox4.Checked Then Dout := Dout +8;
  if  CheckBox5.Checked Then Dout := Dout +16;
  if  CheckBox6.Checked Then Dout := Dout +32;
  if  CheckBox7.Checked Then Dout := Dout +64;
  if  CheckBox8.Checked Then Dout := Dout +128;
  Austausch;
  CheckBox9.Checked := ((Din And 1) >0);
  CheckBox10.Checked := ((Din And 2) >0);
  CheckBox11.Checked := ((Din And 4) >0);
  CheckBox12.Checked := ((Din And 8) >0);
  CheckBox13.Checked := ((Din And 16) >0);
  CheckBox14.Checked := ((Din And 32) >0);
  CheckBox15.Checked := ((Din And 64) >0);
  CheckBox16.Checked := ((Din And 128) >0);
  Spannung := Ain/255*5;
  Edit1.Text := FloatToStrF(Spannung,ffGeneral,3,2) + ' V';
  Edit2.Text := FloatToStrF(Frequenz*10,ffGeneral,4,0) + ' Hz';
end;
```

***Listing 8.1:** Grundprogramm für das serielle Mehrzweckinterface.*

8.2 Das universelle Meßprogramm COMPACT

Für den allgemeinen Einsatz im Elektronik-Labor wurde das vielseitige Anwenderprogramm COMPACT entwickelt, übrigens ebenfalls in Delphi. Es steuert alle Ein- und Ausgänge des Universalinterface an und erlaubt die flexible Aufnahme von Meßwerten. Der Anwender kann beim Start des Programms die COM-Schnittstelle wählen. Das Programm befindet sich in ausführbarer Form auf der dem Buch beigelegten CD.

Abb. 8.3: Das Programm Compact-Universal.

Nach dem Start erscheint ein Menü mit mehreren Funktionen. Im Programmteil „Übersicht" erhält man den direkten Zugriff auf alle Ein- und Ausgänge. Die beiden analogen Eingänge für Spannung und Frequenz werden an Zeigerinstrumenten dargestellt. Zusätzlich erscheint auch eine digitale Anzeige, die im Fall der Spannungsmessung das vom AD-Wandler gelieferte Byte zeigt. Beide Meßgeräte lassen sich direkt für Versuche und Fehlersuche einsetzen.

Zusätzlich zu den analogen Eingängen erhält man auch Zugriff auf die digitalen Ein- und Ausgänge des Universalinterface. Die acht digitalen Eingänge werden über virtuelle LEDs und gleichzeitig über eine Digitalanzeige als Byte zwischen 0 und 255 angezeigt. Man kann also Zustände einer digitalen Schaltung direkt überwachen. Die digitalen Ausgangsleitungen werden über virtuelle Schiebe-

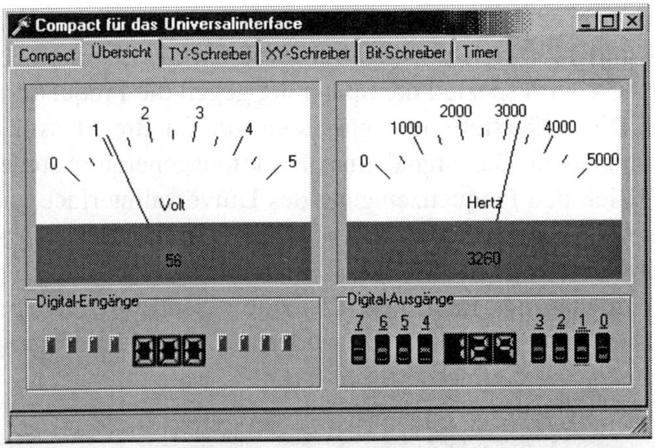

Abb. 8.4: Direktansicht aller Ein- und Ausgänge.

schalter verändert. In einer digitalen Anzeige sieht man den Gesamtzustand des Ports als Byte.

Die Grundfunktion „Übersicht" entspricht in ihren grundlegenden Funktionen etwa dem Programm UNI1.EXE aus dem vorangegangenem Abschnitt. Zusätzliche Möglichkeiten ergeben sich aber durch die diversen Schreiber des Programms.

Der TY-Schreiber plottet eine oder beide analogen Eingangsgrößen gegen die Zeit auf. Die Beobachtung zeitlich veränderlicher Größen wird damit einfach. Der Meßzeitraum ist in weiten Grenzen zwischen einer Sekunde und 24 Stunden wählbar.

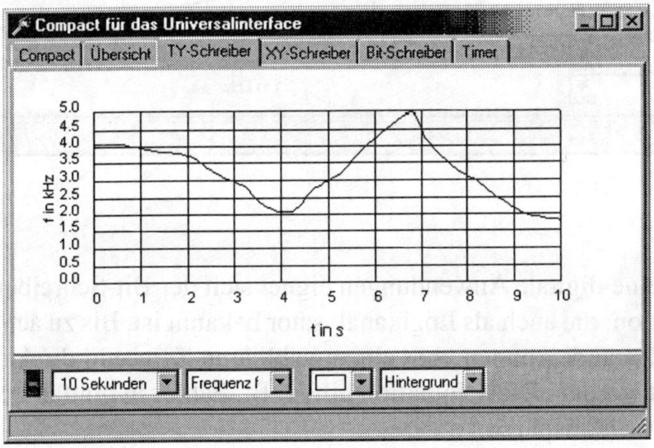

Abb. 8.5: Der Meßwertplotter.

Vielfach besitzen analoge Meßgrößen eine gegenseitige Abhängigkeit. Dann läßt sich ein XY-Schreiber sinnvoll einsetzen. In COMPACT wird speziell die Spannung gegen die Frequenz aufgetragen. Diese Darstellung eignet sich gut für die Messung von Frequenzgängen. Das Signal eines Funktionsgenerators steuert dabei zugleich den Frequenzeingang des Universalinterface und den Eingang einer zu untersuchenden Schaltung. Das Ausgangssignal der Testschaltung gelangt über einen Meßgleichrichter an den Analogeingang des Interfaces. Der interessante Frequenzbereich kann dann manuell durchfahren werden, um den Frequenzgang aufzuzeichnen.

Abb. 8.6:
Der XY-Schreiber.

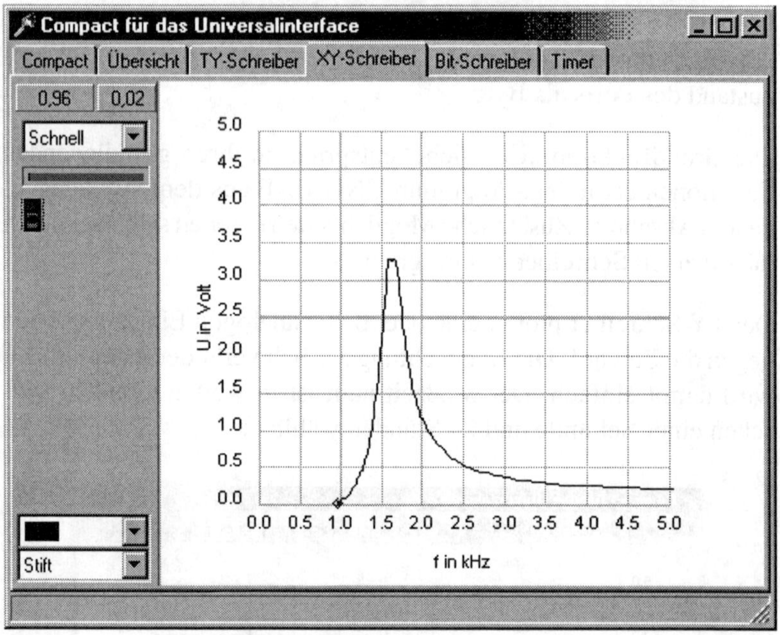

Für reine digitale Anwendungen eignet sich der Bit-Schreiber, eine Funktion, die auch als Logikanalysator bekannt ist. Bis zu acht digitale Zustände können über einen wählbaren Zeitraum direkt beobachtet werden. Diese Funktion hilft z. B., Fehler in digitalen Schaltungen aufzuspüren.

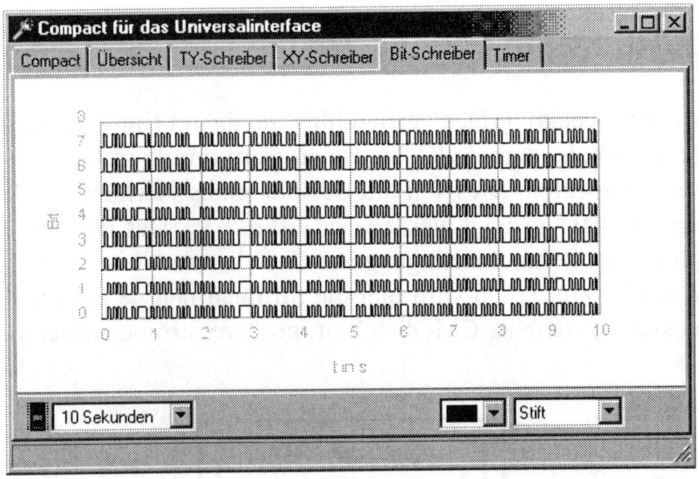

Abb. 8.7: *Der Digitalschreiber.*

Eine weitere nützliche Funktion des Programms ist der Timer. Er erlaubt genaue Zeitmessungen an Impulsen, die an den Eingang CTS gelegt werden. Hier kann auch ein Tastschalter gegen +5V angeschlossen werden, um eine manuell bedienbare Stoppuhr zu realisieren.

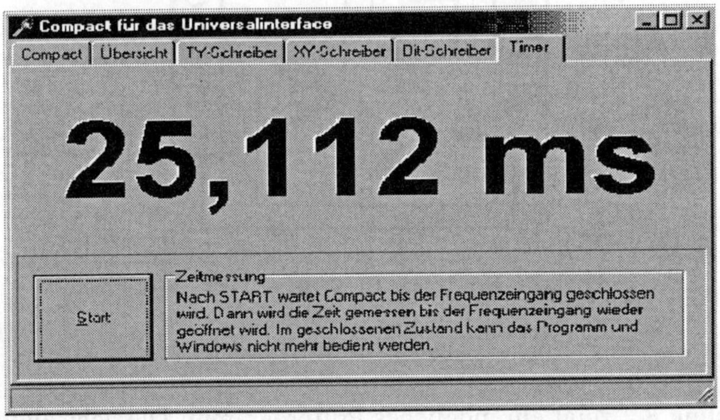

Abb. 8.8: *Die Zeitmessung in Compact.*

8.3 Automatischer IC-Test

Das Mehrzweckinterface verfügt über genügend Ein- und Ausgänge, um einfache digitale ICs vollständig auf ihre korrekte Funktion hin zu überprüfen. Dies soll am Beispiel eines vierfachen NAND-Bausteins 4011 gezeigt werden (vgl. Abb. 8.9). Der PC stellt über das Interface definierte Eingangszustände her und liest die Ausgänge des ICs. Zusätzlich wird hier die Stromaufnahme des Prüflings gemessen, da defekte CMOS-ICs oft größere Ströme aufnehmen.

Abb. 8.9: Überprüfung eines CMOS-Bausteins durch das Mehrzweck-interface.

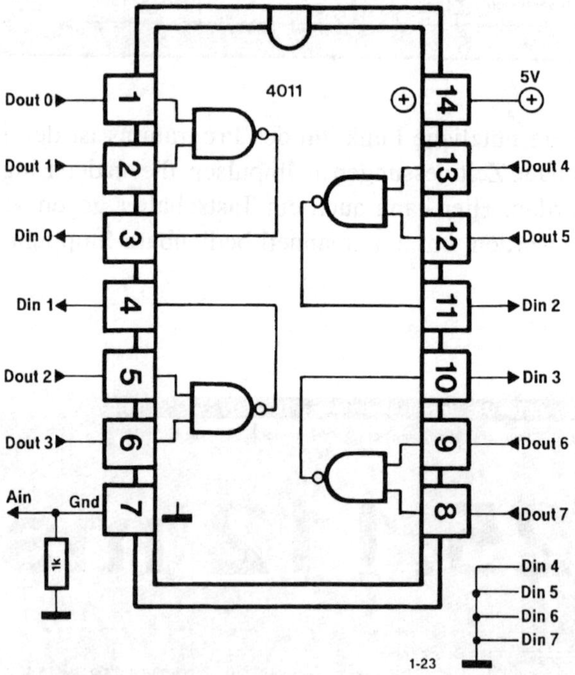

Listing 8.2 zeigt ein mögliches Prüfprogramm. Die acht digitalen Ausgänge des Interfaces werden binär hochgezählt. Jeder der möglichen 256 Eingangszustände des zu prüfenden ICs wird einmal hergestellt, um die Antwort der IC-Ausgänge zu überprüfen. Die Pro-

zedur „Austausch“ muß jeweils zweimal hintereinander aufgerufen werden, weil beim ersten Aufruf noch die Antwort auf den vorigen Zustand gelesen wird.

Die aufwendige Berechnung der korrekten Ausgangszustände kann umgangen werden, wenn man mit einer Vergleichstabelle arbeitet. Diese Tabelle wird durch Klick auf die Schaltfläche „Neu“ mit einem neuen IC als Prüfling erzeugt. Eine Tabelle läßt sich als Binärfile, z. B. als CD4011.BIN, abspeichern und laden. Diese Testmethode läßt sich leicht auf weitere ICs erweitern, indem man spezifische Dateien anlegt. Über geeignete Testsockel lassen sich verschiedenartige ICs. testen. Jede erkannte Abweichung vom Normverhalten führt zu einer Fehlermeldung. Dazu gehört auch ein erhöhter Stromverbrauch über 0,2 mA.

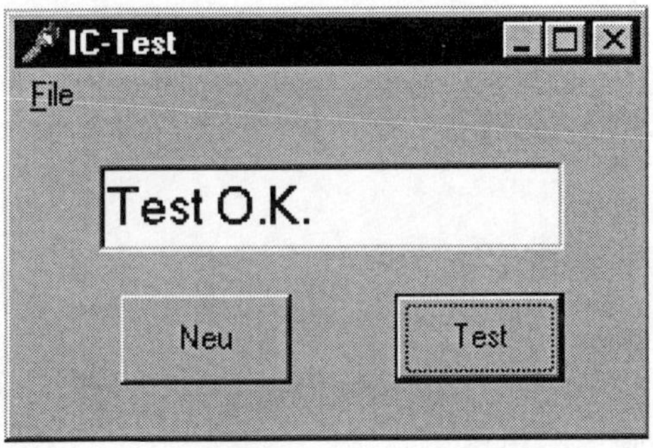

Abb. 8.10: Der IC-Tester.

```
unit ICtest;

interface

uses PORTINC,  Windows, Messages, SysUtils, Classes,
Graphics, Controls, Forms, Dialogs, ExtCtrls, StdCtrls, Menus;
```

(Fortsetzung nächste Seite)

```
type
  TForm1 = class(TForm)
    Edit1: TEdit; Button1: TButton;
    Button2: TButton; Timer1: TTimer;
    OpenDialog1: TOpenDialog; SaveDialog1: TSaveDialog;
    MainMenu1: TMainMenu; File1: TMenuItem;
    SaveAs1: TMenuItem; Open1: TMenuItem;
    New1: TMenuItem;
    procedure FormCreate(Sender: TObject);
    procedure Button3Click(Sender: TObject);
    procedure Button2Click(Sender: TObject);
    procedure Button1Click(Sender: TObject);
    procedure Timer1Timer(Sender: TObject);
    procedure Open1Click(Sender: TObject);
    procedure SaveAs1Click(Sender: TObject);
  end;

var
  Form1: TForm1;
  Dout, Din, Ain: Byte;
  n: Integer;
  Ausgaenge: Array[0..255] of Byte;
  Testfile: File of Byte;
  Dateiname: String;
implementation

{$R *.DFM}

procedure Austausch;
var Stelle, StelleAD, n, m  : Integer;
begin
  RTS (1);                  { Strobe an }
  Delayus(20);              { Verzögerung }
  RTS (0);                  { Strobe aus }
  Stelle := 1;
  StelleAD := 128;
  Din := 0;
  Ain := 0;
  for n:=1 to 8 do begin
    if ((Dout AND Stelle) > 0) then
      TXD (1)               { Daten ausgeben }
      else TXD (0);
    if DCD = 1              { Daten lesen }
       then Din := Din + Stelle;
```

(Fortsetzung nächste Seite)

```
    if DSR = 1 then       { A/D lesen }
       Ain := Ain + StelleAD;
    DTR (1);              { Clock an }
  Delayus(20);            { Verzögerung }
    DTR (0);              { Clock aus }
    Stelle := Stelle * 2;
    StelleAD := StelleAD div 2;
  end;
  RTS (1);                { Strobe an }
  Delayus(20);            { Verzögerung }
  RTS (0);                { Strobe aus }
end;



procedure TForm1.FormCreate(Sender: TObject);
begin
  OpenCom(pchar('com2:9600,N,8,1'));
end;

procedure TForm1.Button3Click(Sender: TObject);
var n: Integer;
begin
{Dateiname := OpenDialog.FileName;}
Dateiname := 'TEST.BIN';
AssignFile (Testfile,Dateiname);
{$I-} Rewrite (Testfile) {$I+};
for n:= 0 to 255 do begin;
  write (Testfile, Ausgaenge[n]);
end;
CloseFile (Testfile);
end;

procedure TForm1.Button2Click(Sender: TObject);
var Wert: Word;
    Spannung, Fehler : Real;
begin
  Timer1.Enabled := false;
  Fehler := 0;
  Edit1.Text := 'Test ...';
  for n := 1 to 255 do begin
    Dout := n;
    Austausch;
    Delay (1);
```

(Fortsetzung nächste Seite)

```
    Austausch;
    If (Ain > 10) or (Din <> Ausgaenge[n]) then begin
      Fehler := Fehler + 1;
      Spannung := Ain/255*5;
      Edit1.Text := FloatToStr(N) + ', ' +
      FloatToStr(Din) + '<> '+FloatToStr(Ausgaenge[n]) +
      '   '+ FloatToStrF(Spannung,ffGeneral,3,2) + ' mA';
    end;
  end;
  If Fehler = 0 then Edit1.Text := 'Test O.K.';
  Timer1.Interval := 2000;
  Timer1.Enabled := true;
end;

procedure TForm1.Button1Click(Sender: TObject);
var n: Integer;
begin
{Dateiname := OpenDialog.FileName;}
Timer1.Enabled := false;
for n:= 0 to 255 do begin;
  Dout := n;
  Austausch;
  Delay (1);
  Austausch;
  Ausgaenge[n] := Din;
end;
Edit1.text := 'Fertig';
Timer1.Enabled := true;
end;

procedure TForm1.Timer1Timer(Sender: TObject);
begin
  Edit1.Text := 'bereit';
  Timer1.Enabled := false
end;

procedure TForm1.Open1Click(Sender: TObject);
begin
  OpenDialog1.FileName := '*.bin';
  OpenDialog1.Execute;
  Dateiname := OpenDialog1.FileName;
  if Dateiname > '' then begin
    AssignFile (Testfile,Dateiname);
```

(Fortsetzung nächste Seite)

```
    {$I-} Reset (Testfile) {$I+};
    for n:= 0 to 255 do read (Testfile,Ausgaenge[n]);
    CloseFile (Testfile);
  end
end;

procedure TForm1.SaveAs1Click(Sender: TObject);
  var n: Integer;
begin
  SaveDialog1.FileName := '*.bin';
  SaveDialog1.Execute;
  Dateiname := SaveDialog1.FileName;
  If Dateiname > '' then begin
    AssignFile (Testfile,Dateiname);
    {$I-} Rewrite (Testfile) {$I+};
    for n:= 0 to 255 do write (Testfile, Ausgaenge[n]);
    CloseFile (Testfile);
  end;
end;

end.
```

Listing 8.2: *Testprogramm für einen CMOS-Baustein 4011.*

9

Der parallele Druckerport

Die Druckerschnittstelle (LPT1 oder LPT2) des PCs stellt insgesamt 17 digitale Leitungen zur Verfügung, die sich für einen schnellen Datenaustausch mit Interface-Schaltungen nutzen lassen. Durch die Vielzahl der Leitungen werden einige Versuche besonders einfach. Allerdings erfordert die Verwendung der Druckerschnittstelle besondere Vorsicht. Anders als die serielle Schnittstelle kann man sie relativ leicht versehentlich zerstören, da die Ein- und Ausgänge der parallelen Schnittstelle als TTL-kompatible Leitungen nicht gegen Überlastung geschützt sind. Folgende Sicherheitsregeln müssen beachtet werden:

- Geräte dürfen nur bei ausgeschaltetem PC mit dem Parallelport verbunden werden.
- Die Eingänge dürfen nur Spannungen zwischen 0 V und 5 V erhalten.
- Die Ausgänge dürfen nicht kurzgeschlossen oder mit anderen Ausgängen verbunden werden und
- die Ausgänge dürfen nicht mit Fremdspannungen in Berührung kommen.

9.1 Ein- und Ausgangsleitungen

Abb. 9.1: Anschluß-belegungen der parallelen Schnittstelle am PC und am Druckerkabel.

Die folgende Aufstellung zeigt alle zur Verfügung stehenden Leitungen. Abb. 9.1 stellt die Steckerbelegung des 25-poligen Sub-D-Steckers am PC vor. Daneben kann man auch die 36-polige Centronics-Buchse einsetzen, um das Interface mit einem üblichen Druckerkabel anzuschließen. Gekaufte Druckerkabel weichen manchmal etwas von der gezeigten Anschlußbelegung ab, so daß es empfehlenswert ist, das verwendete Kabel zunächst sorgfältig zu überprüfen.

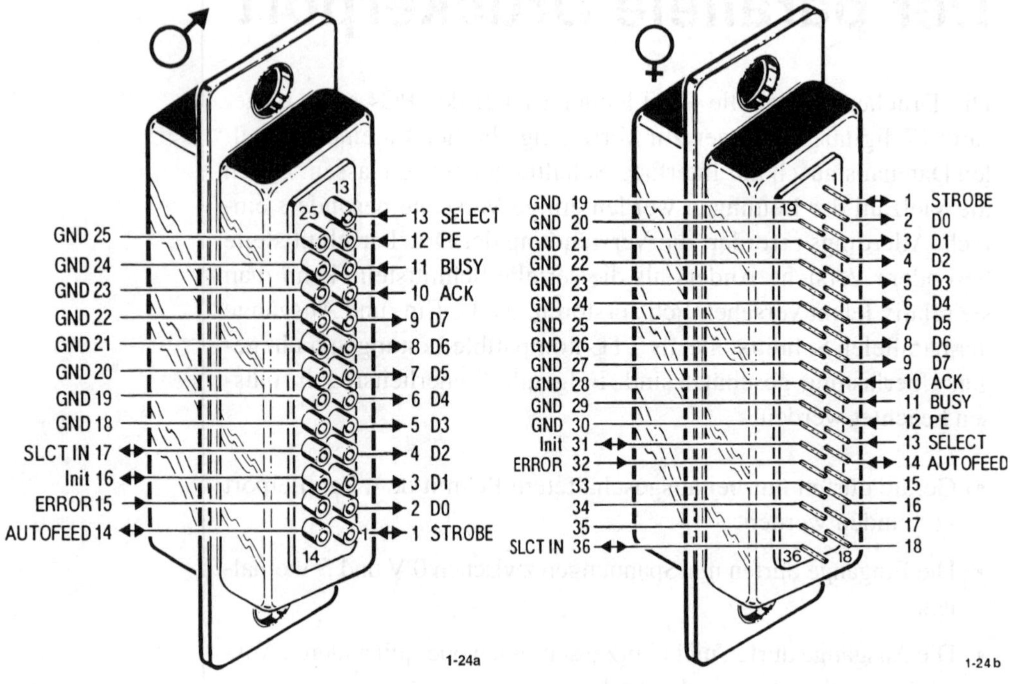

Pin 25-P	Pin 36-P	Bezeichnung	Zugriff	Datenrichtung
2	2	D0	BA, Bit 0	Ausgang
3	3	D1	BA, Bit 1	Ausgang
...	...	...	...	...
9	9	D7	BA, Bit 7	Ausgang
15	32	Error	BA+1, Bit 3	Eingang
13	13	Select	BA+1, Bit 4	Eingang
12	12	PE	BA+1, Bit 5	Eingang
10	10	ACK	BA+1, Bit 6	Eingang
11	11	Busy	BA+1, Bit 7	Eingang, invertiert
1	1	Strobe	BA+2, Bit 0	Ein/Ausgang,invert.
14	14	Auto Feed	BA+2, Bit 1	Ein/Ausgang,invert.
16	31	Init	BA+2, Bit 2	Ein/Ausgang
17	36	SLCT IN	BA+2, Bit 3	Ein/Ausgang,invert.

Die Schnittstelle belegt jeweils die Basisadresse (BA) und die beiden folgenden Adressen.

Register	Offset	Bemerkungen
Datenregister	0	Druckerdaten ausgeben
Statusregister	1	Druckerstatus lesen
Steuerregister	2	Druckerfunktionen steuern

Datenregister (Offest=0)

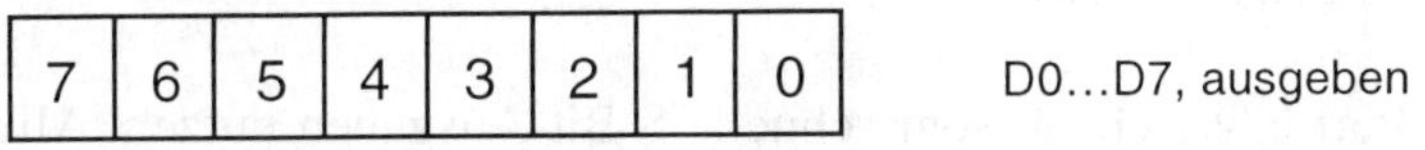

Statusregister (Offest=1)

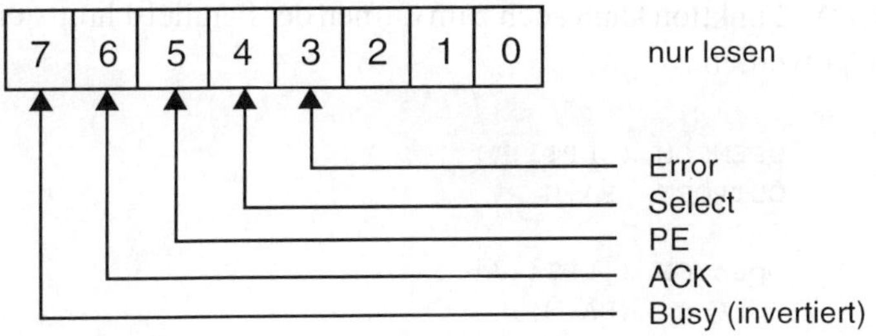

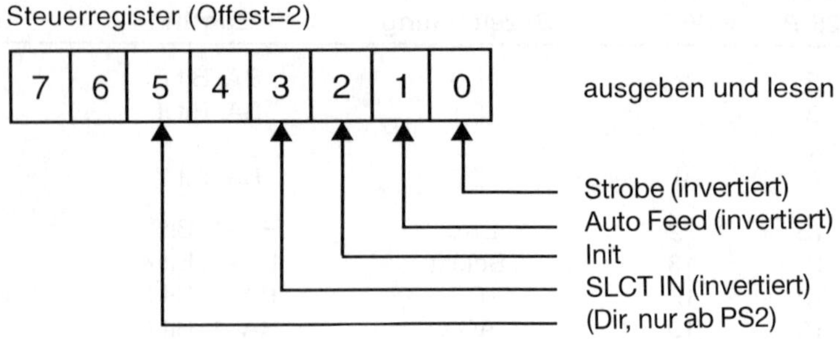

Oft findet sich neben der ersten Druckerschnittstelle (LPT1) eine zweite (LPT2). In den folgenden Programmen wird grundsätzlich LPT1 verwendet. Sie lassen sich aber mit einer anderen Basisadresse leicht für eine andere Druckerschnittstelle nutzen.

	LPT1	LPT2
hexadezimal:	378	278
dezimal:	888	632

Mit dem Datenregister steht ein zusammenhängender 8-Bit-Ausgabeport zu Verfügung, über den normalerweise Daten an den Drucker gesendet werden. Die Ausgänge sind TTL-kompatibel, d. h. High-Pegel liegen bei 3,5 V bis 5 V, und die Ausgänge dürfen bis ca. 10 mA belastet werden.

Der Port läßt sich für sehr schnelle 8-Bit-Ausgaben nutzen. Allerdings muß die Schnittstelle vor einer Ausgabe geöffnet werden, damit Windows die physikalische Ausgabe von Daten zuläßt. Die OPENCOM-Funktion kann auch zum Öffnen der Parallelschnittstelle verwendet werden.

VB:

```
OPENCOM („LPT1:")
OUTPORT  BA,N
```

Delphi:

```
OpenCOM ('LPT1:');
OutPort (BA,N);
```

Unter den vielen Hilfsleitungen für den Drucker finden sich fünf Eingänge des Statusregisters (Error, Select, PE, ACK, Busy), von denen einer (Busy) invertiert gelesen wird. Meist sind diese Leitungen TTL-kompatibel, d. h. offene Eingänge erscheinen als hochgesetzt. Schalter können daher einfach gegen Masse gelegt werden. Der Zustand aller fünf Eingangsleitungen läßt sich unter der Adresse (BA+1) lesen. Zuvor muß die Schnittstelle mit OpenCOM geöffnet worden sein.

VB:
```
A = INPORT (BA+1)   : REM Statusport lesen
```

Delphi:
```
A := InPort (BA+1);  { Statusport lesen }
```

Die Portadresse (BA+2) erlaubt den Zugriff auf das Steuerregister mit den vier Hilfsleitungen Strobe, Auto Feed, Init und SLCT IN, über die der PC Steuerinformationen an den Drucker ausgeben kann. Diese vier Leitungen können aber zugleich gelesen werden. Daten werden über Open-Collector-Ausgänge ausgegeben. Widerstände von ca. 3,3 kΩ ziehen die Ausgänge gegen +5V. Gibt man High-Zustände aus, sind die Leitungen also relativ hochohmig und können von außen auf Low-Pegel geschaltet werden. Der jeweilige Zustand wird über TTL- Eingänge zurückgelesen. Deshalb können diese vier Leitungen für beide Datenrichtungen verwendet werden. Man muß dabei beachten, daß drei der Leitungen (Strobe, Auto Feed und SLCT IN) invertiert sind, eine (Init) dagegen nicht. In den Programmen lassen sich die invertierten Bits leicht durch die XOR-Funktion umkehren:

VB (Ausgabe):
```
OUTPORT BA+2, A XOR 11
```
VB (Einlesen):
```
B = (INPORT (BA+2) XOR 11) AND 15
```

Delphi (Ausgabe):
```
OutPort (BA+2, A XOR 11);
```
Delphi (Einlesen):
```
B := (InPort (BA+2) XOR 11) AND 15;
```

9.2 Bidirektionale Druckerschnittstellen

Die bisher dargelegten Eigenschaften der Druckerschnittstelle gelten für die Standard-Centronicsschnittstelle. Moderne Rechner besitzen erweiterte Druckerschnittstellen, die als ECP- oder EPP-Schnittstellen angemeldet werden können und dann auch den bidirektionalen Datenaustausch über den 8 Bit breiten Druckerport erlauben. Diese Schnittstellen sind in ihrem ISA-komatiblen Modus immer noch kompatibel zur alten Druckerschnittstelle, d. h. alle Zugriffe funktionieren genauso wie oben beschrieben.

Zusätzlich sind aber im EPP- und ECP-Modus erweiterte Übertragungsarten möglich, in denen über die Schnittstelle getrennte Adressen und Daten übertragen werden und ganze Datenblöcke gemeinsam gesendet und empfangen werden können. Leider ist diese erweiterte Nutzung nicht ganz einfach, da sie entsprechend aufwendige äußere Schaltungen erfordert und da sich zudem in der Schnittstelle unterschiedliche Bausteine befinden können, die jeweils eine eigene Ansteuerung erfordern. Entsprechende Treiber steuern z. B. den Datenaustausch mit externen ZIP-Laufwerken oder Scannern. In diesem Buch soll auf diese erweiterten Möglichkeiten nicht eingegangen werden, da sie als zu schwierig erscheinen.

Einen Vorteil der modernen Parallelports kann jedoch auch der Hobbyanwender nutzen. In vielen Fällen ist nämlich die 8-Bit-Eingabe über den Druckerport möglich. Dies ist dann der Fall, wenn die Schnittstelle mindestens den PS/2-kompatiblem Modus unterstützt. Gegenüber der ursprünglichen Norm kam dabei ein Steuerbit im Steuerregister hinzu. Mit Bit 5 (DIR=1) kann der acht Bit breite Datenport in Ausgabe- oder Leserichtung umgeschaltet werden. Wurde die Schnittstelle im EPC- oder EPP-Modus installiert, dann ist sie ebenfalls PS/2-kompatibel und unterstützt die Eingabe paralleler Daten.

Ob die Schnittstelle parallele Dateneingaben unterstützt, kann man mit dem folgenden kleinen Programm in VB5 feststellen. Mit zwei Radiobuttons läßt sich die Datenrichtung umschalten. Eine nur ISAkompatible Schnittstelle liefert beim Lesen immer den letzen Ausgabewert zurück. Unterstützt die Schnittstelle das parallele Lesen, dann werden mit dem Umschalten der Datenrichtung in Richtung Eingabe alle Datenleitungen hochgesetzt und hochohmig. Der offene Port zeigt dann den Wert 255.

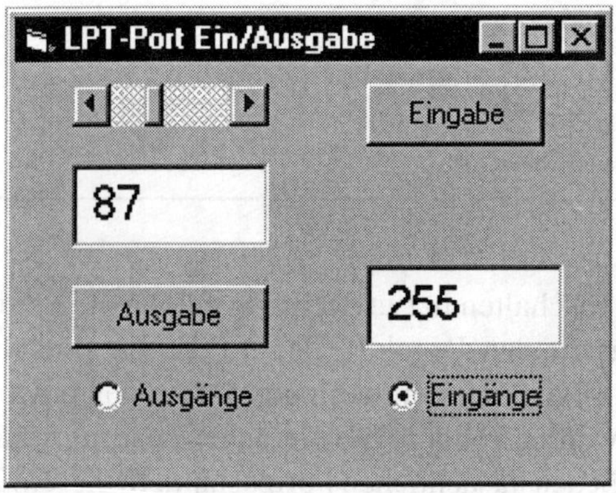

Abb. 9.2: Parallele Ein- und Ausgaben.

```
Dim BA As Integer

Private Sub Command1_Click()
  OUTPORT BA, HScroll1.Value
End Sub

Private Sub Command2_Click()
  D = INPORT(BA)
  D = D And 255
  Text2.Text = Str$(D)
End Sub

Private Sub Form_Load()
  If OPENCOM(„LPT1:") = 0 Then MsgBox („LPT1 nicht frei")
  BA = &H378
  OUTPORT (BA + 2), 0  'Ausgabe
End Sub

Private Sub Form_Unload(Cancel As Integer)
  CLOSECOM
End Sub
```

(Fortsetzung nächste Seite)

```
Private Sub HScroll1_Change()
  Text1.Text = Str$(HScroll1.Value)
End Sub

Private Sub Option1_Click()
  OUTPORT (BA + 2), 0  'Ausgabe
End Sub

Private Sub Option2_Click()
  OUTPORT (BA + 2), 32  'Eingabe
End Sub
```

Listing 9.1: Test des bidirektionalen Datenverkehrs.

Nach dem Umschalten in Leserichtung zeigen die Leitungen 2 bis 9 am Druckerport den Pegel 1, also +5 V. Sie sind jedoch relativ hochohmig, so daß mit dem geringen Strom von etwa 1 mA heruntergezogen werden können. Ein einfacher Lesezugriff auf die Basisadresse ergibt den tatsächlichen Portzustand. In diesem Zustand kann die Schnittstelle für parallele Eingaben genutzt werden. Will man die direkten Eigaben über eine Druckerschnittstelle nutzen, dann empfiehlt sich der Einsatz von Schutzwiderständen zur Begrenzung eines möglichen Kurzschlußstroms für den Fall, daß die Schnittstelle versehentlich in Ausgaberichtung umgeschaltet wird.

Schaltet man die Schnittstelle in Ausgaberichtung, dann werden alle Leitungen niederohmig mit Kurzschlußströmen bis etwa 30 mA. Direkte Verbindungen mit außen angeschlossenen Schaltern oder logischen Ausgängen wären gefährlich. Meist ist dieser Zustand auch nach dem Einschalten des PCs gegeben. Moderne Druckerports verwenden kräftigere Ausgangstreiber als die ursprüngliche Centronics-Schnittstelle, um einen schnellen Datentransfer zu gewährleisten. Die Datenleitungen lassen sich daher auch zur Stromversorgung kleiner Schaltungen verwenden.

10

Parallele Datenausgaben

Die Druckerschnittstelle eignet sich für parallele 8-Bit-Ausgaben. Man kann z.B. logische Schaltungen oder Leistungstreiber ansteuern. Im Gegensatz zu seriellen Ausgaben erfolgt eine Ausgabe über den Parallelport mit einem einzigen Portbefehl und ist damit extrem schnell. Das eröffnet die Möglichkeit, sogar analoge Niederfrequenz-Signale hoher Qualität zu erzeugen.

10.1 Ein Funktionsgenerator

Ein Funktionsgenerator erzeugt Wechselspannungen mit variabler Frequenz und wählbarer Kurvenform. Um dies mit einem PC zu erreichen, muß statt digitaler Signale ein analoges Signal erzeugt werden. Zur Umwandlung eines digitalen in ein analoges Signal dienen Digital/Analog-Wandler wie z. B. der ZN426 von Ferranti. Abb. 10.1 zeigt den Anschluß an den Druckerport. Der Baustein enthält eine interne Spannungsreferenz von 2,55 V. Damit werden 256 Spannungsstufen von 10 mV aufgelöst, und die Ausgangsspannung reicht von 0 bis 2,55 V.

Abb. 10.1: Anschluß des D/A-Wandlers ZN426 an den Druckerport.

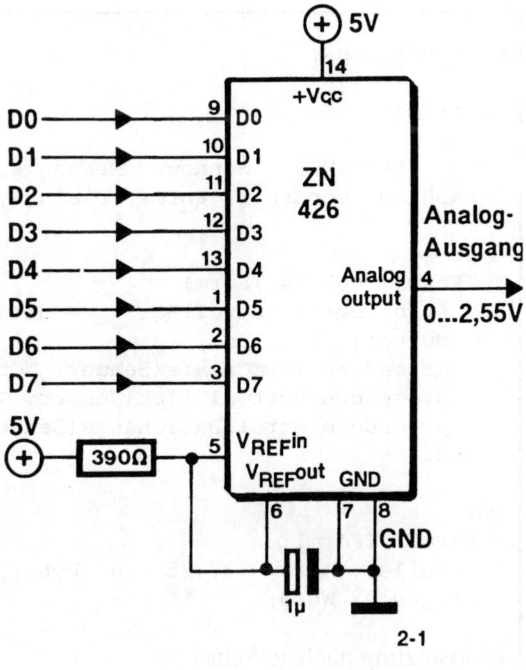

Listing 10.1 zeigt ein Programm zur Realisierung eines NF-Sinusgenerators. Das Programm legt eine Wertetabelle an, die beim Start mit Funktionswerten belegt wird. Während der eigentlichen Ausgabe wird direkt auf die vorbereitete Sinustabelle zurückgegriffen. Die Ausgabegeschwindigkeit ist über einen Schieberegler zwischen 10 µs und 1 ms pro Stützwert einstellbar. Die Ausgabe erfolgt jeweils fünf Sekunden lang. Während dieser Zeit reagiert der Rechner nicht auf andere Eingaben.

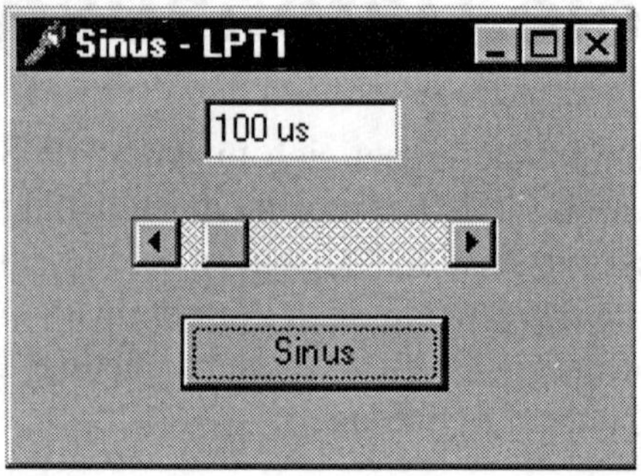

Abb. 10.2: *Die Sinusausgabe am Druckerport.*

```
unit LPTsinus;

interface

uses   PORTINC,   Windows, Messages, SysUtils, Classes,
 Graphics, Controls, Forms, Dialogs,  StdCtrls;

type
  TForm1 = class(TForm)
    ScrollBar1: TScrollBar;    Edit1: TEdit;
    Button1: TButton;
    procedure FormCreate(Sender: TObject);
    procedure Button1Click(Sender: TObject);
    procedure ScrollBar1Change(Sender: TObject);
  end;

var
  Form1: TForm1;
  Tabelle : Array [0..255] of Byte;
  BA, Zeit: Word;
```

(Fortsetzung nächste Seite)

```
implementation

{$R *.DFM}

procedure TForm1.FormCreate(Sender: TObject);
var n: Integer;
begin
  OpenCom (Pchar('LPT1:'));
  BA := $378;
  for n := 0 to 255 do
    Tabelle [n] := round (127.5+127.5*sin (n/128 * Pi));
  Zeit := 10;
end;

procedure TForm1.Button1Click(Sender: TObject);
var t: Dword;
    n: byte;
begin
  Zeit := ScrollBar1.Position;
  t:= 0; n:= 0;
  RealTime (true);
  TimeInitus;
  While TimeReadus < 5000000 do begin
    OutPort (BA,Tabelle[n]);
    inc (n); t := t+Zeit;
    While TimeReadus < t do;
  end;
  RealTime (false);
end;

procedure TForm1.ScrollBar1Change(Sender: TObject);
begin
Edit1.Text := floattostr(Scrollbar1.Position)+' us'
end;

end.
```

Listing 10.1: *Programm eines NF-Sinusgenerators.*

10.2 Steuerung einfacher Maschinen

Die Druckerschnittstelle verfügt über insgesamt zwölf Ausgabeleitungen und fünf Eingabeleitungen. Damit lassen sich mehrere Motoren steuern und Schalter abfragen. Verwendet man Schrittmotoren in 4-Bit-Ansteuerung (vgl. Kap. 3.3), dann lassen sich drei Motoren ansteuern. Diese können z. B. einfache Bewegungsmodelle antreiben.

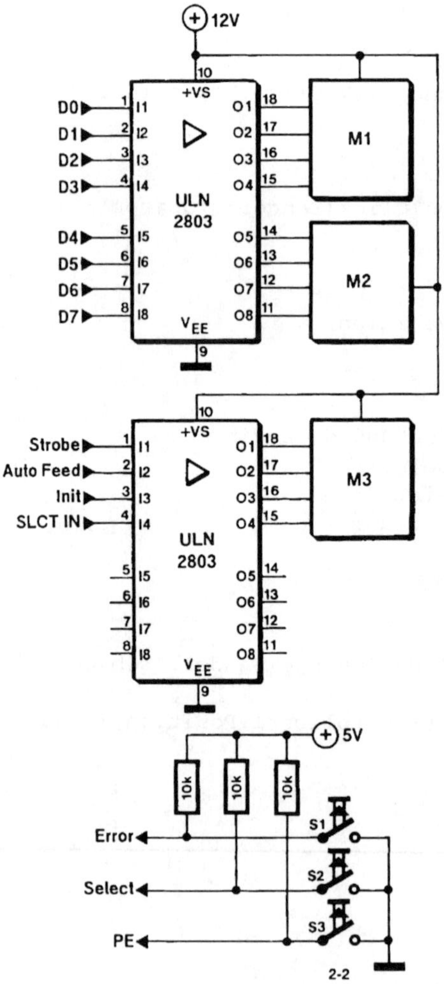

Abb. 10.3: Anschluß von drei Schrittmotoren.

Abb. 10.3 zeigt den Anschluß von drei Schrittmotoren, die über Darlington-Treiber ULN2803 angesteuert werden. Zusätzlich sind drei Schalter angeschlossen, die vom PC abgefragt werden können.

Listing 10.2 zeigt ein Beispielprogramm für die Ansteuerung einer einfachen Maschine. Die Prozeduren „Motor1“ bis „Motor3“ führen jeweils einen Schritt in der angegebenen Richtung „links“ oder „rechts“ aus. Die drei Schalter S1 bis S3 dienen als Endschalter für die Motoren M1 bis M3 und werden über die Funktionen „Schalter1“ bis

„Schalter3“ abgefragt. So läßt sich mit der Prozedur „Nullposition“ ein definierter Anfangszustand aller Motoren erzielen.

Die eigentliche Bewegungssteuerung erfolgt in der Prozedur „Bewegung1“, wobei hier nur ein sehr einfaches Beispiel angegeben ist. Alle Motoren können einzeln oder gemeinsam angesteuert werden. Kurze Wartezeiten über Delay-Befehle legen die Motorgeschwindigkeiten fest. Dabei muß jeweils die Maximalgeschwindigkeit eingehalten werden, damit keine Schritte verlorengehen. Stark belastete Motoren müssen langsamer betrieben werden.

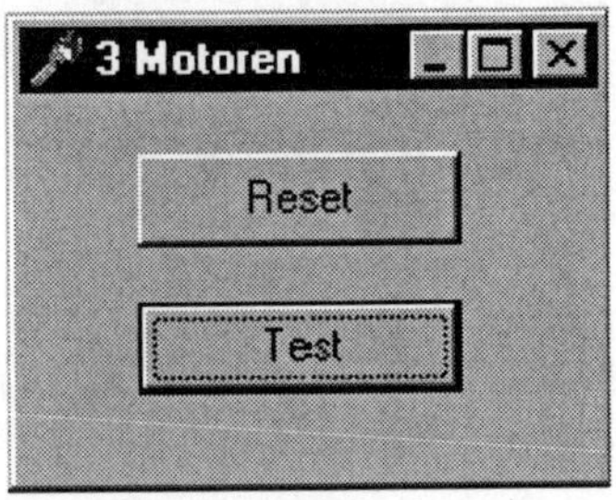

Abb. 10.4: *Die Motorsteuerung.*

```
unit LPTMot;

interface

uses  PORTINC,Windows, Messages, SysUtils, Classes,
  aphics, Controls, Forms, Dialogs, StdCtrls;

type
  TForm1 = class(TForm)
    Button1: TButton;  Button2: TButton;
    procedure FormCreate(Sender: TObject);
    procedure Button1Click(Sender: TObject);
    procedure Button2Click(Sender: TObject);
  end;

var
  Form1: TForm1;
  Schritt1, Schritt2, Schritt3 : Byte;
const BA = $378;              { LPT1 }
      rechts = true;
      links = false;
```

(Fortsetzung nächste Seite)

```
implementation

{$R *.DFM}

procedure Motor1 (rechts : Boolean);
begin
  if rechts then begin
    Schritt1 := Schritt1 * 2;
    if Schritt1 = 16 then Schritt1 := 1
  end else begin
    Schritt1 := Schritt1 div 2;
    if Schritt1 = 0 then Schritt1 := 8;
  end;
  OutPort(BA, Schritt1 + 16 * Schritt2);
end;

procedure Motor2 (rechts : Boolean);
begin
  if rechts then begin
    Schritt2 := Schritt2 * 2;
    if Schritt2 = 16 then Schritt2 := 1
  end else begin
    Schritt2 := Schritt2 div 2;
    if Schritt2 = 0 then Schritt2 := 8;
  end;
  OutPort(BA, Schritt1 + 16 * Schritt2);
end;

procedure Motor3 (rechts : Boolean);
begin
  if rechts then begin
    Schritt3 := Schritt3 * 2;
    if Schritt3 = 16 then Schritt3 := 1
  end else begin
    Schritt3 := Schritt3 div 2;
    if Schritt3 = 0 then Schritt3 := 8;
  end;
  OutPort(BA+2, Schritt3 XOR 11);
end;

function Schalter1: Boolean;
begin
  if (InPort(BA+1) and 8) = 0 then Schalter1 := true
      else Schalter1 := false;
end;
```

(Fortsetzung nächste Seite)

```
function Schalter2: Boolean;
begin
  if (InPort(BA+1) and 16) = 0 then Schalter2 := true
      else Schalter2 := false;
end;

function Schalter3: Boolean;
begin
  if (InPort(BA+1) and 32) = 0 then Schalter3 := true
      else Schalter3 := false;
end;

procedure NullPosition;
begin
  repeat
    Motor1(links);
    delay (5);
  until Schalter1;
  repeat
    Motor2(links);
    delay (5);
  until Schalter2;
  repeat
    Motor3(links);
    delay (5);
  until Schalter3;
end;


procedure Bewegung1;
var N : Word;
begin
  for n:= 1 to 100 do begin   { 100 Schritte }
    Motor1 (rechts);
    Motor2 (rechts);          { alle Motoren }
    Motor3 (rechts);
    delay (5);                { schnell }
  end;
  for n:= 1 to 100 do begin   { 100 Schritte }
    Motor1 (rechts);          { nur Motor 1 }
    delay (10);               { langsam }
  end;
  delay(1000);                { Stillstand 1s }
  for n:= 1 to 100 do begin   { 100 Schritte }
    Motor1 (links);
```

(Fortsetzung nächste Seite)

```
    Motor2 (links);              { alle Motoren }
    Motor3 (links);
    delay(5);                    { schnell }
  end;
  for n:= 1 to 100 do begin      { 100 Schritte }
    Motor1 (links);              { nur Motor 1 }
    delay (10);                  { langsam }
  end;
  delay (1000);                  { Stillstand 1s }
end;

procedure TForm1.FormCreate(Sender: TObject);
begin
  OpenCom (Pchar('LPT1:'));
  Schritt1 := 1;
  Schritt2 := 1;
  Schritt3 := 1;
  OutPort (BA,17);             { D0=1, D4=1 }
  OutPort (BA+2,1 XOR 11);     { Strobe = 1 }
end;

procedure TForm1.Button1Click(Sender: TObject);
begin
  NullPosition;
end;

procedure TForm1.Button2Click(Sender: TObject);
begin
  Bewegung1;
end;

end.
```

Listing 10.2: *Ein einfaches Steuerprogramm für drei Schrittmotoren.*

11

16-Bit-Porterweiterung

Für viele Aufgaben benötigt man mehr als die an der Druckerschnittstelle verfügbaren Portleitungen. Prinzipiell läßt sich die Anzahl der Leitungen über Schieberegister oder Registerbausteine vervielfachen. Hier soll eine Lösung mit dem 8243 vorgestellt werden.

11.1 Der Portbaustein 8243

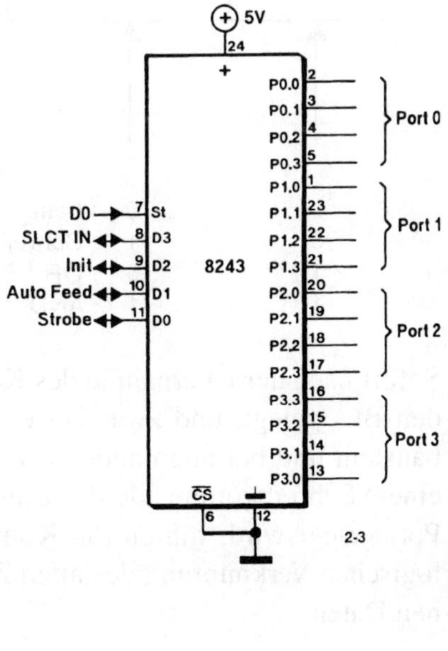

Abb. 11.1: Der 8243 mit 16 bidirektionalen Portleitungen.

Der Portbaustein 8243 von Intel bietet vier Erweiterungsports mit jeweils vier Leitungen, so daß insgesamt 16 Ein/Ausgabeleitungen zur Verfügung stehen. Er wurde eigentlich für die Porterweiterung von 8048-Mikrocontrollern entwickelt, die ihn mit speziellen Befehlen unterstützen. Der 8243 ist jedoch auch für die Porterweiterung eines PCs bestens geeignet, weil er über einen bidirektionalen 4-Bit- Bus angesteuert wird. Genau vier solche Leitungen stehen am Steuerport der Druckerschnittstelle zur Verfügung. Abb. 11.1 zeigt den Anschluß des ICs.

Außer den vier Datenleitungen wird nur eine einzige Steuerleitung benötigt. Daten und Steuerkommandos werden 4-Bit-weise über die Leitungen D0 bis D3 des 8243 übertragen, wobei eine fallende oder steigende Flanke an der Steuerleitung St dem 8243 mitteilt, ob Steuerkommandos oder Daten gemeint sind.

Das Steuerkommando ist ein 4-Bit-Wert, also eine Zahl zwischen 0 und 15. Es teilt dem Portbaustein bei der fallenden Flanke der Steuerleitung St mit, welche Aktion (Schreiben, Lesen, AND, OR) gewünscht wird und auf welchen der vier Erweiterungsports zugegriffen werden soll:

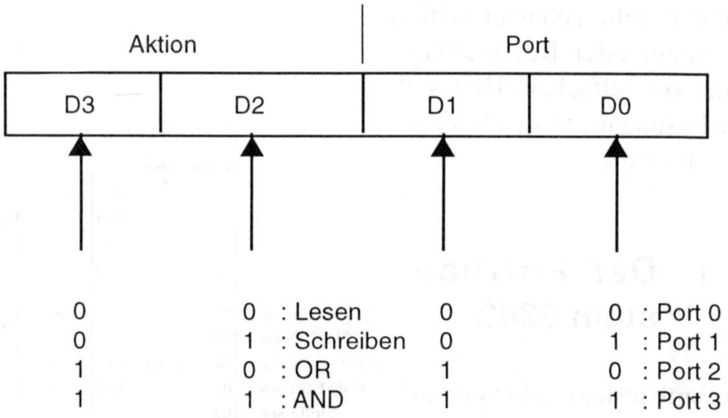

Sofort nach der Übernahme des Kommandos werden die Daten auf den Bus gelegt, und zwar bei einem lesenden Zugriff vom Portbaustein und bei allen anderen Zugriffen vom PC. Während nach einem Schreibkommando das Datenwort direkt an den adressierten Port gelegt wird, führen die Kommandos AND und OR zu einer logischen Verknüpfung des alten Zustandes mit den neu übertragenen Daten.

Die Datenübertragung zwischen PC und Portbaustein ist nicht zeitkritisch. Deshalb kann die Programmierung in Visual Basic erfolgen. Listing 11.1 zeigt ein einfaches Beispielprogramm. Die Ports 0 und 1 werden als Ausgänge benutzt, die nacheinander Zahlen zwischen 0 und 255 ausgeben. Über die acht Leitungen der Ports 2 und 3 werden jeweils Daten gelesen und als 8-Bit-Werte angezeigt. Die Unterprogramme „Schreiben" und „Lesen" werden mit der Portnummer in der Variablen PORT aufgerufen.

Abb. 11.2: Ansteuerung von zwei 8-Bit-Ports.

```
Dim BA As Integer

Private Sub Command1_Click()
  D = HScroll1.Value
  Ausgabe 0, D Mod 16
  Ausgabe 1, D \ 16
End Sub

Private Sub Command2_Click()
  D = Eingabe(2) + 16 * Eingabe(3)
  Text2.Text = Str$(D)
End Sub

Private Sub Form_Load()
  If OPENCOM(„LPT1:") = 0 Then MsgBox („LPT1 nicht frei")
  BA = &H378
  OUTPORT (BA + 2), 0  'Ausgabe
End Sub

Private Sub Form_Unload(Cancel As Integer)
  CLOSECOM
End Sub
```
(Fortsetzung nächste Seite)

```
Private Sub HScroll1_Change()
  Text1.Text = Str$(HScroll1.Value)
End Sub

Sub Ausgabe(Port%, Daten%)
  OUTPORT BA + 2, (Port + 4) Xor 11 ' Steuerkommando
  OUTPORT BA, 0                 'St = 0
  OUTPORT BA + 2, D Xor 11      'Daten
  OUTPORT BA, 1                 'St = 1
End Sub

Function Eingabe(Port%) As Integer
  OUTPORT BA + 2, Port Xor 11   ' Steuerkommando
  OUTPORT BA, 0                 'St = 0
  OUTPORT BA + 2, 15 Xor 11     'Bus hochohmig
  Eingabe = (INPORT(BA + 2) Xor 11) And 15 'lesen
  OUTPORT BA, 1                 'St = 1
End Function
```

Listing 11.1: 8-Bit-Ein- und -Ausgabe mit dem 8243.

Mögliche Anwendungen des Portbausteins liegen in der Steuerung von bis zu acht Schrittmotoren (vgl. Kap. 10.2) oder in der Überprüfung digitaler ICs (vgl. Kap 8.3). Der 8243 kann auch als Tor zu weit komplexeren Interface-Schaltungen eingesetzt werden, indem man einen einfachen Computer-Bus nachbildet. Neben einem bidirektionalen 8-Bit-Datenbus (Port 0 und 1) könnte man z. B. sechs Adreßleitungen und zwei Steuerleitungen für Read- und Write-Impulse definieren. An diesem Bus ließen sich dann 64 I/O-Adressen ansprechen. Das reicht aus, um komplexe Systeme mit mehreren Portbausteinen, Timern, und A/D-Wandlern aufzubauen.

11.2 Erweiterung auf 32 Portleitungen

Der 8243 besitzt eine Chip-Select-Leitung, mit der gezielt einer von mehreren Bausteinen an einem gemeinsamen 4-Bit- Datenbus angesprochen werden kann. Deshalb lassen sich mehrere Portbausteine an einer parallelen Schnittstelle betreiben. Als Freigabeleitungen stehen noch bis zu 7 Leitungen des 8-Bit-Datenports der parallelen Schnittstelle zur Verfügung. Abb. 11.3 zeigt den Anschluß von zwei Bausteinen, mit denen man über insgesamt 32 Portleitungen verfügt.

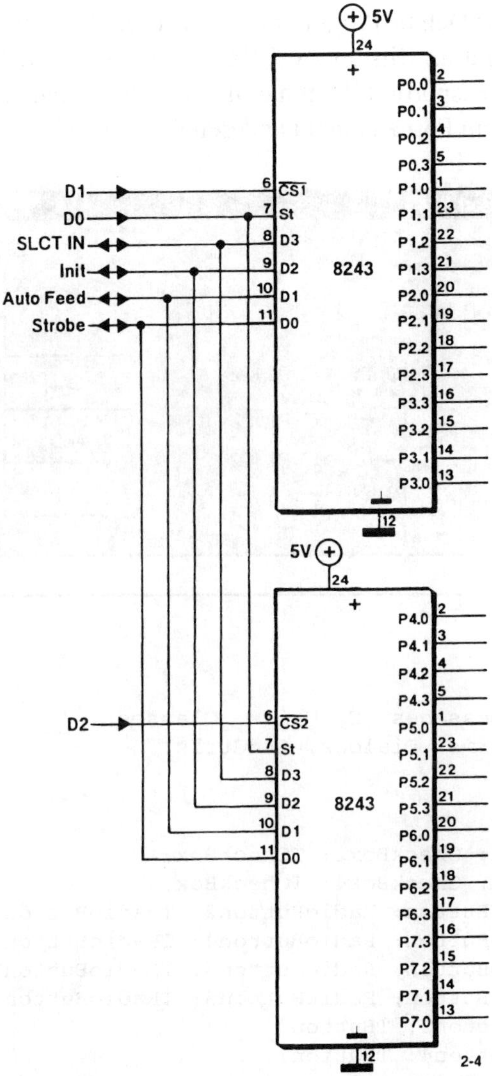

Abb. 11.3: Zwei Portbausteine an einer parallelen Schnittstelle.

Die Steuerprozeduren nach Listing 11.2 sind der größeren Verarbeitungsgeschwindigkeit wegen in Delphi geschrieben. Die einzelnen 4-Bit-Ports der beiden Bausteine werden in gemeinsamen Prozeduren als Port 0 bis Port 7 angesprochen. Dazu wird jeweils für die Ports 0 bis 3 und die Ports 4 bis 7 eine eigene Chip-Select-Leitung aktiviert.

Das folgende Delphi-Programm demonstriert den beliebigen Zugriff auf insgesamt 32 Bits an zwei Bausteinen 8243. Daten werden 4-Bit-weise transportiert. Durch einfachen Anklicken lassen sich Daten von einem Port zu einem anderen übertragen.

Abb. 11.4: *Zugriff auf 32 Portleitungen.*

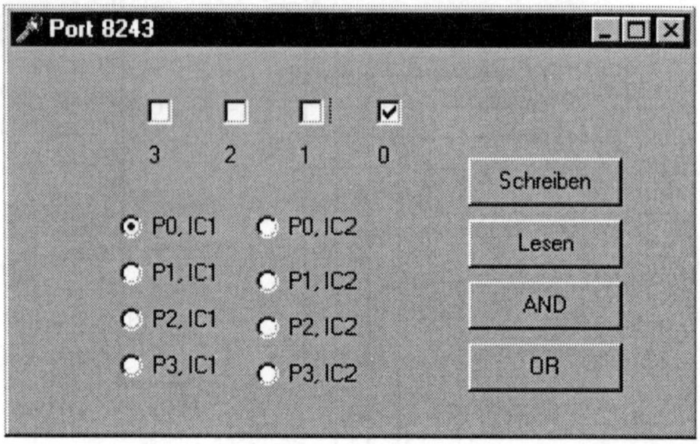


```
unit Port8243;

interface

uses  PORTINC,Windows, Messages, SysUtils, Classes,
  Graphics, Controls, Forms, Dialogs, StdCtrls;

type
  TForm1 = class(TForm)
    CheckBox1: TCheckBox; CheckBox2: TCheckBox;
    CheckBox3: TCheckBox; CheckBox4: TCheckBox;
    RadioButton1: TRadioButton; RadioButton2: TRadioButton;
    RadioButton3: TRadioButton; RadioButton4: TRadioButton;
    RadioButton5: TRadioButton; RadioButton6: TRadioButton;
    RadioButton7: TRadioButton; RadioButton8: TRadioButton;
    Button1: TButton; Button2: TButton;
    Button3: TButton; Button4: TButton;
    Label1: TLabel; Label2: TLabel;
    Label3: TLabel; Label4: TLabel;
    procedure FormCreate(Sender: TObject);
    procedure Button1Click(Sender: TObject);
    procedure Button2Click(Sender: TObject);
    procedure Button3Click(Sender: TObject);
    procedure Button4Click(Sender: TObject);
  end;
```

(Fortsetzung nächste Seite)

```
var
  Form1: TForm1;

const BA = $378;                { LPT1 }

implementation

{$R *.DFM}

procedure Setzen (Port_Nr,Wert: Byte);
var CS : Byte;
begin
  If (Port_Nr div 4)=0 then CS := 4;         { D1=CS1=0 }
  If (Port_Nr div 4)=1 then CS := 2;         { D2=CS2=0 }
  OutPort (BA, CS + 1);                      { D0=St=1 }
  OutPort (BA+2,((Port_Nr AND 3) + 4) XOR 11); {Steuerkom.}
  OutPort (BA, CS);                          { D0=St=0 }
  OutPort (BA+2, Wert XOR 11);               { Datenwort }
  OutPort (BA, CS + 1);                      { D0=St=1 }
  OutPort (BA, 6 + 1);                       { CS1=1, CS2=1}
end;

function Lesen (Port_Nr : Byte): Byte;
var CS : Byte;
begin
  If (Port_Nr div 4)=0 then CS := 4;         { D1=CS1=0 }
  If (Port_Nr div 4)=1 then CS := 2;         { D2=CS2=0 }
  OutPort (BA, CS + 1);                      { D0=St=1 }
  OutPort (BA+2,(Port_Nr AND 3) XOR 11);     { Steuerkom.}
  OutPort (BA, CS);                          { D0=St=0 }
  OutPort (BA+2, 15 XOR 11);                 { Bus hochohm.}
  Lesen := InPort(BA+2) AND 15 XOR 11;       { Daten lesen }
  OutPort (BA, CS + 1);                      { D0=St=1 }
  OutPort (BA, 6 + 1);                       { CS1=1, CS2=1}
end;

procedure AND_Port (Port_Nr,Wert: Byte); var CS : Byte;
begin
  If (Port_Nr div 4)=0 then CS := 4;         { D1=CS1=0 }
  If (Port_Nr div 4)=1 then CS := 2;         { D2=CS2=0 }
  OutPort (BA, CS + 1);                      { D0=St=1 }
  OutPort (BA+2,((Port_Nr AND 3) + 12) XOR 11); { Steuerk.}
  OutPort (BA, CS);                          { D0=St=0 }
  OutPort (BA+2, Wert XOR 11);               { Datenwort }
  OutPort (BA, CS + 1);                      { D0=St=1 }
  OutPort (BA, 6 + 1);                       { CS1=1, CS2=1}
end;
```

(Fortsetzung nächste Seite)

```
procedure OR_PORT (Port_Nr,Wert: Byte);
var CS : Byte;
begin
  If (Port_Nr div 4)=0 then CS := 4;          { D1=CS1=0 }
  If (Port_Nr div 4)=1 then CS := 2;          { D2=CS2=0 }
  OutPort (BA, CS + 1);                       { D0=St=1 }
  OutPort (BA+2,((Port_Nr AND 3) + 8) XOR 11); { Steuerk.}
  OutPort (BA, CS);                           { D0=St=0 }
  OutPort (BA+2, Wert XOR 11);                { Datenwort }
  OutPort (BA, CS + 1);                       { D0=St=1 }
  OutPort (BA, 6 + 1);                        { CS1=1, CS2=1}
end;

Function Wert: Byte;
var Lesen: Byte;
begin
  Lesen := 0;
  if Form1.CheckBox1.Checked then Lesen := Lesen + 1;
  if Form1.CheckBox2.Checked then Lesen := Lesen + 2;
  if Form1.CheckBox3.Checked then Lesen := Lesen + 4;
  if Form1.CheckBox4.Checked then Lesen := Lesen + 8;
  Wert := Lesen;
end;

Function Port_Nr: Byte;
begin
  if Form1.RadioButton1.Checked Then Port_Nr := 0;
  if Form1.RadioButton2.Checked Then Port_Nr := 1;
  if Form1.RadioButton3.Checked Then Port_Nr := 2;
  if Form1.RadioButton4.Checked Then Port_Nr := 3;
end;


procedure TForm1.FormCreate(Sender: TObject);
begin
  OpenCom (Pchar('LPT1:'));
end;

procedure TForm1.Button1Click(Sender: TObject);
begin
  Setzen (Port_Nr,Wert);
end;
```

(Fortsetzung nächste Seite)

```
procedure TForm1.Button2Click(Sender: TObject);
var Ergebnis: Byte;
begin
  Ergebnis :=Lesen (Port_Nr);
  CheckBox1.Checked := ((Ergebnis And 1) = 1);
  CheckBox2.Checked := ((Ergebnis And 2) = 2);
  CheckBox3.Checked := ((Ergebnis And 4) = 4);
  CheckBox4.Checked := ((Ergebnis And 8) = 8);
end;

procedure TForm1.Button3Click(Sender: TObject);
begin
  AND_Port (Port_Nr, Wert);
end;

procedure TForm1.Button4Click(Sender: TObject);
begin
  OR_Port (Port_Nr, Wert);
end;

end.
```

Listing 11.2: *Grundprogramm zum Datenaustausch über zwei Portbausteine 8243.*

11.3 Ein Eprommer

EPROMs sind elektrisch programmierbare und durch UV-Licht wieder löschbare Speicher-ICs. Sie werden für Steuerprogramme kleiner Computersysteme, für Betriebssysteme von Rechnern, Steuerdaten für komplexe Schaltungen und vieles andere mehr verwendet. Oft tritt die Notwendigkeit auf, Daten eines EPROMs auszulesen, ein EPROM zu kopieren, oder ein EPROM mit vorliegenden Daten zu programmieren. Zur Zwischenspeicherung der Daten verwendet man Diskettendateien, die einfach eine Kopie des EPROMs darstellen und z. B. in Form einer Liste von Bytes, also als sogenannte Binärdatei vorliegen. Um ein EPROM zu kopieren, würde man es zunächst auslesen und seinen Inhalt etwa in die Datei „DATEN.BIN" kopieren. Dann würde man ein neues oder gelöschtes EPROM mit diesen Daten programmieren.

Ein EPROM enthält eine große Zahl von Speicherzellen. Jeweils acht Zellen gehören zu einem Datenbyte. Welche der Zellen gerade mit den acht Datenleitungen verbunden sind, wird durch den Zustand der Adreßleitungen festgelegt. Damit Daten des EPROMs an die Datenleitungen gelegt werden, müssen darüber hinaus bestimmte Steuersignale anliegen. Zum Programmieren muß außer der normalen Betriebsspannung von 5 V noch eine höhere Programmierspannung (z. B. 12,5 V) angelegt werden. Die Daten müssen von außen an die Datenleitungen gelegt werden. Ein kurzer Programmierimpuls „brennt" sie dann in die adressierten Speicherzellen.

Der hier vorgestellte Eprommer eignet sich zum Auslesen und Programmieren von EPROMs des Typs 2764, 27128 und 27256. Neben acht Datenleitungen müssen bis zu 15 Adreßleitungen und einige Steuersignale zur Verfügung gestellt werden. Die Schaltung verwendet zwei Portbausteine 8243, wobei die Ports 0 und 1 zu einem

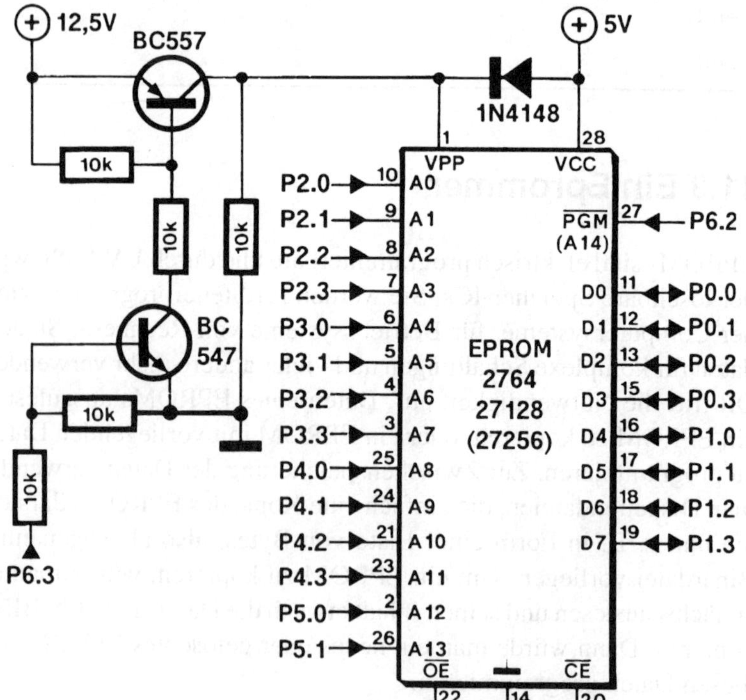

Abb. 11.5: *Ein Eprommer zum Anschluß an zwei Portbausteine 8243.*

bidirektionalen Datenbus und die Ports 2 bis 5 zum Adreßbus zusammengestellt werden. Abb. 11.5 zeigt den Anschluß an den 32-Bit Erweiterungsport aus Kap. 11.2.

Port 6 liefert die erforderlichen Steuerleitungen. $\overline{CS}$ dient zur Aktivierung des EPROMs. $\overline{OE}$ schaltet bei Low-Pegel in die Datenrichtung „Auslesen". Vpp ist der Anschluß für die Programmierspannung. Neuere EPROMs verwenden meist 12,5 V, ältere werden z. T. noch mit 21 V programmiert.

Pin 23 des EPROMs hat beim 2764 und 27128 die Funktion $\overline{PGM}$, also die Aktivierung des Programmiervorgangs. Der 27256 verzichtet auf diese Steuerleitung zugunsten der Adreßleitung A14.

Das Steuerprogramm nach Listing 10.3 kann für alle drei genannten EPROMs verwendet werden. Durch Anklicken des entsprechenden Buttons ist die Programmierung des 27256 möglich. Dazu wird die Steuerleitung $\overline{PGM}$ als Adreßleitung A14 benutzt.

Das Programm kann EPROMs auslesen und ihren Inhalt in eine Binärdatei übertragen. Nach dem Brennen einer Binärdatei in das EPROM ist zusätzlich der Vergleich der Daten vorgesehen. Beim Brennen wird ein schneller Programmieralgorithmus verwendet: Jedes Byte wird so oft mit einer Programmierzeit von einer Millisekunde gebrannt, bis es richtig zurückgelesen wird. Dann erfolgt noch einmal eine dreimal so lange Programmierung zur Sicherstellung des langfristigen Datenerhalts. Im Gegensatz zum alten Verfahren, bei dem grundsätzlich mit 50 ms gearbeitet wurde, ergibt sich so eine erhebliche Zeitersparnis.

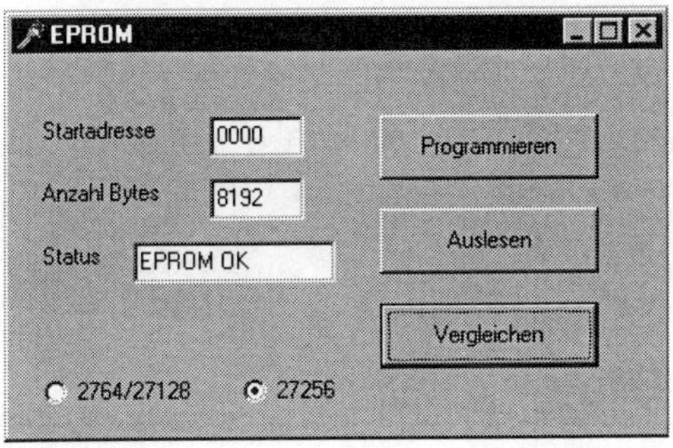

Abb. 11.6: Das Programmierprogramm.

```
unit Eprom;

interface

uses  PORTINC,Windows, Messages, SysUtils, Classes,
  Graphics, Controls, Forms, Dialogs, StdCtrls;

type
  TForm1 = class(TForm)
    Edit1: TEdit; Label1: TLabel;
    Button1: TButton; Button2: TButton;
    Button3: TButton; RadioButton1: TRadioButton;
    RadioButton2: TRadioButton; OpenDialog1: TOpenDialog;
    SaveDialog1: TSaveDialog; Edit2: TEdit;
    Label2: TLabel; Edit3: TEdit;
    Label3: TLabel;
    procedure FormCreate(Sender: TObject);
    procedure Button1Click(Sender: TObject);
    procedure Button2Click(Sender: TObject);
    procedure RadioButton2Click(Sender: TObject);
    procedure RadioButton1Click(Sender: TObject);
    procedure Button3Click(Sender: TObject);
  end;

var
  Form1: TForm1;
  Typ256: Boolean;
  Adresse, Anzahl: Integer;

const BA = $378;                 { LPT1 }

implementation

{$R *.DFM}

procedure Setzen (Port_Nr,Wert: Byte);
var CS : Byte;
begin
  If (Port_Nr div 4)=0 then CS := 4;          { D1=CS1=0 }
  If (Port_Nr div 4)=1 then CS := 2;          { D2=CS2=0 }
  OutPort (BA, CS + 1);                       { D0=St=1 }
  OutPort (BA+2,((Port_Nr AND 3) + 4) XOR 11); {Steuerk.}
  OutPort (BA, CS);                           { D0=St=0 }
  OutPort (BA+2, Wert XOR 11);                { Datenwort }
  OutPort (BA, CS + 1);                       { D0=St=1 }
  OutPort (BA, 6 + 1);                        { CS1=1, CS2=1}
end;
```

(Fortsetzung nächste Seite)

```
function Lesen (Port_Nr : Byte): Byte;
var CS : Byte;
begin
  If (Port_Nr div 4)=0 then CS := 4;         { D1=CS1=0 }
  If (Port_Nr div 4)=1 then CS := 2;         { D2=CS2=0 }
  OutPort (BA, CS + 1);                      { D0=St=1 }
  OutPort (BA+2,(Port_Nr AND 3) XOR 11);     { Steuerk.}
  OutPort (BA, CS);                          { D0=St=0 }
  OutPort (BA+2, 15 XOR 11);                 { Bus hochohm.}
  Delayus (10);
  Lesen := InPort(BA+2) AND 15 XOR 11;       { Daten lesen }
  OutPort (BA, CS + 1);                      { D0=St=1 }
  OutPort (BA, 6 + 1);                       { CS1=1, CS2=1}
end;

procedure AND_Port (Port_Nr,Wert: Byte); var CS : Byte;
begin
  If (Port_Nr div 4)=0 then CS := 4;         { D1=CS1=0 }
  If (Port_Nr div 4)=1 then CS := 2;         { D2=CS2=0 }
  OutPort (BA, CS + 1);                      { D0=St=1 }
  OutPort (BA+2,((Port_Nr AND 3) + 12) XOR 11); { Steuerk.}
  OutPort (BA, CS);                          { D0=St=0 }
  OutPort (BA+2, Wert XOR 11);               { Datenwort }
  OutPort (BA, CS + 1);                      { D0=St=1 }
  OutPort (BA, 6 + 1);                       { CS1=1, CS2=1}
end;

procedure OR_PORT (Port_Nr,Wert: Byte);
var CS : Byte;
begin
  If (Port_Nr div 4)=0 then CS := 4;         { D1=CS1=0 }
  If (Port_Nr div 4)=1 then CS := 2;         { D2=CS2=0 }
  OutPort (BA, CS + 1);                      { D0=St=1 }
  OutPort (BA+2,((Port_Nr AND 3) + 8) XOR 11); { Steuerk.}
  OutPort (BA, CS);                          { D0=St=0 }
  OutPort (BA+2, Wert XOR 11);               { Datenwort }
  OutPort (BA, CS + 1);                      { D0=St=1 }
  OutPort (BA, 6 + 1);                       { CS1=1, CS2=1}
end;

procedure DatenSetzen (Wert: Byte);
begin
  Setzen (0, Wert mod 16);                  { P0: D0..D3 }
  Setzen (1, Wert div 16);                  { P1: D4..D7 }
end;
```

(Fortsetzung nächste Seite)

```
function DatenLesen: Byte;
begin
  DatenLesen := Lesen (0) + 16 * Lesen (1);  { zweimal }
  DatenLesen := Lesen (0) + 16 * Lesen (1);  { P0,P1 lesen}
end;

procedure AdresseSetzen (Adresse: Word); begin
  Setzen (2, Lo (Adresse) mod 16);          { P2: A0...A3 }
  Setzen (3, Lo (Adresse) div 16);          { P3: A4...A7 }
  Setzen (4, Hi (Adresse) mod 16);          { P4: A8...A11 }
  Setzen (5, Hi (Adresse) div 16);          { P5: A12...A13}
  If Typ256 then begin
    if Adresse < 16384 then AND_Port (6,11)  { P62=A14=0 }
    else OR_Port (6,4);                      { P62=A14=1 }
  end;
end;

function Auslesen (Adresse: Word): Byte; begin
  Setzen (6,4);                      {/CE=0, /OE=0 }
  AdresseSetzen (Adresse);
  Auslesen := Datenlesen;
end;

procedure Brennen (Adresse: Word; Wert: Byte); begin
  AdresseSetzen (Adresse);
  DatenSetzen (Wert);
  If Typ256 then begin
    OR_Port (6,11);                  { /OE=1, Vpp an}
    AND_Port (6,14);                 { /CE=0 }
  end else Setzen (6,10);            { Vpp, /OE=1, /PGM=0 }
  delay (1);                         { 1ms brennen }
  Setzen (6,7);                          { Upp aus, /CE=1, /PGM=1 }
end;

procedure BrennenUndPruefen (Adresse: Word; Wert: Byte);
var n, m: Integer;
begin
  n := 0;
  repeat
    Brennen (Adresse,Wert);
    n := n + 1;                      { n * 1ms }
  until (Wert >= Auslesen (Adresse)) or (n=50);
  for m := 1 to 3*n do Brennen (Adresse,Wert);  { 3*n ms }
end;
```

(Fortsetzung nächste Seite)

```
procedure TForm1.FormCreate(Sender: TObject);
begin
  OpenCom (Pchar('LPT1:'));
  Typ256 := True;
end;

procedure TForm1.Button1Click(Sender: TObject);
 VAR  f :file of byte;
      r,wert :Byte;
      Adresse, n, Code : Integer;
begin
   val (Edit1.Text, Adresse, Code);
   OpenDialog1.FileName := '*.bin';
   OpenDiaLog1.Execute;
   if OpenDialog1.FileName > '' then begin
     AssignFile(f,OpenDialog1.Filename);
    {$I-} Reset(f); {$I+}
    r:=IOResult;
    IF r = 0 then begin
      for n:= 1 to filesize (f) do begin
        Read(f,wert);
        BrennenUndPruefen (Adresse+n-1,Wert);
      end;
      CloseFile(f);
      Edit3.Text := 'Brennen OK'
    end;
  end;

end;

procedure TForm1.Button2Click(Sender: TObject);
 VAR  f :file of byte;
      r,wert :Byte;
      Adresse, Anzahl,n, Code : Integer;
begin
   val (Edit1.Text, Adresse, Code);
   val (Edit2.Text, Anzahl, Code);
   SaveDialog1.FileName := '*.bin';
   SaveDiaLog1.Execute;
   if SaveDialog1.FileName > '' then begin
     AssignFile(f,SaveDialog1.Filename);
    {$I-} Rewrite(f); {$I+}
    r:=IOResult;
    IF r = 0 then begin
      for n:= Adresse to (Adresse+Anzahl-1) do begin
        Wert := Auslesen (n);
```

(Fortsetzung nächste Seite)

```
        write (f,Wert);
      end;
      CloseFile(f);
      end;
      Edit3.Text := 'OK';
  end;
end;

procedure TForm1.RadioButton2Click(Sender: TObject);
begin
  Typ256 := false;
end;

procedure TForm1.RadioButton1Click(Sender: TObject);
begin
  Typ256 := true;
end;

procedure TForm1.Button3Click(Sender: TObject);
 VAR  f :file of byte;
      r,wert :Byte;
      Adresse, Anzahl,n, Code : Integer;
      Fehler : Boolean;
begin
   Fehler := false;
   val (Edit1.Text, Adresse, Code);
   OpenDialog1.FileName := '*.bin';
   OpenDiaLog1.Execute;
   if OpenDialog1.FileName > '' then begin
     AssignFile(f,OpenDialog1.Filename);
    {$I-} Reset(f); {$I+}
    r:=IOResult;
    IF r = 0 then begin
       for n:= 1 to filesize (f) do begin
        Read(f,wert);
        If Wert <> Auslesen (Adresse+n-1) then Fehler := true;
      end;
      CloseFile(f);
    end;
      if Fehler then Edit3.Text := 'Fehler!'
        else Edit3.Text := 'EPROM OK';
   end;
end;

end.
```

Listing 11.3: Ein Eprommer-Programm bis 32 kB.

12

Der I²C-Bus

Der I²C-Bus (Inter-IC-Bus) ist eine 2-Draht-Datenverbindung zwischen einem oder mehreren Prozessoren (Mastern) und speziellen Peripheriebausteinen (Slaves). Alle Bausteine liegen am selben Bus und werden gezielt unter ihren Adressen angesprochen. Adressen und Daten werden über die selben Leitungen übertragen. Der Bus erlaubt eine sehr einfache Verbindung zwischen vielen ICs und problemlose nachträgliche Erweiterungen.

Es können alle ICs angeschlossen werden, die das spezielle Busprotokoll beherrschen. Neben RAMs, EEPROMs, Porterweiterungsbausteinen, A/D- und D/A-Wandlern und Uhrenbausteinen gibt es eine ganze Reihe von speziellen ICs wie z. B. Anzeigentreiber oder ICs für die Fernsehtechnik. Alle diese Bausteine lassen sich problemlos direkt über zwei Leitungen der parallelen Schnittstelle des PCs ansteuern. Mit wenigen zusätzlichen Bauteilen kann auch die serielle Schnittstelle benutzt werden.

12.1 Datenübertragung und Adressierung

Der I²C-Bus verwendet die serielle Datenleitung SDA und die Taktleitung SCL. Die Daten und Adressen werden wie bei Schieberegistern zusammen mit einem Takt übertragen. Beide Leitungen können in jeder Datenrichtung verwendet werden. Sie sind jeweils mit einem Pull-Up-Widerstand versehen und können von jedem

Abb. 12.1:
I^2C-Bus-Verbindungen zwischen Master- und Slave-ICs.

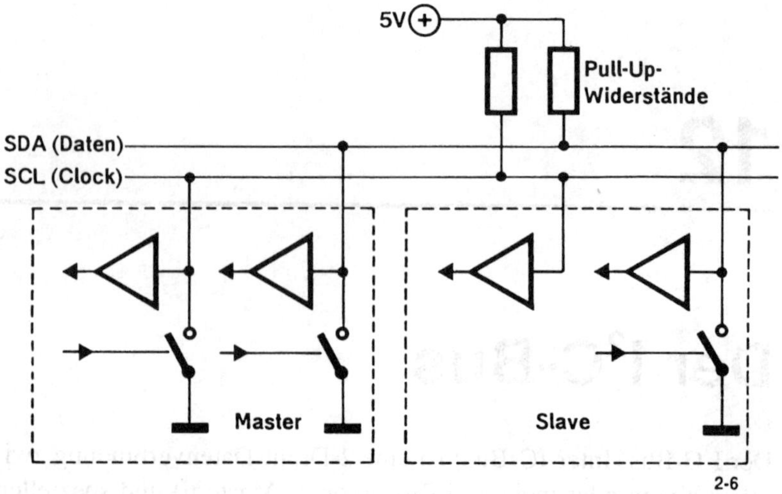

Teilnehmer durch Open-Collector- oder Open-Drain- Ausgänge auf Low-Pegel gezogen werden. Abb. 12.1 zeigt das Prinzip der Busverbindung. Inaktive Busteilnehmer sind hochohmig, werten jedoch immer die Bus-Signale aus. Wenn nur ein Master verwendet wird, gibt dieser allein das Taktsignal aus. Die Daten können jedoch sowohl vom Master als auch vom Slave kommen.

Das I^2C-Bus-Protokoll kennt eine Reihe genau definierter Situationen, die es jedem Busteilnehmer gestatten, Anfang und Ende einer Übertragung sowie seine mögliche Adressierung zu erkennen:

- Ruhezustand: SDA und SCL sind high und damit inaktiv.
- Startbedingung: SDA wird vom Master heruntergezogen, während SCL high bleibt.
- Stopbedingung: SDA wechselt von low nach high, während SCL high bleibt.
- Datenübertragung: Der jeweilige Sender legt acht Datenbits auf die Datenleitung SDA, die durch Taktimpulse auf der Clockleitung SCL vom Master weitergeschoben werden. Die Übertragung beginnt mit dem höchstwertigen Bit.

- Bestätigung (Acknowledge): Der jeweilige Empfänger quittiert den Empfang eines Bytes durch einen Low-Pegel an SDA, bis der Master den neunten Clock-Impuls an SCL erzeugt hat. Die Bestätigung bedeutet zugleich, daß ein weiteres Byte empfangen werden soll. Ein gewünschtes Ende der Übertragung muß durch das Ausbleiben der Bestätigung angekündigt werden. Die eigentliche Beendigung der Übertragung wird durch die Stopbedingung erreicht.

Adressen werden genau wie Daten übertragen und quittiert. Im einfachsten Fall einer Datenübertragung vom Master zu einem Slave, z. B. einem Ausgabeport, laufen folgende Vorgänge ab: Der Master erzeugt die Startbedingung und überträgt dann in den Bits 7 bis 1 die Adresse des Portbausteins und in Bit 0 die gewünschte Richtung der Datenübertragung, nämlich 0 für „Schreiben“. Die Adresse wird vom angesprochenen Slave quittiert. Dann sendet der Master das Datenbyte, das ebenfalls quittiert wird. Er kann nun die Verbindung durch die Stopbedingung unterbrechen oder aber weitere Bytes an denselben Slave abschicken.

I²C-Bus-Adresse mit Datenrichtungsbit

A6	A5	A4	A3	A2	A1	A0	R/W

Sollen Daten von einem Slave gelesen werden, muß die Adresse mit gesetztem Datenrichtungsbit übertragen werden. Der Master gibt jeweils acht Clock-Impulse aus und erhält acht Datenbits. Solange er den Empfang beim neunten Clock-Impuls durch Acknowledge bestätigt, kann er weitere Bytes empfangen. Die Übertragung wird schließlich vom Master durch eine ausbleibende Bestätigung und die Stopbedingung beendet.

Jeder I²C-Baustein hat eine festgelegte Adresse, die zu einem Teil typenspezifisch festgelegt ist und zu einem anderen Teil über herausgeführte Adreßleitungen veränderlich ist. Das bedeutet, daß z. B. bei drei herausgeführten Adreßleitungen bis zu acht Bausteine des gleichen Typs am Bus liegen können.

Die maximale Taktrate für den I^2C-Bus beträgt 100 kHz. Die im folgenden vorgestellten Programme verwenden Wartezeiten von 10 µs, um auch bei schnellen Rechnern ein Überschreiten der Maximalgeschwindigkeit zu verhindern.

12.2 Ansteuerung über die parallele Schnittstelle

Der Anschluß von I^2C-Bus-ICs an die parallele Schnittstelle gestaltet sich besonders einfach, weil sich die bidirektionalen Leitungen Strobe und Auto Feed direkt als SDA und SCL verwenden lassen. Die erforderlichen Pull-Up-Widerstände sind bereits im PC enthalten. Abb. 12.2 zeigt den prinzipiellen Anschluß. Die Grundsoftware mit den notwendigen Übertragungsroutinen wird als Unit „I2CLPT1" für die erste parallele Schnittstelle in Listing 12.1 vorgestellt. Man muß beachten, daß die beiden Siganlleitungen im PC invertiert werden. Jedes Bit muß also von der Software invers angesteuert werden.

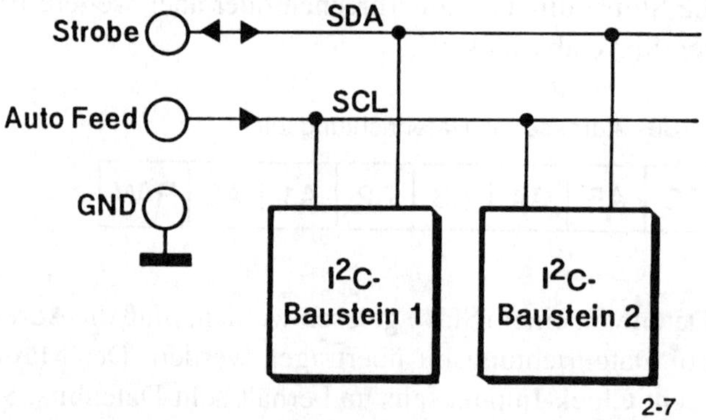

Abb. 12.2: Anschluß von I^2C-Bus-Bausteinen an die parallele Schnittstelle.

Alle Prozeduren, in denen Taktimpulse erzeugt werden, sind mit Delayus (10) verzögert, um den Bus nicht zu schnell anzusteuern. Die Unit öffnet bereits die Schnittstelle und initialisiert die Leitungen SDA und SCL. Der Programmierer kann auf der höheren Ebene des Anwenderprogramms die erfolgreiche Kommunikation mit einem IC abfragen, da die Funktion AUSGEBEN das Acknowledge-Signal auswertet und den Erfolg zurückgibt. Falls ein Fehler vorliegt oder z. B. eine nicht vorhandene IC-Adresse angesprochen wird, wird hier FALSE zurückgemeldet.

```
unit I2CLPT1;

interface
 uses  PORTINC, Windows;

const BA = $378;

Procedure I2C_Init;
Procedure Start;
Procedure Stop;
Procedure Acknowledge;
Procedure KeinAcknowledge;
Function Ausgeben (Wert : Byte): Boolean;
Function  Einlesen : Byte;

implementation
procedure I2C_Init;
begin
  OpenCOM (Pchar('LPT1:'));
  OutPort (BA+2,0);            { SCL=1, SDA=1 }
end;

procedure Start;
begin
  OutPort (BA+2,1);            { SDA=0 }
  OutPort (BA+2,3);            { SCL=0 }
end;

procedure Stop;
begin
  OutPort (BA+2,3);            { SCL=0, SDA=0 }
  OutPort (BA+2,1);            { SCL=1 }
  OutPort (BA+2,0);            { SDA=1 }
end;

procedure Acknowledge;
begin
  OutPort (BA+2,3);            { SCL=0, SDA=0 }
  OutPort (BA+2,1);            { SCL=1 }
  Delayus (10);                { Warteschleife }
  OutPort (BA+2,3);            { SCL=0 }
end;

procedure KeinAcknowledge;
begin
  OutPort (BA+2,2);            { SCL=0, SDA=1 }
```

(Fortsetzung nächste Seite)

```
  OutPort (BA+2,0);            { SCL=1 }
  Delayus (10);                { Warteschleife }
  OutPort (BA+2,2);            { SCL=0 }
end;

Function Ausgeben (Wert : Byte): Boolean;
var Bitwert, Portwert, n : Byte;
begin
  Ausgeben := true;
  Bitwert := 128;
  for n:= 1 to 8 do begin
    if (Wert and Bitwert) = Bitwert then Portwert := 2
     else Portwert := 3;
    OutPort (BA+2,Portwert);       { SDA setzen }
    OutPort (BA+2,Portwert-2);     { SCL=1 }
    Delayus (10);                  { Warteschleife }
    OutPort (BA+2,Portwert);       { SCL=0 }
    Bitwert := Bitwert div 2;
  end;
  OutPort (BA+2,2);                 { SDA=1, SCL=0 }
  OutPort (BA+2,0);                 { SCL=1, SDA lesen }
  Delayus (10);                     { Warteschleife }
  if (InPort(BA+2) AND 1) = 0 then
     Ausgeben := False;
  OutPort (BA+2,2);                 { SCL=0 }
end;

function Einlesen : Byte;
var Bitwert, Wert, n : Byte;
begin
  OutPort (BA+2,2);                  { SDA=1, SCL=0 }
  Bitwert := 128;
  Wert := 0;
  for n:= 1 to 8 do begin
    OutPort (BA+2,0);                { SCL=1, SDA lesen }
    Delayus (10);                    { Warteschleife }
    If (InPort (BA+2) AND 1) = 0 then
         Wert := Wert + Bitwert;
    OutPort (BA+2,2);                { SCL=0 }
    Bitwert := Bitwert div 2;
  end;
  Einlesen := Wert;
end;

end.
```

Listing 12.1: *Unit zur Ansteuerung des I_C-Bus über die parallele Schnittstelle.*

12.3 Anschluß an die serielle Schnittstelle

Die serielle Schnittstelle benötigt zum Anschluß des I²C-Bus zwar einen geringfügig größeren Aufwand, bietet aber auch einige Vorteile, besonders in Bezug auf die Sicherheit des PCs. Zudem sind oft mehrere serielle Schnittstellen vorhanden, während die parallele Schnittstelle durch den Drucker belegt ist.

Da keine der Leitungen der seriellen Schnittstelle bidirektional ausgelegt ist, müssen Ausgänge und Eingänge zusammengeführt werden. Abb. 12.3 zeigt den Anschluß. Im Ruhezustand geben DTR und RTS High-Pegel aus, die durch Zenerdioden auf die erlaubte Spannung begrenzt werden. Man kann auf die üblichen Open-Collector-Ausgänge verzichten, wenn die Leitungen statt dessen zur Ausgabe von Low-Pegeln direkt abgeschaltet werden. Ein Rücklesen des Zustandes ist nur für die Leitung SDA erforderlich, solange kein zweiter Master vorgesehen wird.

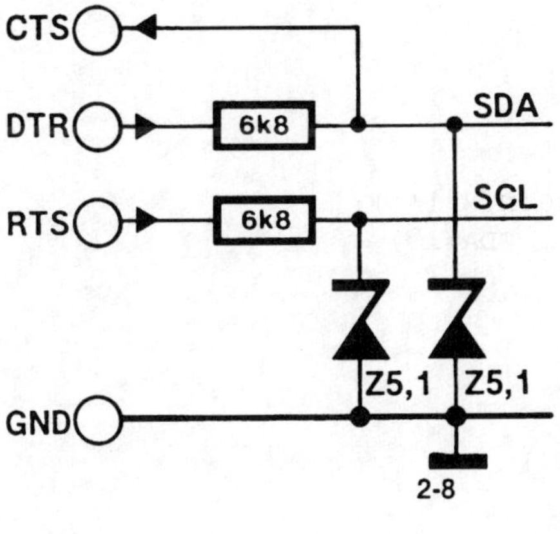

Abb. 12.3: Der I²C-Bus an der seriellen Schnittstelle.

Die Grundsoftware nach Listing 12.2 verwendet COM2 und unterscheidet sich nur wenig von der für die parallele Schnittstelle. Alle vergleichbaren Prozeduren und Funktionen führen den gleichen Namen. Durch das Unit-Konzept können bestehende Programme ohne großen Aufwand sowohl für die parallele als auch für die serielle Schnittstelle eingesetzt werden.

Ein wesentlicher Vorteil der Unit I2CCOM2 besteht darin, daß hier nicht über Portbefehle auf die Schnittstelle zugegriffen wird, sondern über DTR(), RTS() usw. Das Konzept ist daher auch noch unter Windows NT zu verwenden, da es sich hier um einen allgemein erlaubten Zugang über Windows-Treiber handelt.

```
unit I2CCOM2;

interface
 uses  PORTINC, Windows;

Procedure I2C_Init;
Procedure Start;
Procedure Stop;
Procedure Acknowledge;
Procedure KeinAcknowledge;
Function Ausgeben (Wert : Byte): Boolean;
Function Einlesen : Byte;


implementation

procedure I2C_Init;
begin
  OpenCom (Pchar('com2:9600,N,8,1'));
  RTS(1); DTR(1);   { SCL=1, SDA=1 }
end;

procedure Start;
begin
  DTR(0);           { SDA=0 }
  RTS(0);           { SCL=0 }
end;

procedure Stop;
begin
  RTS(0); DTR(0);   { SCL=0, SDA=0 }
  RTS(1);           { SCL=1 }
  DTR(1);           { SDA=1 }
```

(Fortsetzung nächste Seite)

```
procedure Acknowledge;
begin
  RTS(0); DTR(0);    { SCL=0, SDA=0 }
  RTS(1);            { SCL=1 }
  Delayus (10);      { Warteschleife }
  RTS(0);            { SCL=0 }
end;

procedure KeinAcknowledge;
begin
  RTS(0); DTR(1);    { SCL=0, SDA=1 }
  RTS(1);            { SCL=1 }
  Delayus (10);      { Warteschleife }
  RTS(0);            { SCL=0 }
end;

Function Ausgeben (Wert : Byte): Boolean;
var Bitwert, n: Byte;
begin
  Ausgeben := true;
  Bitwert := 128;
  for n:= 1 to 8 do begin
    if (Wert and Bitwert) = Bitwert then DTR(1)
     else DTR(0);      { SDA setzen }
    RTS(1);            { SCL=1 }
    Delayus (10);      { Warteschleife }
    RTS(0);            { SCL=0 }
    Bitwert := Bitwert div 2;
  end;
  DTR(1);              { SDA=1 }
  RTS(1);              { SCL=1, SDA lesen }
  Delayus (10);        { Warteschleife }
  if CTS = 1 then Ausgeben := False;
  RTS(0);              { SCL=0 }
end;

function Einlesen : Byte;
var Bitwert, Wert, n: Byte;
begin
  RTS(0); DTR(1);      { SDA=1, SCL=0 }
  Bitwert := 128;
  Wert := 0;
  for n:= 1 to 8 do begin
    RTS(1);            { SCL=1, SDA lesen }
```

(Fortsetzung nächste Seite)

```
Delayus (10);    { Warteschleife }
   If CTS = 1 then Wert := Wert + Bitwert;
   RTS(0);           { SCL=0 }
   Bitwert := Bitwert div 2;
 end;
 Einlesen := Wert;
end;

end.
```

Listing 12.2: I²C-Grundsoftware für die serielle Schnittstelle.

12.4 Der Porterweiterungsbaustein PCF8574

Portbausteine am I²C-Bus haben den Vorteil der einfachen Verbindung und Erweiterbarkeit. Der PCF8574 von Philips verfügt über acht Portleitungen, die zum Lesen und Schreiben verwendet werden können. Abb. 12.4 zeigt die Anschlußbelegung. Die Leitungen SDA und SCL werden über 330 Ω-Widerstände entkoppelt, um mögliche Störimpulse auf langen Leitungen zu dämpfen. Drei Adreßleitungen sind herausgeführt und können zur Adressierung von bis zu acht gleichen Bausteinen herangezogen werden. Die fest vorgegebene Grundadresse ist 32. Ein zusätzlicher Interruptausgang mit offenem Drain meldet alle Änderungen an den Eingangsleitungen durch einen LOW-Pegel und wird durch einen Auslesevorgang wieder gelöscht.

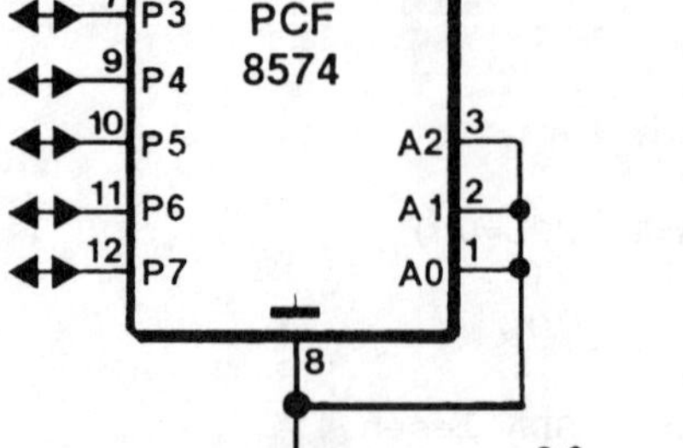

Abb. 12.4: Anschlußbelegung des Portbausteins PCF8574.

Eine spezielle Umschaltung der Datenrichtung wie beim 8243 ist nicht erforderlich, weil der PCF8574 quasi-bidirektionale Leitungen besitzt. Die einzelnen Portleitungen haben im Ruhezustand High-Pegel und sind hochohmig, so daß sie durch äußere Elektronik heruntergezogen werden können. Gibt man an einer Leitung einen LOW-Zustand aus, dann wird sie mit einem Open-Drain-Ausgang niederohmig heruntergezogen. Man kann also den Port teilweise für Eingaben und teilweise für Ausgaben benutzen. Beim Ausgeben eines Bytes müssen nur die Leseleitungen hochgesetzt bleiben.

Listing 12.3 zeigt ein einfaches Programm zur direkten Kommunikation mit dem Portbaustein. Der Benutzer kann durch Anklicken bestimmen, welche Leitungen hochgesetzt werden. Der Zustand der Leitungen wird jeweils sofort zurückgelesen. Leitungen, die vom Benutzer hochgesetzt wurden, können als Eingänge von außen heruntergeschaltet werden. Das Programm gibt zugleich den aktuellen Status der Verbindung aus, so daß sich Fehler erkennen lassen.

Das Programm verwendet den Zugang über die serielle Schnittstelle COM2, kann jedoch durch Austausch der verwendeten Unit (I2CLPT1) auch für die parallele Schnittstelle benutzt werden.

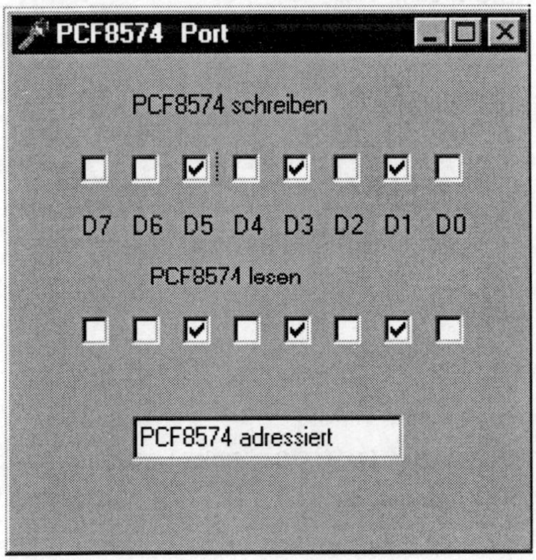

Abb. 12.5: Zugriff auf den Portbaustein PCF8574.

```
unit PCF8574;

interface

uses
  I2CCOM2, PORTINC, Windows, Messages, SysUtils, Classes,
  Graphics, Controls, Forms, Dialogs, ExtCtrls, StdCtrls;

type
  TForm1 = class(TForm)
    CheckBox1: TCheckBox; CheckBox2: TCheckBox;
    CheckBox3: TCheckBox; CheckBox4: TCheckBox;
    CheckBox5: TCheckBox; CheckBox6: TCheckBox;
    CheckBox7: TCheckBox; CheckBox8: TCheckBox;
    Label1: TLabel; Label2: TLabel;
    Label3: TLabel; Label4: TLabel;
    Label5: TLabel; Label6: TLabel;
    Label7: TLabel; Label8: TLabel;
    Timer1: TTimer; Label9: TLabel;
    CheckBox9: TCheckBox; CheckBox10: TCheckBox;
    CheckBox11: TCheckBox; CheckBox12: TCheckBox;
    CheckBox13: TCheckBox; CheckBox14: TCheckBox;
    CheckBox15: TCheckBox; CheckBox16: TCheckBox;
    Label10: TLabel; Edit1: TEdit;
    procedure FormCreate(Sender: TObject);
    procedure Timer1Timer(Sender: TObject);
  end;

var
  Form1: TForm1;
  Dout, Din, Ain: Byte;
  Fehler: Boolean;

implementation

{$R *.DFM}

Procedure ParallelAus (Wert: Byte);
begin
  Start;
  Fehler:=Not(Ausgeben (32 * 2)); {Adr 32, Ack?}
  Ausgeben (Wert);
  Stop;
end;
```

(Fortsetzung nächste Seite)

```
function ParallelEin : Byte;
begin
  Start;
  Fehler:=Not(Ausgeben (32 * 2 + 1)); {Adr 32, lesen}
  ParallelEin := Einlesen;
  KeinAcknowledge;
  Stop;
end;

procedure TForm1.FormCreate(Sender: TObject);
begin
  I2C_Init;
  Timer1.Interval := 100;
  Timer1.Enabled := true;
end;

procedure TForm1.Timer1Timer(Sender: TObject);
begin
  Dout := 0;
  if  CheckBox1.Checked Then Dout := Dout +1;
  if  CheckBox2.Checked Then Dout := Dout +2;
  if  CheckBox3.Checked Then Dout := Dout +4;
  if  CheckBox4.Checked Then Dout := Dout +8;
  if  CheckBox5.Checked Then Dout := Dout +16;
  if  CheckBox6.Checked Then Dout := Dout +32;
  if  CheckBox7.Checked Then Dout := Dout +64;
  if  CheckBox8.Checked Then Dout := Dout +128;
  ParallelAus (Dout);
  If Fehler Then Edit1.Text := 'IC antwortet nicht'
   else Edit1.Text := 'PCF8574 adressiert';
  Din := ParallelEin;
  CheckBox9.Checked := ((Din And 1) >0);
  CheckBox10.Checked := ((Din And 2) >0);
  CheckBox11.Checked := ((Din And 4) >0);
  CheckBox12.Checked := ((Din And 8) >0);
  CheckBox13.Checked := ((Din And 16) >0);
  CheckBox14.Checked := ((Din And 32) >0);
  CheckBox15.Checked := ((Din And 64) >0);
  CheckBox16.Checked := ((Din And 128) >0);
 end;

end.
```

Listing 12.3: *Direkte Datenübertragung zwischen PC und PCF8574.*

Abb. 12.6: Ein Logikanalysator mit dem PCF8574.

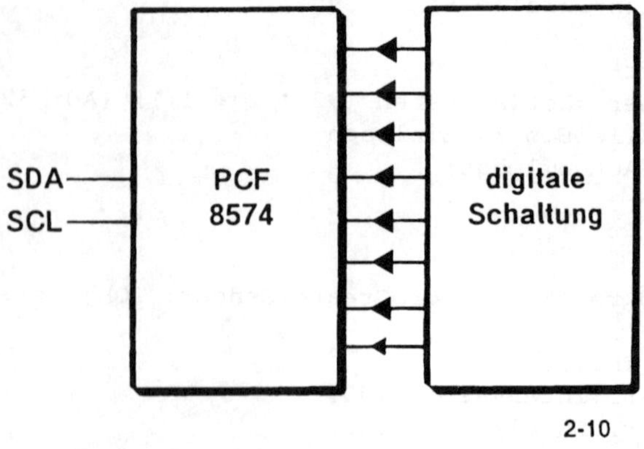

Wenn der Portbaustein entweder nur beschrieben oder nur ausgelesen werden soll, dann kann auf eine dauernde erneute Adressierung verzichtet werden. So können größere Übertragungsgeschwindigkeiten erreicht werden. Abb. 12.6 zeigt den PCF8574 in einer Anwendung als Logik-Analysator. Dabei sollen die Zustände von acht digitalen Leitungen in schneller Folge registriert werden. Dies ist z. B. bei der Fehlersuche an digitalen Schaltungen hilfreich.

Listing 12.4 zeigt die Ansteuerung des Bausteins als Logik-Analysator. Während die Prozeduren „ParallelEin" und „ParallelAus" nur jeweils ein Datenbyte übertragen, zeigt die Prozedur „Serie" ein wiederholtes Lesen des Ports ohne erneute Adressierung.

Nach der Startbedingung muß jeweils zuerst die Adresse übertragen werden. Als zweites Byte wird das Datenbyte übertragen. Beim Lesen muß jedes Byte bis auf das letzte durch Acknowledge bestätigt werden. Durch die Stopbedingung wird die Verbindung zum Baustein getrennt.

Das Programm verwendet alle Portleitungen des PCF8574 als Eingänge. Ihre Zustände werden in schneller Folge abgefragt und im Datenfeld „Puffer" abgelegt. Eine einfache graphische Ausgabe dient der übersichtlichen Darstellung der erfaßten Daten. Abb. 12.7 zeigt einen Bildschirmausdruck der Ausgabe.

```
unit Logik;

interface

uses I2CCOM2,PORTINC, Windows, Messages, SysUtils, Classes,
Graphics, Controls, Forms, Dialogs, StdCtrls, ExtCtrls;

type
  TForm1 = class(TForm)
    PaintBox1: TPaintBox;
    Start: TButton;
    procedure FormCreate(Sender: TObject);
    procedure StartClick(Sender: TObject);
  end;

var
  Form1: TForm1;
  Puffer : Array [1..5000] of Byte;

implementation

{$R *.DFM}

procedure ParallelAus (Wert: Byte);
begin
  Start;
  Ausgeben (32 * 2);          { Adresse 32, schreiben }
  Ausgeben (Wert);
  Stop;
end;

function ParallelEin : Byte;
begin
  Start;
  Ausgeben (32 * 2 + 1);      { Adresse 32, lesen }
  ParallelEin := Einlesen;
  KeinAcknowledge;
  Stop;
end;

procedure Serie;
var Dummy : Byte;
    m, n: Word;
begin
  ParallelAus (255);
  Start;
```

(Fortsetzung nächste Seite)

```
  Ausgeben (32 * 2 + 1);          { Adresse 32, lesen }
  for n := 1 to 400 do begin;
     Puffer [n] := Einlesen;      { 400 mal Daten lesen }
     Acknowledge;                 { Empfang bestätigen }
     delay (10);
  end;
  Dummy := Einlesen;              { einmal einlesen }
  KeinAcknowledge;                { nicht bestätigen }
  Stop;                           { abmelden }
end;

procedure TForm1.FormCreate(Sender: TObject);
begin
  I2C_Init;
  Paintbox1.Canvas.Pen.Color:=ClBlack;
  Paintbox1.Canvas.Brush.Color:=ClWhite;
  PaintBox1.Canvas.Rectangle(0,0,400,160);
end;

procedure TForm1.StartClick(Sender: TObject);
var n, m, Wert: Integer;
begin
  Serie;
  Paintbox1.Canvas.Pen.Color:=ClLtGray;
  Paintbox1.Canvas.Brush.Color:=ClWhite;
  PaintBox1.Canvas.Rectangle(0,0,401,161);
  for n:= 1 to 8 do begin
      paintbox1.canvas.MoveTo(0,n*20);
      Paintbox1.Canvas.Lineto (400,n*20);
  end;
  Paintbox1.Canvas.Pen.Color:=ClBlack;
  Wert := 1;
  for n := 1 to 8 do begin
    for m := 2 to 400 do begin
      paintbox1.canvas.MoveTo (m-1,
           n*20-12*((Puffer[m-1] and Wert) div Wert));
      Paintbox1.Canvas.Lineto  (m,
           n*20-12*((Puffer[m] and Wert) div Wert));
    end;
    Wert := Wert * 2;
  end;

end;

end.
```

Listing 12.4: *Anwendung des PCF8574 in einem Logik-Analysator.*

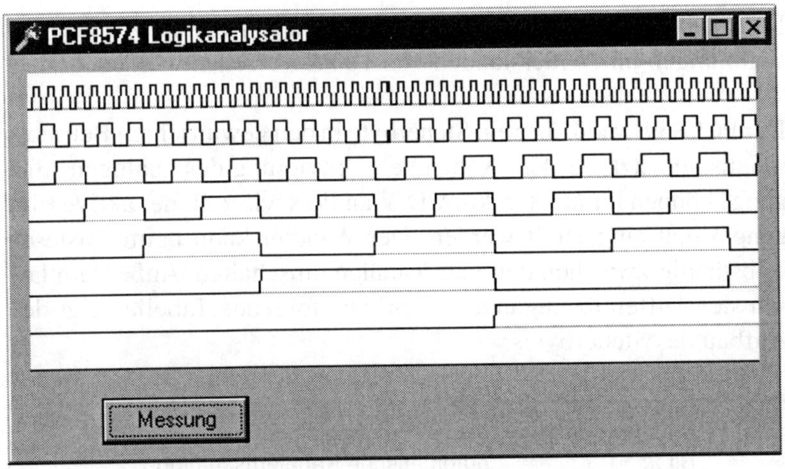

Abb. 12.7: Bildschirmausgabe der Zustände an acht digitalen Leitungen.

12.5 Der A/D- und D/A-Wandler PCF8591

Der I²C-Bus-Baustein PCF8591 (Philips) verfügt über 4 analoge Eingangskanäle und einen analogen Ausgangskanal. Die Auflösung beträgt acht Bit bzw. ca. 20 mV bei der höchsten Referenzspannung von 5 V. Die Grundadresse ist 72, wobei durch drei herausgeführte Adreßleitungen bis zu acht Wandler adressiert werden können. Abb. 12.8 zeigt den Anschluß des Bausteins. Die Leitungen SDA und SCL werden wieder durch 330 Ω-Widerstände entkoppelt.

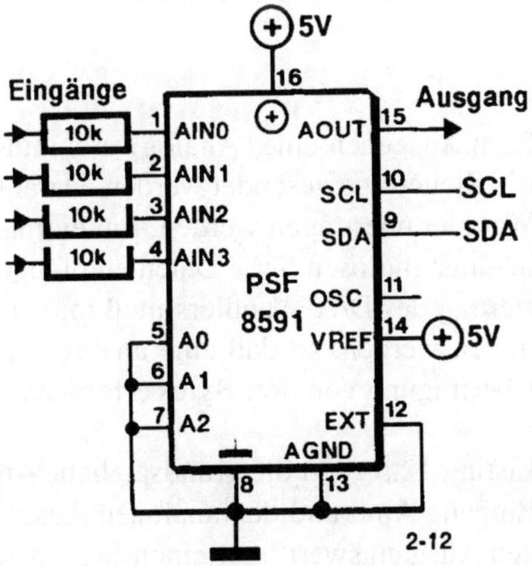

Abb. 12.8: Anschluß des A/D- und D/A-Wandlers PCF8591.

Die analogen Eingänge des Wandlers sollten zum Schutz gegen Überspannungen mit Widerständen von 10 kΩ versehen werden.

Der PCF8591 muß über ein Steuerbyte in den gewünschten Betriebsmodus versetzt werden. Neben der Aktivierung des analogen Ausgangs können Parameter des A/D-Wandlers wie z. B. der aktive Eingangskanal eingestellt werden. Der Wandler kann beim Auslesen selbständig zwischen den vier Kanälen umschalten. Außerdem lassen sich Differenzeingänge bilden. Die folgende Tabelle zeigt den Aufbau des Steuerbytes:

Bit 0 und Bit 1:	aktiver Eingangskanal
Bit 2:	automatische Kanalumschaltung
Bit 3:	immer 0
Bit 4 und Bit 5:	Eingangsbeschaltung:
00:	alle Kanäle gegen Masse
01:	drei Differenzeingänge gegen Ain 3
10:	Ain 0, Ain 1 gegen Masse, Ain 2 – Ain 3 als Differenzeingänge
11:	Ain 0 – Ain 1 und Ain 2 – Ain 3
Bit 6:	Analogausgang aktiv
Bit 7:	immer 0

Zum Ausgeben eines Analogwerts muß nach der Adresse zunächst das Steuerbyte gesendet werden. Darauf können Daten an den D/A-Wandler übertragen werden. Ein einmal adressierter Baustein kann in einer endlosen Serie Daten empfangen. Nach einer neuen Adressierung des D/A-Wandlers muß immer zuerst das Steuerbyte übertragen werden, so daß eine analoge Ausgabe mit der Adresse die Übertragung von drei Bytes erfordert.

Listing 12.5 zeigt die grundsätzliche Ansteuerung für den analogen Eingang Ain0 und den analogen Ausgang Aout. Der Benutzer gibt den Ausgangswert über einen Schieberegler ein und erhält das Ergebnis der Messung zurück. Das Steuerbyte für den PCF8591 ist 64, weil nur Bit 6 (Analogausgang aktiv) gesetzt wird.

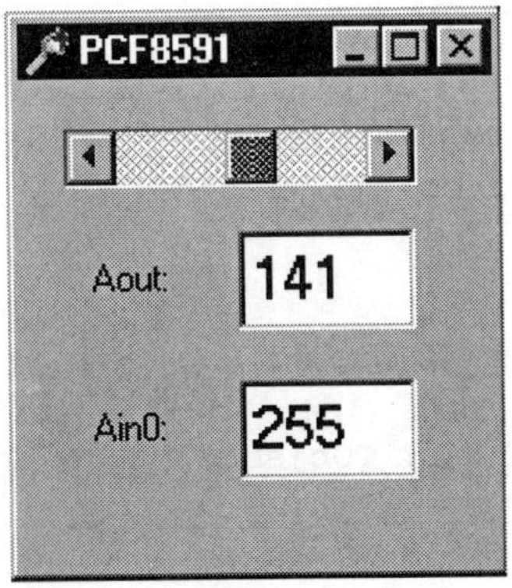

Abb. 12.9: *Analoge Ein/ Ausgaben über den PCF8591.*

```
unit PCF8591;

interface

uses
  I2CCOM2, PORTINC, Windows, Messages, SysUtils, Classes,
  Graphics, Controls, Forms, Dialogs, ExtCtrls, StdCtrls;

type
  TForm1 = class(TForm)
    ScrollBar1: TScrollBar; Edit1: TEdit;
    Label1: TLabel; Label2: TLabel;
    Edit2: TEdit; Timer1: TTimer;
    procedure FormCreate(Sender: TObject);
    procedure Timer1Timer(Sender: TObject);
    procedure ScrollBar1Change(Sender: TObject);
   end;

var
  Form1: TForm1;

implementation
{$R *.DFM}
procedure DAaus (Steuerbyte, Wert: Byte); begin
  Start;
  Ausgeben (72 * 2);      { Adresse 72, schreiben }
  Ausgeben (Steuerbyte);
  Ausgeben (Wert);
  Stop;
end;
```

(Fortsetzung nächste Seite)

```
function ADein: Byte;
begin
  Start;
  Ausgeben (72 * 2 + 1);  { Adresse 72, lesen }
  ADein := Einlesen;
  KeinAcknowledge;
  Stop;
end;

procedure TForm1.FormCreate(Sender: TObject);
begin
  I2C_Init;
end;

procedure TForm1.Timer1Timer(Sender: TObject);
begin
  DAaus (64,ScrollBar1.Position);
  Edit2.Text := FloatToStr (ADein);
end;

procedure TForm1.ScrollBar1Change(Sender: TObject);
begin
  Edit1.Text := FloatToStr (ScrollBar1.Position);
end;

end.
```

Listing 12.5: Direktsteuerung des PCF8591.

12.5 Ein Speicheroszilloskop

Der Analogwandler PCF8591 läßt sich automatisch ansteuern, um schnelle Meßfolgen zu erreichen. Wenn nur gemessen, nicht aber ausgegeben werden soll, dann kann auf eine wiederholte Adressierung verzichtet werden. So lassen sich Meßraten bis zu 10 kHz erreichen.

Listing 12.6 zeigt ein Programm zur schnellen Messung an allen vier Kanälen. Gleichzeitig wird ein Funktionsgenerator realisiert, indem aus einer vorbereiteten Wertetabelle Analogwerte ausgegeben werden. Mit der Möglichkeit der analogen Ein- und Ausgabe

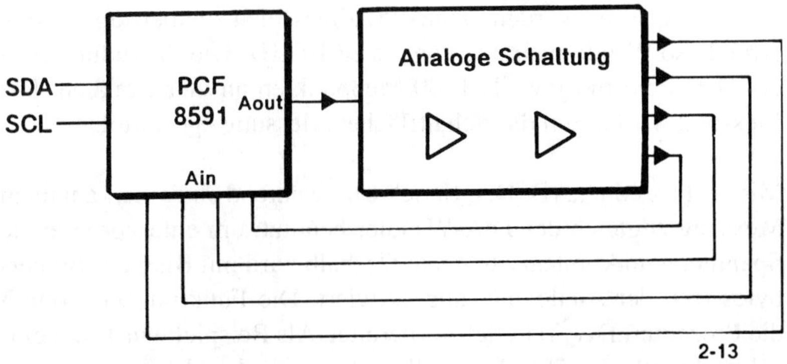

Abb. 12.10: Prinzip der Untersuchung analoger Schaltungen mit Funktionsgenerator und Speicheroszilloskop.

eignet sich der PCF8591 gut zur Untersuchung von analogen Schaltungen. Abb. 12.10 zeigt das Prinzip. Über den analogen Ausgang wird eine Funktion erzeugt, die an das Meßobjekt gelegt wird. Die Antwort des Meßobjekts kann an vier Meßkanälen beobachtet werden. Auf diese Weise läßt sich z. B. die Linearität eines Verstärkers oder das Einschwingverhalten eines Filters untersuchen.

Bevor der A/D-Wandler benutzt wird, muß mit der Prozedur „DAaus" das Steuerbyte übertragen werden, um den Betriebsmodus und den aktiven Kanal festzulegen. Dann kann das Auslesen des Meßergebnisse mit der Prozedur „ADein2 erfolgen. Der A/D-Wandler liefert nach der Adressierung sofort ein Ergebnisbyte. Allerdings muß beachtet werden, daß die eigentliche Wandlung taktgleich mit dem Auslesevorgang abläuft. Man erhält daher immer das Ergebnis der zuvor erfolgten Wandlung. Soll nach einer längeren Wartezeit eine Eingangsspannung gemessen werden, dann müssen daher zwei Datenbytes ausgelesen werden, von denen das erste verworfen wird.

Die Prozedur „AD_Serie" zeigt die Ausführung einer schnellen, vierkanaligen Meßserie ohne Verwendung des analogen Ausgangs. Das Steuerbyte (4+1) legt die automatische Umschaltung der Eingangskanäle fest, wobei mit dem ersten Kanal begonnen wird und der D/A-Wandler abgeschaltet bleibt. Da jede Wandlung während des Auslesevorgangs erfolgt, muß nach der Adressierung zunächst eine Leerlaufmessung erfolgen. Danach können beliebig viele Meßwerte ausgelesen werden, ohne die Adresse neu zu übertragen. Man erreicht so Wandlungsraten von bis zu 10 kHz. Die Prozedur liefert ein Datenfeld mit jeweils 1000 Meßpunkten an vier Kanälen. Die Messung wird durch die Schaltfläche „Messung" gestartet.

Mit der Prozedur „AD_DA_Serie" wird während einer vierkanaligen Messung zugleich der D/A-Wandler benutzt, um eine vorbereitete Spannungsfunktion auszugeben. Deshalb wird mit Bit 6 des Steuerbytes (69) der Analogausgang aktiviert. Die Funktion wird durch die Prozedur „DA_Tabelle" vorbereitet. Als Beispiel wurde ein einzelner Impuls gewählt. Sinnvoll sind auch andere Funktionen, wie Sinus, Dreieck und Rampe. Die Messung mit gleichzeitiger Ausgabe einer Funktion wird mit der Schaltfläche „MESSUNG2" gestartet.

Da analoge Ausgaben und Eingaben sich abwechseln, muß der Wandler jedesmal wieder neu adressiert werden. Nach einer Ausgabe erfolgen jeweils fünf Messungen hintereinander, wovon die erste verworfen werden muß, da sie noch eine Antwort auf den letzten ausgegebenen Analogwert enthält.

Das Programm enthält eine graphische Ausgabe der Messungen in einem Diagrammfenster mit 500 mal 255 Pixeln. Man kann die gemessenen Kanäle einzeln über die Schaltflächen K1 bis K4 auf den Schirm bringen. Abb. 12.11 zeigt das Ergebnis einer Messung. Zusätzlich ist eine Dateiausgabe vorgesehen. Die Meßwerte werden dabei in Tabellenform in der Datei „Ausgabe.dat" zur Weiterverarbeitung mit anderen Programmen gespeichert.

```
unit Oszi;

interface

uses I2CCOM2,PORTINC,Windows,Messages,SysUtils,Classes,
 Graphics,Controls,Forms,Dialogs, StdCtrls,ExtCtrls;

type
  TForm1 = class(TForm)
```

(Fortsetzung nächste Seite)

```
    PaintBox1: TPaintBox; Messung: TButton;
    Messung2: TButton; K1: TButton;
    K2: TButton; K3: TButton;
    K4: TButton; Speichern: TButton;
    Clear: TButton;
    procedure FormCreate(Sender: TObject);
    procedure MessungClick(Sender: TObject);
    procedure K1Click(Sender: TObject);
    procedure K2Click(Sender: TObject);
    procedure K3Click(Sender: TObject);
    procedure K4Click(Sender: TObject);
    procedure Messung2Click(Sender: TObject);
    procedure SpeichernClick(Sender: TObject);
    procedure ClearClick(Sender: TObject);
  end;

var
  Form1: TForm1;
  Puffer : Array [1..4000] of Byte;
  DA_Puffer : Array [1..1000] of Byte;

implementation

{$R *.DFM}


procedure DAaus (Steuerbyte, Wert: Byte); begin
  Start;
  Ausgeben (72 * 2);        { Adresse 72, schreiben }
  Ausgeben (Steuerbyte);
  Ausgeben (Wert);
  Stop;
end;

function ADein: Byte;
begin
  Start;
  Ausgeben (72 * 2 + 1);    { Adresse 72, lesen }
  ADein := Einlesen;
  KeinAcknowledge;
  Stop;
end;
```

(Fortsetzung nächste Seite)

```
procedure AD_Serie;
var n: Integer;
    Dummy : Byte;
begin
  DAaus (5,100);                    { Steuerbyte=5 }
  Start;
  Ausgeben (72 * 2 + 1);            { Adresse 72, lesen }
  RealTime (True);
  Dummy := Einlesen;
  Acknowledge;
  for n := 1 to 4000 do begin
    Puffer [n] := Einlesen;         { 4000 Bytes einlesen }
    Acknowledge;
  end;
  RealTime (False);
  Dummy := Einlesen;
  KeinAcknowledge;
  Stop;
end;

procedure DA_Tabelle;
var n : Integer;
begin
  for n := 1 to 250 do DA_Puffer [n] := 55;
  for n := 251 to 450 do DA_Puffer [n] := 205;
  for n := 451 to 1000 do DA_Puffer [n] := 55;
end;

procedure AD_DA_Serie;
var n: Integer;
    Dummy : Byte;
begin
  RealTime(true);
  for n := 1 to 1000 do begin
    DAaus (69,DA_Puffer[n]);            { Steuerbyte=69 }
    Start;
    Ausgeben (72 * 2 + 1);              { Adresse 72, lesen }
    Dummy := Einlesen; Acknowledge;
    Puffer [4*(n-1)+1] := Einlesen; Acknowledge;
    DelayUs(10);
    Puffer [4*(n-1)+2] := Einlesen; Acknowledge;
    DelayUs(10);
    Puffer [4*(n-1)+3] := Einlesen; Acknowledge;
    DelayUs(10);
```

(Fortsetzung nächste Seite)

```
    Puffer [4*(n-1)+4] := Einlesen; KeinAcknowledge;
    DelayUs(20);
    Stop;
  end;
  RealTime(False);
end;

procedure SpeichernTabelle (Dateiname :String);
var  f : Text;
     n, r : Integer;
begin
  AssignFile(f,dateiname);
  {$I-} ReWrite(f); {$I+}
  r := IOresult;
  if  r = 0 then begin
     for n:=0 to 999 do begin;
       write (f,Puffer [4*n+1],#9);
       write (f,Puffer [4*n+2],#9);
       write (f,Puffer [4*n+3],#9);
       writeln (f,Puffer [4*n+4]);
     end;
     CloseFile (f);
  end;
end;

procedure TForm1.FormCreate(Sender: TObject);
begin
  I2C_Init;
  DA_Tabelle;
end;

procedure DiagrammInit;
var n: Integer;
begin
  with Form1.Paintbox1.Canvas do begin
  Pen.Color:=ClBlack;
  Brush.Color:=ClWhite;
  Rectangle(30,0,531,257);
  Pen.Color:=ClLtGray;
  for n:= 1 to 10 do begin
      MoveTo(31,256-n*25);
      Lineto (529,256-n*25);
  end;
```

(Fortsetzung nächste Seite)

```
    Brush.Color:=ClLtGray;
    for n:= 0 to 5 do begin
      TextOut(10,250-n*50,FloatToStr(n)+' V');
    end;
    for n:= 1 to 9 do begin
        MoveTo(30+50*n,254);
        Lineto (30+50*n,0)
    end;
    for n:= 1 to 10 do begin
      TextOut(20+50*n,260,FloatToStr(n*100));
    end;
    end;
  end;

  procedure Plot (Kanal: Integer);
  var i: Integer;
  begin
    with Form1.Paintbox1.Canvas do begin
      Pen.Color:=ClBlack;
      MoveTo (31,256-Puffer[4+Kanal]);
      for i := 1 to 999 do
        LineTo (31+i div 2,256-Puffer[i*4+Kanal]);
    end;
  end;

  procedure TForm1.MessungClick(Sender: TObject);
  begin
    DiagrammInit;
    AD_Serie;
  end;

  procedure TForm1.K1Click(Sender: TObject);
  begin
    plot(0);
  end;

  procedure TForm1.K2Click(Sender: TObject);
  begin
    Plot (1);
  end;

  procedure TForm1.K3Click(Sender: TObject);
  begin
    Plot(2);
  end;
```

(Fortsetzung nächste Seite)

```
procedure TForm1.K4Click(Sender: TObject);
begin
  Plot(3);
end;

procedure TForm1.Messung2Click(Sender: TObject);
begin
  DiagrammInit;
  AD_DA_Serie;
end;

procedure TForm1.SpeichernClick(Sender: TObject);
begin
  SpeichernTabelle('Ausgabe.dat');
end;

procedure TForm1.ClearClick(Sender: TObject);
begin
  DiagrammInit;
end;

end.
```

Listing 12.6: *Programm eines Speicheroszilloskops mit zusätzlichem Funktionsgenerator.*

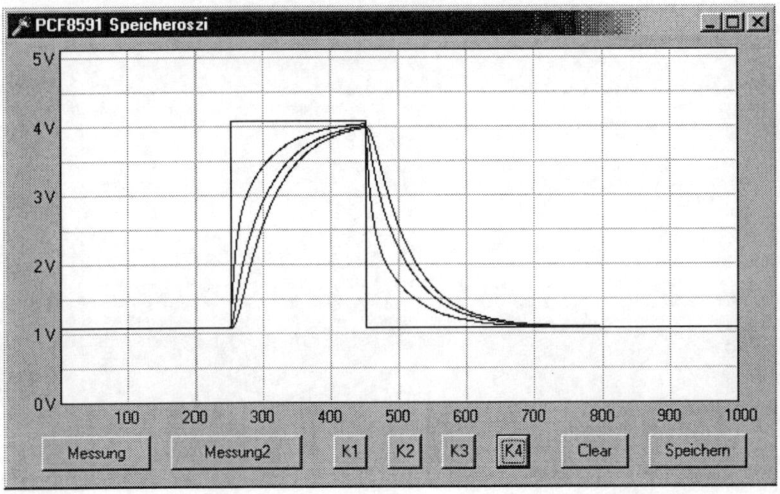

Abb. 12.11: *Messung an einem mehrstufigen Tiefpaßfilter.*

13

Der Joystick-Port

Viele PCs sind mit einem 15-poligen Anschluß für Joysticks ausgestattet. Oftmals bleibt diese Schnittstelle ungenutzt, während alle seriellen und parallelen Schnittstellen mit Peripheriegeräten verbunden sind. Deshalb bietet es sich an, auch diesen Anschluß auf seine Verwendungsmöglichkeiten in der Meß- und Steuerungstechnik zu untersuchen.

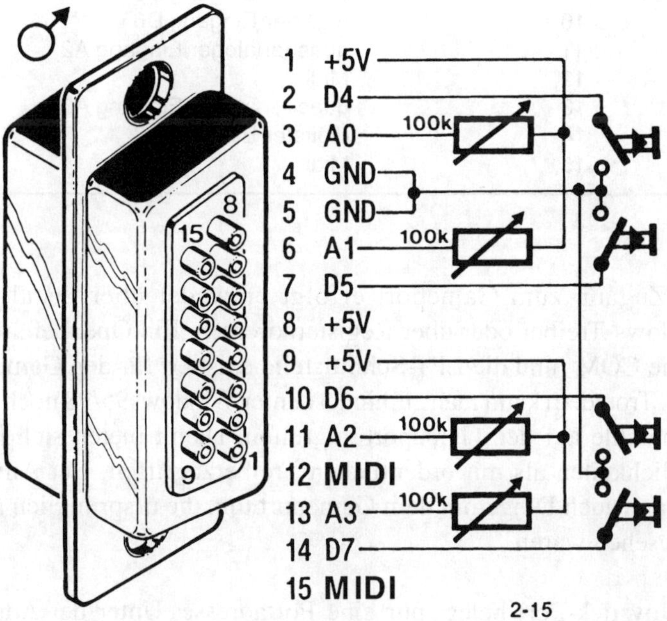

Abb. 13.1: *Anschlußbelegung des Joystick-Ports.*

13.1 Analoge und digitale Eingänge

Der Joystick-Port hat vier quasi-analoge Eingänge (A0...A3), die über die Ladezeiten von vier Kondensatoren die Messung von Widerständen ermöglichen. Außerdem stehen vier digitale Eingänge (D4...D7) zur Verfügung. Der Joystick-Anschluß führt als einzige Standardschnittstelle des PCs die Betriebsspannung 5 V nach außen, so daß sich externe Schaltungen versorgen lassen. Die Anschlußbelegung geht aus Abb. 13.1 und der folgenden Tabelle hervor.

Pin	Anschluß
1,8,9	Betriebsspannung +5 V
4,5	GND (Masse)
2	digitaler Eingang D4
3	quasi-analoger Eingang A0
6	quasi-analoger Eingang A1
7	digitaler Eingang D5
10	digitaler Eingang D6
11	quasi-analoger Eingang A2
12	Midi
13	quasi-analoger Eingang A3
14	digitaler Eingang D7
15	Midi

Der Zugang zum Gameport erfolgt entweder über installierte Windows-Treiber oder über Registeradressen. Ein Openbefehl wie für die COM- und die LPT-Schnittstelle existiert für den Gameport nicht. Trotzdem kann man zumindest unter Windows95/98 noch über Portbefehle auf den Gameport zugreifen. Damit bieten sich mehr Möglichkeiten als mit ordentlichen Treiberzugriffen. Der Anwender kann auch Dinge mit dem Gameport tun, die ursprünglich nicht vorgesehen waren.

Der Joystick-Port belegt nur eine Portadresse. Unter der Adresse 201(hex) können alle Leitungen gelesen werden:

Joystick-Register (Adresse 201)

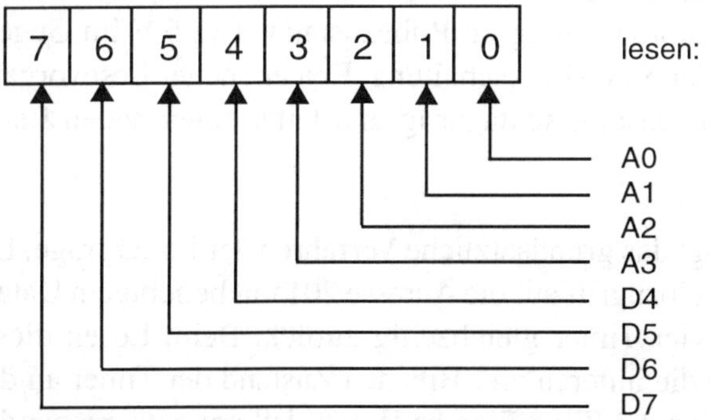

Bei einem beliebigen Schreibzugriff auf dieselbe Adresse werden die Analogeingänge für eine neue Messung zurückgesetzt.

Joystick-Register (Adresse 201)

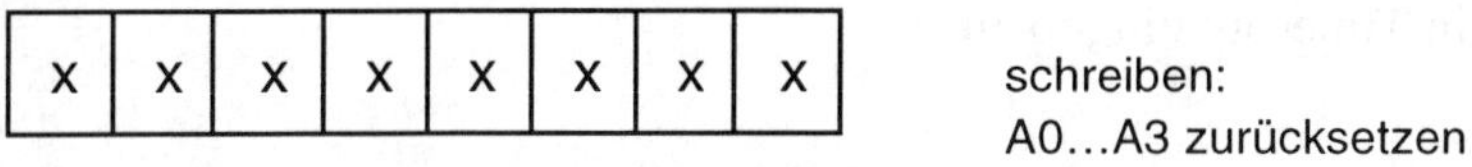

Die quasi-analogen Eingänge dienen im Normalfall zur Messung des Widerstands der Potentiometer (0 bis 100 kΩ) im Steuerknüppel. Nach einer Initialisierung durch die Software lädt jeder Widerstand einen Kondensator von 10 nF auf. Sobald eine Ladespannung von 2/3 der Betriebsspannung erreicht ist, kippt ein interner Komparator um, und der Kondensator wird wieder entladen. Die Ladezeit des Kondensators ist proportional zum gemessenen Widerstand. Das Verfahren ist vergleichbar mit der Widerstandsmessung in Kap. 5.1. Intern werden meist vierfache Timer vom Typ 558 verwendet. Die Eingänge sind durch Serienwiderstände mit 2,2 kΩ geschützt.

Einige neuere Gameports auf Soundkarten verwenden statt eines Timerbausteins eine veränderte Schaltung mit Eingangskomparator und Entladetransistor. Mit der Initialisierung einer Messung sorgt ein kurzer Entladeimpuls dafür, daß der Eingangskondensator sich entlädt. Der Eingang liest dann den Zustand wie in der ursprünglichen Timerschaltung. Ein Erreichen der Schaltschwelle führt jedoch nicht automatisch zu einem Entladen des Kondensators. Vielmehr ist die Kondensatorspannung im Ruhezustand etwa 5 V im Gegensatz zu 0 V bei der 558-Timerschaltung. Erst ein neuer Lesevorgang entlädt den Kondensator schlagartig und leitet einen neuen Ladevorgang ein.

Listing 13.1 zeigt das grundsätzliche Verfahren der Potiabfrage. Ein einmaliger Schreibzugriff auf die Adresse 201 mit beliebigem Datenbyte setzt alle vier Timer gleichzeitig zurück. Beim Lesen dieser Adresse zeigen die unteren vier Bits den Zustand der Timer an den Eingängen A0 bis A3. Eine Eins bedeutet, daß am entsprechenden Eingang die Schwellenspannung noch nicht erreicht wurde. Man kann daher in einer schnellen Abfrageschleife die Ladezeit messen. Hochohmige Potentiometer bis etwa 1 MΩ führen dabei zu einer relativ langen Ladezeit und einer guten Auflösung der Messung. Damit offene Eingänge nicht zu einer Endlosschleife führen, wurde ein Time-out eingebaut.

Abb. 13.2: Meßwerte an vier Eingangskanälen.

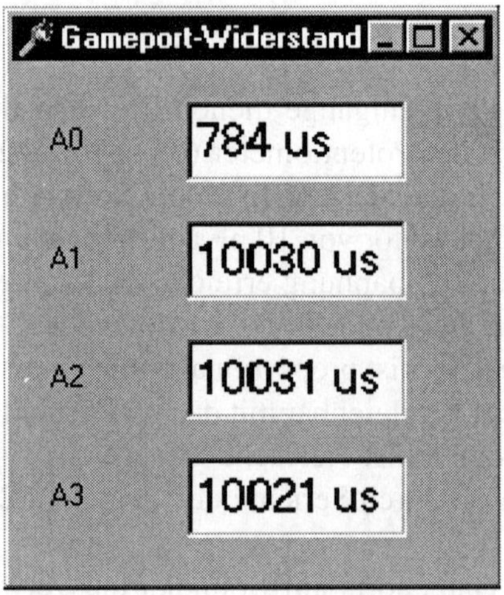

***Listing 13.1 (Seite 193):** Messung der Ladezeiten für vier externe Widerstände.*

```
unit Joy1;

interface

uses
  PORTINC, Windows, Messages, SysUtils, Classes, Graphics,
  Controls, Forms, Dialogs, StdCtrls, ComCtrls, ExtCtrls;

type
  TForm1 = class(TForm)
    Timer1: TTimer;     Edit1: TEdit;
    Edit2: TEdit;    Edit3: TEdit;
    Edit4: TEdit;    Label1: TLabel;
    Label2: TLabel;    Label3: TLabel;
    Label4: TLabel;
    procedure Timer1Timer(Sender: TObject);
  end;

var
  Form1: TForm1;

implementation

{$R *.DFM}
function Zaehler (Kanal : Integer) : Word;
var Portwert : Byte;
begin
  Portwert := 1;                        { A0 }
  if Kanal=2 then Portwert := 2;        { A1 }
  if Kanal=3 then Portwert := 4;        { A2 }
  if Kanal=4 then Portwert := 8;        { A3 }
  RealTime (true);
  TimeInitus;
  OutPort($201,0);                       { Timer-Reset }
  While((InPort ($201) and Portwert) = PortWert)
    and (TimeReadus < 10000) do;
  Zaehler:=TimeReadus;
  RealTime (false);
end;

procedure TForm1.Timer1Timer(Sender: TObject);
var Ausgabe:String;
    Zeit: DWord;
begin
  Edit1.Text := FloatToStr(Zaehler(1)) + ' us';
  Edit2.Text := FloatToStr(Zaehler(2)) + ' us';
  Edit3.Text := FloatToStr(Zaehler(3)) + ' us';
  Edit4.Text := FloatToStr(Zaehler(4)) + ' us';
end;

end.
```

Die analogen Eingänge eignen sich zur direkten Widerstandsmessung. Allerdings ist die Grundgenauigkeit vor allem durch die Toleranz der Ladekondensatoren recht gering. Man muß daher jeden Eingang individuell kalibrieren. Dann ist z. B. die direkte Temperaturmessung über NTC-Widerstände mit etwa 100 kΩ möglich.

Die vier digitalen Eingänge sind TTL-Eingänge. Zusätzlich werden allerdings Pull-Up-Widerstände von 1 kΩ und Störschutzkondensatoren von 47 pF verwendet. Im offenen Zustand werden Einsen gelesen. Die Eingänge sind für den Anschluß von Schaltern gegen Masse ausgelegt, können jedoch auch durch TTL-Ausgänge oder Transistoren angesteuert werden. Listing 13.2 zeigt ein kleines Abfrageprogramm für die digitalen Eingänge. Das Programm zeigt gleichzeitig den Zustand der analogen Eingänge.

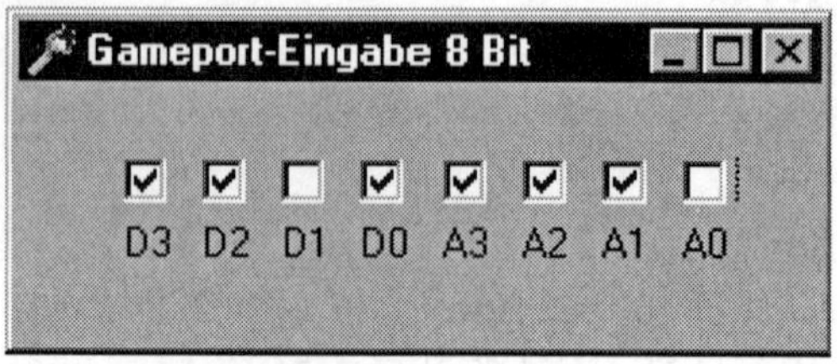

Abb. 13.3: Auslesen des Joystick-Ports.

```
unit Joy2;

interface

uses PORTINC,  Windows, Messages, SysUtils, Classes,
  Graphics, Controls, Forms, Dialogs, ExtCtrls, StdCtrls;

type
  TForm1 = class(TForm)
    CheckBox1: TCheckBox;  CheckBox2: TCheckBox;
    CheckBox3: TCheckBox;  CheckBox4: TCheckBox;
    CheckBox5: TCheckBox;  CheckBox6: TCheckBox;
    CheckBox7: TCheckBox;  CheckBox8: TCheckBox;
    Label1: TLabel;  Label2: TLabel;
    Label3: TLabel;  Label4: TLabel;
    Label5: TLabel;  Label6: TLabel;
    Label7: TLabel;  Label8: TLabel;
```

(Fortsetzung nächste Seite)

```
    Timer1: TTimer;
    procedure Timer1Timer(Sender: TObject);
  end;

var
  Form1: TForm1;

implementation

{$R *.DFM}


procedure TForm1.Timer1Timer(Sender: TObject);
var Wert: Byte;
begin
  Wert := InPort ($201);
  CheckBox1.Checked := ((Wert And 1) >0);
  CheckBox2.Checked := ((Wert And 2) >0);
  CheckBox3.Checked := ((Wert And 4) >0);
  CheckBox4.Checked := ((Wert And 8) >0);
  CheckBox5.Checked := ((Wert And 16) >0);
  CheckBox6.Checked := ((Wert And 32) >0);
  CheckBox7.Checked := ((Wert And 64) >0);
  CheckBox8.Checked := ((Wert And 128) >0);
end;

end.
```

Listing 13.2: *Auslesen der vier digitalen Eingangsleitungen.*

Wegen der verwendeten Pull-Up-Widerstände fließt bei heruntergeschalteten Eingängen ein relativ großer Strom von etwa 5 mA. Das ist vorteilhaft für die Abfrage von Schaltern, kann jedoch beim Anschluß an CMOS-Ausgänge zu Problemen führen. Einige Anwendungen verlangen daher Eingangstreiber.

Versuche mit digitalen Eingängen, die weiter oben für die serielle Schnittstelle vorgestellt wurden, können auch am Spieleanschluß durchgeführt werden. Allerdings ist diese Schnittstelle genau wie die Druckerschnittstelle prinzipiell durch mögliche Überlastungen gefährdet. Besondere Vorsicht ist beim Umgang mit dem Betriebsspannungsanschluß geboten. Ein Kurzschluß kann den PC beschädigen!

13.2 Spannungsmessung

Die analogen Eingänge des Spieleports lassen eine sehr einfache Spannungsmessung zu. Statt einer Variation des Widerstandes führt auch eine Spannungsänderung zu einer Änderung der Ladezeit. Allerdings muß die Ladespannung grundsätzlich über 3,3 V liegen. Abb. 13.4 zeigt den Anschluß des Meßeingangs am Anschluß A3. Damit auch Spannungen um null Volt meßbar sind, wird hier gegen die Betriebsspannung des Rechners gemessen. Der Ladewiderstand wird aufgeteilt, damit das Meßkabel bei Berührung der Rechner-Masse nicht einen Kurzschluß verursachen kann. Leider sind mit dieser einfachen Schaltung nur Messungen an potentialfreien Meßobjekten, also z. B. an Batterien möglich.

Abb. 13.4: Ein Spannungseingang am Joystick-Port.

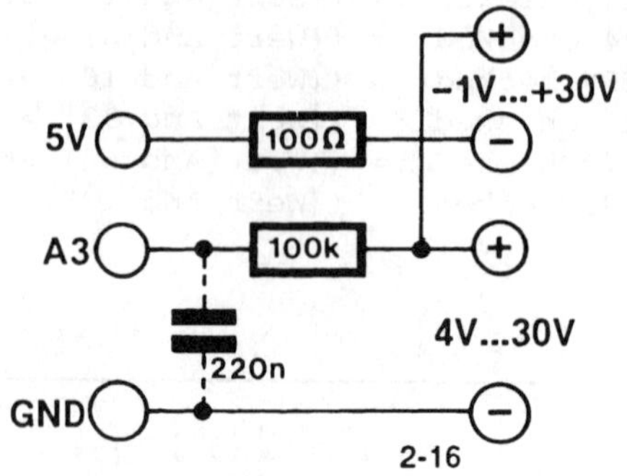

Wenn bei speziellen Anwendungen die Meßspannung grundsätzlich über 4 V liegt, kann man auch gegen Masse messen. Das Programm in Listing 13.3 zeigt beide Möglichkeiten. Die Variable „Nullwert" enthält den voreingestellten Zählerwert bei einer Leerlaufmessung mit der Eingangsspannung 5 V bzw. mit kurzgeschlossenem Eingang, wenn gegen die Betriebsspannung gemessen wird. Dieser Zählerwert ist für jeden Rechner individuell zu bestimmen, wozu z. B. das Zählerprogramm nach Listing 13.1 verwendet werden kann. Der Nullwert 740 µs wurde experimentell für Eingang 4 bestimmt. Die Schaltfläche „Nullpunkt" erlaubt zusätzlich eine Nachjustierung im laufenden Betrieb. Will man mehrere Spannungseingänge verwenden, dann muß für jeden Kanal ein eigener Zähler-Nullwert verwendet werden.

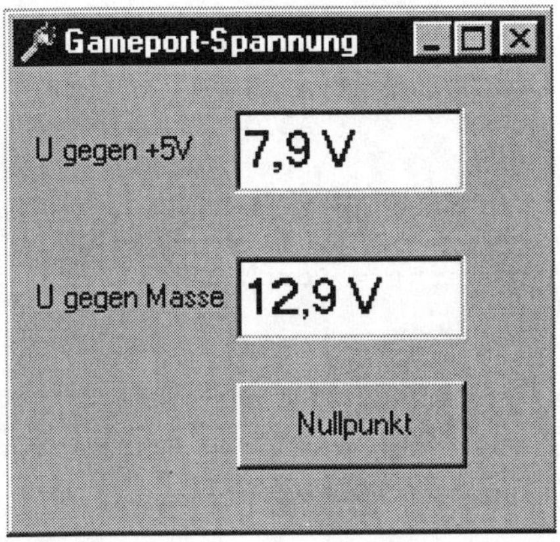

Abb. 13.5: *Spannungsmessung mit dem Gameport.*

```
unit Joy3;

interface

uses
  PORTINC, Windows, Messages, SysUtils, Classes, Graphics,
  Controls, Forms, Dialogs,  StdCtrls, ComCtrls, ExtCtrls;

type
  TForm1 = class(TForm)
    Timer1: TTimer; Edit1: TEdit;
    Edit2: TEdit; Label1: TLabel;
    Label2: TLabel; Button1: TButton;
    procedure FormCreate(Sender: TObject);
    procedure Timer1Timer(Sender: TObject);
    procedure Button1Click(Sender: TObject);
  end;

var
  Form1: TForm1;
  Nullwert: Integer;

implementation

{$R *.DFM}
```

(Fortsetzung nächste Seite)

```
function Zaehler (Kanal : Integer) : Word;
var Portwert : Byte;
begin
  Portwert := 1;                        { A0 }
  if Kanal=2 then Portwert := 2;        { A1 }
  if Kanal=3 then Portwert := 4;        { A2 }
  if Kanal=4 then Portwert := 8;        { A3 }
  RealTime (true);
  TimeInitus;
  OutPort($201,0);                       { Timer-Reset }
  While((InPort ($201) and Portwert) = PortWert)
    and (TimeReadus < 10000)do;
  Zaehler:=TimeReadus;
  RealTime (false);
end;

procedure TForm1.FormCreate(Sender: TObject);
begin
  Nullwert := 740;
end;

procedure TForm1.Timer1Timer(Sender: TObject);
var U: Real;
    Ausgabe:String;
begin
  U := 3.33 * (1/(1-exp(-Zaehler(4)/Nullwert))-1/(1-exp(-1)));
  Edit1.Text := FloatToStrF(U,ffNumber,3,1) + ' V';
  Edit2.Text := FloatToStrF((U+5),ffNumber,3,1) + ' V';
end;

procedure TForm1.Button1Click(Sender: TObject);
begin
  Nullwert := Zaehler(4);
end;

end.
```

Listing 13.3: Spannungsmessung über den Joystick-Port.

Der Zusammenhang zwischen Zählerwert und Spannung ist nicht linear, sondern läßt sich über die Exponentialfunktion beschreiben. Die eigentliche Umrechnung und Linearisierung wird in der Timerprozedur ausgeführt. Sie ähnelt der Linearisierung des einfachen A/D-Wandlers in Kap. 5.2.

Das vorgestellte Meßverfahren hat nur eine sehr begrenzte Genauigkeit. Die wichtigsten Fehlerquellen sind die Betriebssannung des Rechners und der Temperaturkoeffizient der internen Ladekondensatoren. Mit einer effektiven Auflösung von 0,1 V bei einem Meßbereich bis etwa 30 V ist es jedoch für viele Anwendungen ausreichend.

Die Auflösung und die Genauigkeit lassen sich nach Abb. 13.4 durch einen zusätzlichen, externen Kondensator von 0,22 µF verbessern, wenn es sich um einen klassischen Gameport mit 558-Timer handelt. Durch diese Maßnahme werden längere Ladezeiten und damit größere Zählerwerte erreicht, so daß die Spannung in kleinere Schritte aufgelöst wird. Außerdem kann man durch den Einsatz von Folienkondensatoren einen besseren Temperaturkoeffizienten erreichen, so daß die Langzeitstabilität verbessert wird. Keinen Einfluß hat man allerdings auf die Ungenauigkeiten, die durch die Betriebsspannung des PCs verursacht werden. Mit einer veränderten Portschaltung, wie sie auf manchen Soundkarten vorkommt, kann kein externer Kondenstor eingesetzt werden, weil die kurzen Entladeimpulse nicht ausreichen, um den externen Kondensator vollständig zu entladen.

13.3 Grenzwertüberwachung

Eine nützliche Eigenschaft der am Spieleanschluß verwendeten Timer ist es, daß der Zustand der analogen Eingänge (Triggerschwelle erreicht/nicht erreicht) völlig unabhängig von sonstigen Anwendungen in Flipflops gespeichert bleibt. Man kann also irgendwann die Timer zurücksetzen und sich dann anderen Tätigkeiten am PC zuwenden. Nach einer beliebigen Zeit läßt sich für jeden Eingang abfragen, ob in der Zwischenzeit einmal der Grenzwert von 3,3 V erreicht wurde.

Abb. 13.6 zeigt mögliche Anwendungen der Grenzwertüberwachung. Größere Spannungen lassen mit einem Spannungsteiler überwachen. Ein NTC-Widerstand kann eingesetzt werden, um eine Temperaturüberschreitung zu erkennen. Eine mögliche Anwendung ist die

Temperaturüberwachung im PC selbst. Der Meßfühler kann dabei auf einzelnen Bauteilen befestigt werden, um herauszufinden, ob ausreichende Kühlung besteht.

Abb. 13.6: Der Spieleanschluß überwacht Grenzwerte.

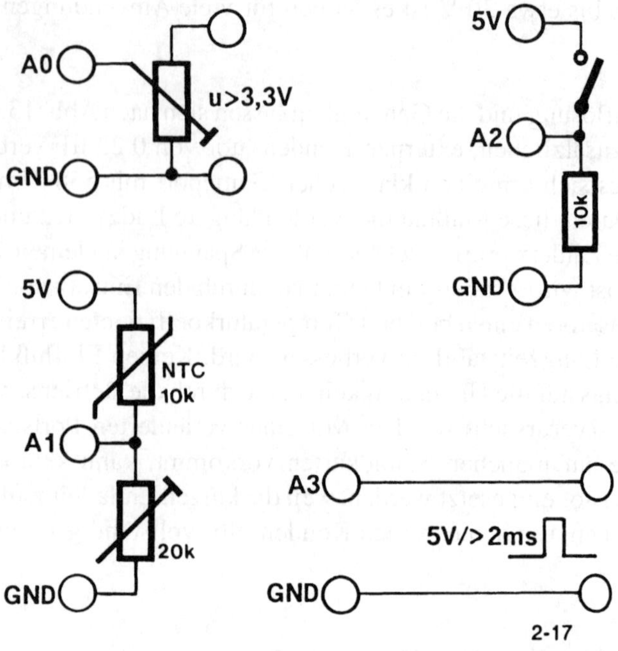

Neben der Überwachung analoger Größen lassen sich auch Einzelimpulse mit einer Mindestlänge von ca. 2 ms oder Schalterzustände überwachen. In jedem Fall läßt sich später feststellen, ob ein bestimmtes Ereignis mindestens einmal eingetreten ist. Listing 13.4 stellt ein mögliches Programm für die Grenzwertüberwachung vor. Man kann die Eingänge beliebig zurücksetzen und anzeigen lassen.

Mit der klassischen Gameport-Schaltung mit einem 558-Timer darf die Eingangsspannung nach dem Erreichen der Schwelle von 3,3 V wieder auf Null zurückgehen, da der Zustand im Timer gespeichert bleibt. Die veränderte Eingangsschaltung auf manchen Soundkarten verwendet jedoch einen Eingang mit Schmitt-Trigger und Schaltschwellen bei 1,7 V und 3,3 V. Nach einem Erreichen des Grenzwerts darf die Spannung nicht unter 1,7 V absinken, wenn der Zustand gespeichert bleiben soll. Speziell für die Abfrage von Schaltern und Einzelimpulsen muß dies mit einem geeigneten Spannungsteiler sichergestellt werden, da sonst nur die momentanen Zustände angezeigt werden.

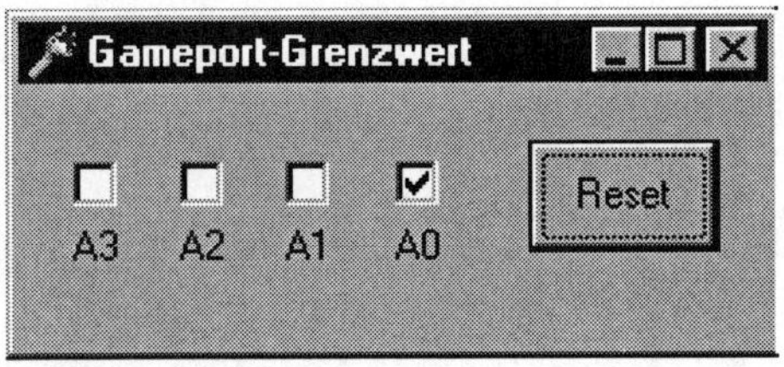

Abb. 13.7: Grenzwertabfrage.

```
unit Joy4;

interface

uses
  PORTINC, Windows, Messages, SysUtils, Classes, Graphics,
  Controls, Forms, Dialogs, ExtCtrls, StdCtrls;

type
  TForm1 = class(TForm)
    CheckBox1: TCheckBox;    CheckBox2: TCheckBox;
    CheckBox3: TCheckBox;    CheckBox4: TCheckBox;
    Label1: TLabel;    Label2: TLabel;
    Label3: TLabel;    Label4: TLabel;
    Timer1: TTimer;    Button1: TButton;
    procedure Timer1Timer(Sender: TObject);
    procedure FormCreate(Sender: TObject);
    procedure Button1Click(Sender: TObject);
  end;

var
  Form1: TForm1;

implementation

{$R *.DFM}
```

(Fortsetzung nächste Seite)

```
rocedure TForm1.Timer1Timer(Sender: TObject);
var Wert: Byte;
begin
  Wert := InPort ($201);
  CheckBox1.Checked := ((Wert And 1) =0);
  CheckBox2.Checked := ((Wert And 2) =0);
  CheckBox3.Checked := ((Wert And 4) =0);
  CheckBox4.Checked := ((Wert And 8) =0);
end;

procedure TForm1.FormCreate(Sender: TObject);
begin
  OutPort ($201,0);
end;
procedure TForm1.Button1Click(Sender: TObject);
begin
  OutPort ($201,0);
end;

end.
```

Listing 13.4: Ein Programm zur Grenzwertüberwachung.

13.4 Ein Schaltausgang

Die Verwendungsmöglichkeiten des Spieleanschlusses sind leider durch das Fehlen digitaler Ausgänge stark eingeschränkt. Über einen kleine Zusatzschaltung kann aber wenigstens ein Ausgang bereitgestellt werden. An den analogen Eingängen erscheint nämlich am klassischen Gameport nach einem Softwarestart des Timers ein einzelner Sägezahnimpuls mit einer Höhe von 3,3 V, wenn ein Widerstand gegen die Betriebsspannung angeschlossen ist. Viele solcher Impulse ergeben im Mittel eine Spannung von etwa 2 V. Sie reicht aus, um einen Transistor durchzuschalten.

Abb. 13.8 zeigt eine Transistorschaltung zur Realisierung eines Ausgangs. Die Transistor schaltet eine Leuchtdiode ein, wenn laufend Resetbefehle an den Joysticktimer gegeben werden. Ein zusätzlicher Kondensator befreit das Ausgangssignal von Wechselspannungsanteilen durch die Schaltvorgänge. Mit einer Kapazität von 2,2 µF ergibt sich zusätzlich ein „weiches" Ein- und Ausschalten der Leuchtdiode.

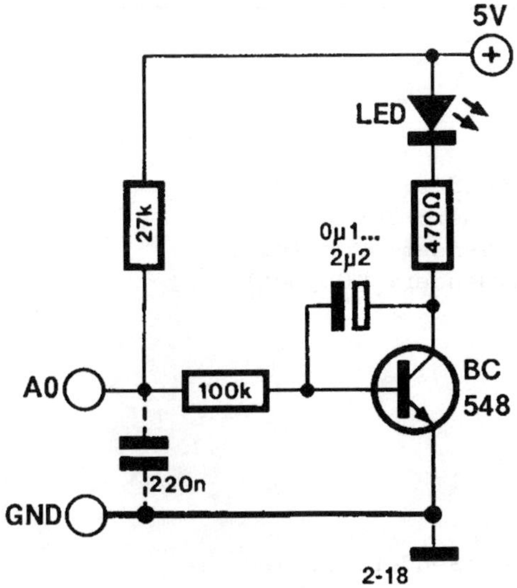

Abb. 13.8: Ein Schaltausgang am Spieleanschluß.

Listing 13.5 zeigt das Programm eines LED-Blinkers. In der Timerprozedur wird eine Serie Reset-Impulse mit einem Abstand von nur 10 µs erzeugt. Durch dieses „Dauerfeuer“ wird der Transistor durchgeschaltet. Sobald die Rücksetzbefehle ausbleiben, schaltet der Transistor ab. Es entsteht ein Blinken mit einem Impuls pro Sekunde. Durch Starten und Stoppen des Timers kann das Blinken ein- und ausgeschaltet werden.

Abb. 13.9: Ausgabe über den Gameport.

```
unit Joy5;

interface

uses PORTINC, Windows, Messages, SysUtils, Classes,
  Graphics, Controls, Forms, Dialogs, ExtCtrls, StdCtrls;
```

(Fortsetzung nächste Seite)

```
type
  TForm1 = class(TForm)
    Timer1: TTimer;
    Button1: TButton;
    Button2: TButton;
    procedure Timer1Timer(Sender: TObject);
    procedure FormCreate(Sender: TObject);
    procedure Button1Click(Sender: TObject);
    procedure Button2Click(Sender: TObject);
  end;

var
  Form1: TForm1;

implementation

{$R *.DFM}

procedure TForm1.Timer1Timer(Sender: TObject);
var n: Integer;
begin
  RealTime(true);
  for n:= 1 to 10000 do begin
    OutPort($201,0);
    DelayUs (10);
  end;
  RealTime(false);
end;

procedure TForm1.FormCreate(Sender: TObject);
begin
  Timer1.Interval:= 1000;
  Timer1.Enabled := true;
end;

procedure TForm1.Button1Click(Sender: TObject);
begin
  Timer1.Enabled := true;
end;

procedure TForm1.Button2Click(Sender: TObject);
begin
  Timer1.Enabled := false;
end;

end.
```

Listing 13.5: *Programm zur Ansteuerung des Ausgangs.*

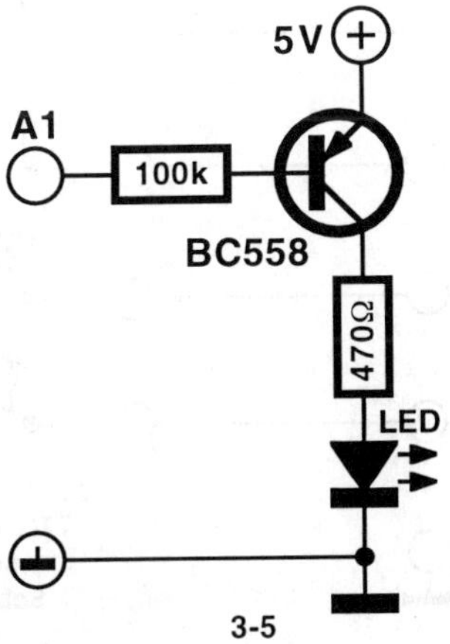

Abb. 13.10: *Eine veränderte Treiberstufe für moderne Gameports.*

Die oben erwähnten veränderten Gameport-Adapter mit dem Ruhezustand +5 V benötigen eine andere Treiberschaltung. Die Verwendung eines PNP-Transistors führt sogar insgesamt zu einem vereinfachten Aufbau. Der Transistor ist durchgeschaltet, solange Schreibimpulse schneller als etwa einmal pro Millisekunde aufeinanderfolgen.

13.5 Ein Digitalzähler

Durch direkte Abfrage der digitalen Eingänge des Joystick-Ports lassen sich verschiedene Formen von Digitalzählern realisieren. Die digitalen Eingänge können nach Abb. 13.11 direkt an Schalter oder TTL-Ausgänge angeschlossen werden. Die in Kapitel 6 beschriebene Frequenzmessung läßt sich allein durch Anpassung der Portadresse auch für diesen Anschluß verwenden. Hier soll zur Abwechslung einmal ein Ereigniszähler vorgestellt werden, der natürlich in ähnlicher Form auch mit der seriellen Schnittstelle realisierbar ist.

Listing 13.6 zeigt das Programm eines vierfachen Impulszählers. Alle vier digitalen Eingänge werden in der Timerprozedur gleich-

Abb. 13.11: Einlesen von Impulsen oder Schalterzuständen.

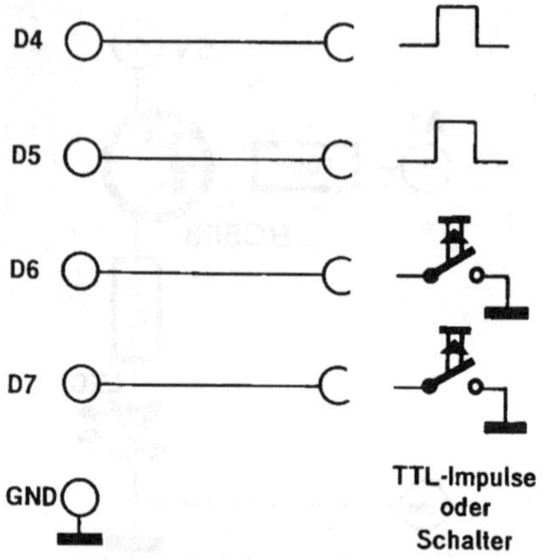

zeitig beobachtet, wobei ankommende Impulse unabhängig voneinander gezählt und angezeigt werden. Der Zähler ist für langsame Vorgänge ausgelegt. Mit einer Intervallzeit von 20 ms beträgt die maximale Impulsfrequenz 25 Hz.

Die Eingänge sind für den direkten Anschluß von Schaltern, Tastern oder Reedkontakten geeignet. Das häufig beobachtete „Prellen" von Kontakten kann hierbei zu Zählfehlern führen. Eine wirksame Gegenmaßnahme ist verzögerte Abfragen der Eingänge im Takt des Timers1, dessen Intervallzeit sich bei Bedarf noch erhöhen läßt. Stammen die Impulse von elektronischen Quellen wie z. B. Geiger-Müller-Zählrohren oder Oszillatoren, dann sollte möglichst geringer Verzögerung gearbeitet werden, um eine höhere Grenzfrequenz und das Erkennen kurzer Impulse zu erreichen.

Abb. 13.12: Vier unabhängige Zähler.

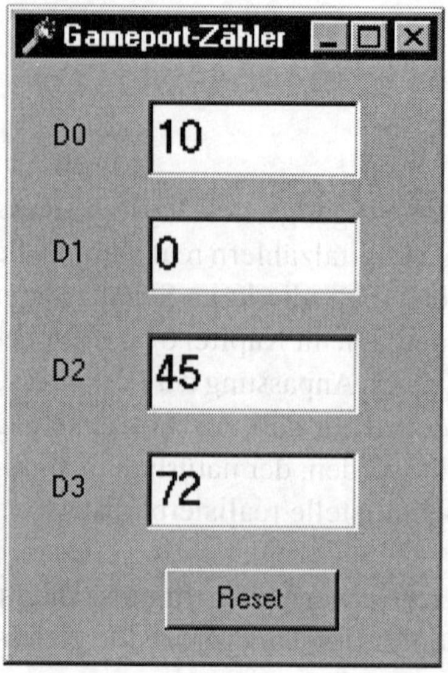

```
unit Joy6;

interface

uses
  PORTINC, Windows, Messages, SysUtils, Classes, Graphics,
  Controls, Forms, Dialogs, StdCtrls, ComCtrls, ExtCtrls;

type
  TForm1 = class(TForm)
    Timer1: TTimer;  Edit1: TEdit;
    Edit2: TEdit;  Edit3: TEdit;
    Edit4: TEdit;  Label1: TLabel;
    Label2: TLabel;  Label3: TLabel;
    Label4: TLabel;  Button1: TButton;
    procedure FormCreate(Sender: TObject);
    procedure Timer1Timer(Sender: TObject);
    procedure Button1Click(Sender: TObject);
  end;

var
  Form1: TForm1;
  z1,z2,z3,z4: word;
  Eingang, EingangAlt: Byte;
implementation

{$R *.DFM}

procedure TForm1.FormCreate(Sender: TObject);
begin
  Z1:=0; Z2:=0; Z3:=0; Z4:=0;
  EingangAlt := InPort($201);
  Timer1.Interval := 20;
  Timer1.Enabled := True;
end;

procedure TForm1.Timer1Timer(Sender: TObject);
begin
  Eingang := InPort($201);
  if (Eingang and 16) < (EingangAlt and 16) then
    Z1 := Z1 + 1;
  if (Eingang and 32) < (EingangAlt and 32) then
    Z2 := Z2 + 1;
  if (Eingang and 64) < (EingangAlt and 64) then
    Z3 := Z3 + 1;
```

(Fortsetzung nächste Seite)

```
  if (Eingang and 128) < (EingangAlt and 128) then
     Z4 := Z4 + 1;
  EingangAlt := Eingang;
  Edit1.Text := FloatToStr(Z1);
  Edit2.Text := FloatToStr(Z2);
  Edit3.Text := FloatToStr(Z3);
  Edit4.Text := FloatToStr(Z4);
end;

procedure TForm1.Button1Click(Sender: TObject);
begin
  Z1:=0; Z2:=0; Z3:=0; Z4:=0;
  EingangAlt := InPort($201);
end;

end.
```

Listing 13.6: *Ein Impulszähler mit vier Eingangskanälen am Joystick-Port.*

13.6 Joystickaufrufe über Treiber

Alle bisherigen Programmbeispiele greifen über Portbefehle direkt auf die Hardware des Spieleadapters zu. Es gibt jedoch auch noch den offiziellen Weg über Windows-Treiber. Die PORT.DLL stellt die wichtigsten Routinen auch für den Einsatz in Visual Basic bereit:

`JoyX`	liefert die Position an A1
`JoyY`	liefert die Position an A2
`JoyZ`	liefert die Position an A3
`JoyU`	liefert die Position an A4
`JoyButton`	liefert die aktuell gedrückte Taste an D1…D4

Um diese Funktionen nutzen zu können, muß der Joystick zuerst korrekt installiert sein. Windows erkennt einen Joystick nur dann an, wenn alle Potis angeschlossen sind. Man kann den Kauf eines echten Joysticks umgehen, wenn man für die Installation Festwiderstände von z. B. 47 kΩ zwischen die Analogeingänge und +5 V legt. Im folgenden wird davon ausgegangen, daß mit zwei Widerständen an A1 und A2 ein zweiachsiger Joystick installiert wurde. Dementsprechend funktionieren auch nur die Abfragen JoyX und JoyY.

Auch während des laufenden Betriebs funktionieren die Abfragen über JoyX und JoyY nur dann, wenn beide Eingänge mit Widerständen belegt sind. Wenn ein Programm also nur einen der Analogeingänge nutzen soll, dann muß trotzdem ein zweiter Widerstand im Bereich bis 100 kΩ angeschlossen werden, andernfalls ist das Ergebnis der Abfrage immer Null.

Obwohl nun ein Joystick unter Windows installiert wurde, funktionieren alle direkten Zugriffe über Portbefehle weiter wie bisher. Eine Überprüfung des Zugriffs wie bei der seriellen Schnittstelle oder beim Druckerport findet also zumindest unter Windows95 und Windows98 nicht statt. Man kann sogar zwei Programme gleichzeitig starten, von denen eines über Portbefehle und das andere über Treiber auf den Gameport zugreift. Offensichtlich gehört der Gameport aus des Sicht von Microsoft nicht zu den sicherheitsrelevanten Schnittstellen.

Das folgende kleine Programm in Visual Basic demonstriert die Treiberaufrufe für die X- und Y-Potis sowie für die Tasten. Die Tastenabfrage liefert immer nur eine Taste 1 bis 4. Falls z. B. D1 und D3 gleichzeitig gegen Masse geschaltet werden, wird nur „1“ zurückgemeldet. Eine gleichzeitige Abfrage mehrerer Digitaleingänge wie mit Portabfragen ist hier nicht möglich.

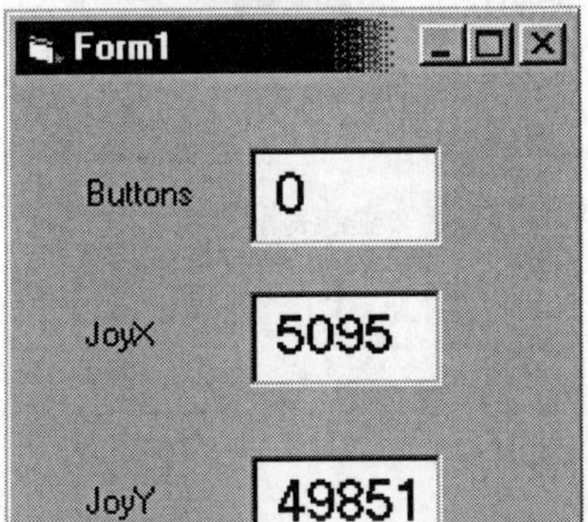

Abb. 13.13: Joystickabfrage über Treiber.

```
Private Sub Timer1_Timer()
  Text1.Text = Str$(JOYBUTTON())
  Text2.Text = Str$(JOYX())
  Text3.Text = Str$(JOYY())
End Sub
```

Listing 13.7: *Ausgabe der Gameport-Abfragen.*

In Visual Basic läßt sich mit dem Gameport ein einfaches Ohmmeter aufbauen. Der über JoyY ermittelte Wert wird dazu in den angeschlossenen Widerstand umgerechnet. Zwischen beiden Größen besteht ein linearer Zusammenhang, wobei ein interner Schutzwiderstand des Analogeingangs den Nullpunkt bestimmt. Die allgemeine Ungenauigkeit des Eingangs vor allem wegen der Toleranz des verwendeten Ladekondensators bringt es mit sich, daß eine individuelle Kalibrierung für jeden PC erforderlich ist.

Das Programm Ohmmeter arbeitet mit zwei experimentell bestimmten Eckwerten für den Nullwiderastand und einen Meßwert bei 100 kΩ. Im laufenden Betrieb kann jedoch jeder der beiden Eckwerte individuell kalibriert werden, indem man einen entsprechenden Referenz-Widerstand anlegt und die zugehörige Kalibrierschaltfläche anklickt.

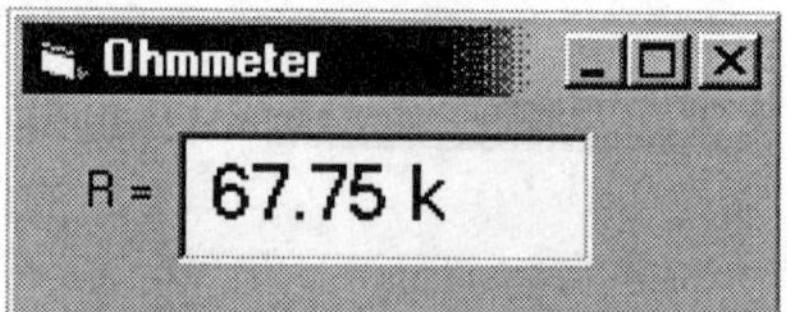

Abb. 13.14: *Ein einfaches Ohmmeter.*

```
Dim N0
Dim N100

Private Sub Command1_Click()
  N0 = JOYY()
End Sub

Private Sub Command2_Click()
  N100 = JOYY()
End Sub

Private Sub Form_Load()
  N0 = 899
  N100 = 50000
End Sub

Private Sub Timer1_Timer()
  r = (JOYY() - N0) / (N100 - N0) * 100
  r = Int(r * 100) / 100
  Text1.Text = Str$(r) + „ k"
End Sub
```

Listing 13.8:
Das Ohmmeter.

14

Die Soundkarte

Zum Standard eines PCs gehört heute eine Soundkarte. Man kann sie nicht nur für Musik und Sprachausgabe verwenden, sondern auch für Meßzwecke. Immerhin besitzt man mit der Soundkarte bereits hochwertige 8- und 16-Bit auflösende AD- und DA-Wandler. Die Karte verfügt über verschiedene Ein- und Ausgänge:

- Mikrofon-Eingang, meist mono.
- Line-Eingang, oft stereo.
- Line-Ausgang, oft stereo.
- Speaker-Ausgang, oft stereo.

Soundkarten werden mit sogenannten Mixer-Programmen geliefert, die eine Art Mischpult zur Aufnahme und Wiedergabe darstellen. Unter Windows95 ist standardmäßig ein solcher Mixer in der Taskleiste mit dem Lautsprechersymbol verfügbar (SYSTRAY.EXE), wenn die Soundkarte richtig installiert wurde.

Es werden nur 8- und 16-Bit-PCM-Formate unterstützt. Weiterhin sind nur Mono-Aufnahmen möglich. Die Befehle sind nicht dazu gedacht, WAVE-Dateien zu erzeugen. Hierfür gibt es eine unüberschaubare Anzahl von Programmen. Die DLL-Funktionen sind dagegen in erster Linie zur Verwendung der Soundkarte als Meßgerät gedacht.

Abb. 14.1: Der Win95-Mixer der AWE 64-Soundkarte.

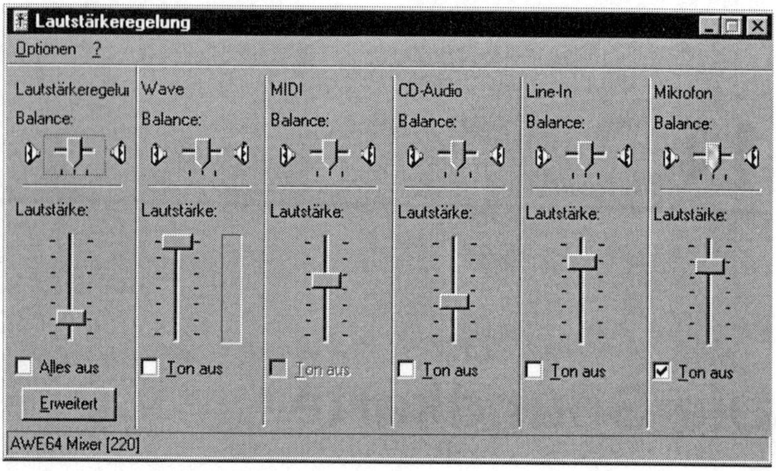

Die PORT.DLL unterstützt die Soundkarte mit folgenden Befehlen:

SOUNDIS	Frage, ob eine Soundkarte vorhanden ist.
SOUNDCAPIN	Anzeige der unterstützten Sound-Formate bei der Aufnahme.
SOUNDCAPOUT	Anzeige der unterstützten Sound-Formate bei der Wiedergabe.
SOUNDIN	Aufnahme
SOUNDOUT	Wiedergabe
SOUNDBUSY	Abfrage auf Bereitschaft
SOUNDGETRATE	Sample-Rate erfragen
SOUNDSETRATE	Sample-Rate festlegen
SOUNDGETBYTES	Bytes pro Sample abfragen
SOUNDSETBYTES	Bytes pro Sample setzen

Mit SOUNDIS kann zunächst erfragt werden, ob überhaupt eine Soundkarte vorhanden bzw. ordnungsgemäß installiert wurde. Die Funktion SOUNDIS wurde bereits in der Datei PORTINC.PAS deklariert. Ein kurzes Programm zeigt den Aufruf:

```
unit Unit1; //Delphi3
interface
uses PORTINC, Windows, Messages, SysUtils, Classes,
Graphics, Controls, Forms, Dialogs, StdCtrls;

type
  TForm1 = class(TForm)
    Button1: TButton;
    procedure Button1Click(Sender: TObject);

var Form1: TForm1;

implementation

{$R *.DFM}

procedure TForm1.Button1Click(Sender: TObject);
begin
  if SOUNDIS then MessageDlg ('Soundkarte vorhanden.',
     mtInformation,[mbOk], 0)
  else MessageDlg('Soundkarte nicht vorhanden.',
     mtInformation,[mbOk], 0)
end;

end.
```

Listing 14.1: Abfrage der Soundkarte in Delphi.

Die Abfrage wird nach Betätigung der zugehörigen Schaltfläche ausgeführt. Das Ergebnis sieht bei vorhandener Soundkarte wie folgt aus:

Abb. 14.2: Das Ergebnis der Abfrage.

Listing 14.2: Suchen der Soundkarte in WORD.

Ebenso einfach wie in Delphi kann die Soundkarte auch in Visual Basic angesprochen werden. Neben Visual Basic 5 kann auch das Visual Basic for Applications (VBA) der Makroprogrammierung in Word oder Excel benutzt werden (vgl. Kap. 1.2). Ein Test unter Word97 verläuft genauso wie unter VB5:

```
Declare Function SOUNDIS Lib „PORT.DLL" () As Integer

Sub test()
    If SOUNDIS = 0 Then MsgBox „Soundkarte nicht vorhanden"
    Else MsgBox „Soundkarte vorhanden"
End Sub
```

Abb. 14.3: Der erfolgreiche Zugriff aus einem WORD-Makro.

Listing 14.3: Abfrage der unterstützten Aufnahmeformate.

Unterschiedliche Soundkarten unterstützen verschiedene Dateiformate. Mit dem Aufruf SOUNDCAPIN wird eine Meldung angezeigt, die die Aufnahmeformate darstellt.

```
Declare Sub CAPIN Lib „PORT.DLL" ()

Sub test()
    CAPIN
End Sub
```

Es werden nur die gängigen WAVE-Formate angezeigt, obwohl durchaus andere Sample-Raten unterstützt werden können. In der PORT.DLL ist eine Sample-Rate von 11025 kHz und 8 Bit Mono voreingestellt.

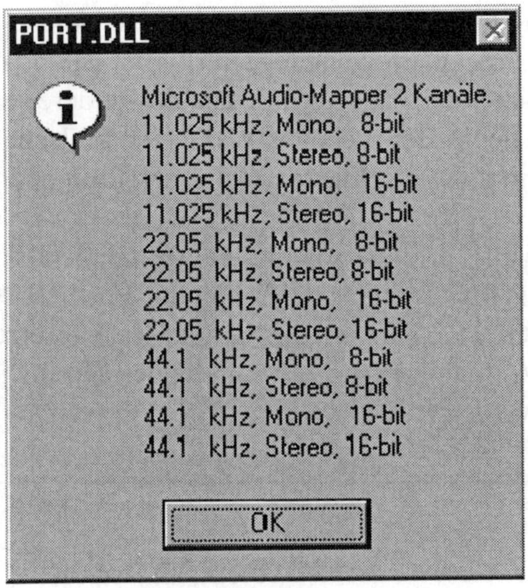

Abb. 14.4: *Anzeige der Aufnahmeformate.*

14.1 Aufnahme und Wiedergabe

Bei 8-Bit-Mono-Aufnahmen wird für jede Wandlung ein Byte belegt. Soll eine Sekunde lang aufgenommen werden, so wird ein Puffer-Speicher von 11025 Bytes benötigt. Dieser Puffer-Speicher muß der DLL übergeben werden. Zusätzlich wird die Länge des Speichers angegeben. In VBA oder VB5 besteht der Aufruf aus wenigen Zeilen:

Listing 14.4: *Aufnahme und Wiedergabe in VBA (Word 97).*

```
Declare Sub SOUNDIN Lib „PORT.DLL" (ByVal A$, ByVal L%)
Declare Sub SOUNDOUT Lib „PORT.DLL" (ByVal A$, ByVal L%)

Sub test()
   A$ = Space$(11025)
   MsgBox „Aufnahme Starten.":
   SOUNDIN  A$, 11025
   MsgBox „Wiedergabe Starten.":
   SOUNDOUT A$, 11025
End Sub
```

Voraussetzung für die erfolgreiche Aufnahme ist, daß ein Tonsignal an einem der Soundkarteneingänge verfügbar ist und der Mixer den entsprechenden Kanal ausgewählt hat. Besondere Sorgfalt ist bei der Übergabe des Puffers geboten. Werden hier falsche Längen übergeben, so kann dies zu schweren Abstürzen führen.

Im ersten Beispiel erfolgte sowohl die Aufnahme als auch die Wiedergabe mit 11025 Samples pro Sekunde. Mit SOUNDSETRATE und SOUNDGETRATE kann die Sample-Rate gesetzt- oder erfragt werden. Die Aufnahme kann z. B. mit halber Geschwindigkeit wiedergegeben werden.

```
Declare Sub SOUNDIN Lib „PORT.DLL" (ByVal A$, ByVal L%)
Declare Sub SOUNDOUT Lib „PORT.DLL" (ByVal A$, ByVal L%)
Declare Sub SOUNDSETRATE Lib „PORT.DLL" (ByVal L%)
Declare Function SOUNDGETRATE Lib „PORT.DLL" () As Integer


Sub test()
    A$ = Space$(11025)
    MsgBox „Aufnahme Starten.":  SOUNDIN A$, 11025
    SOUNDSETRATE SOUNDGETRATE / 2
    MsgBox „Wiedergabe Starten.":  SOUNDOUT A$, 11025
End Sub
```

Listing 14.5: Wiedergabe mit halber Geschwindigkeit.

14.2 Ein Oszilloskop in Excel

Die aufgenommen Daten können nicht nur zur Wiedergabe verwendet werden, sondern lassen sich auch sinnvoll darstellen. Bei 8-Bit-Mono-Samples liegen die Sample-Daten als Bytes im Bereich –127 bis 127 bzw. 0 bis 255 vor. Stille entspricht dem Wert 127. Die Aussteuerung erfolgt dann nach oben bis 255 oder nach unten bis 0. Untersucht man die ersten Bytes einer Aufnahme, wenn keine Quelle aktiviert ist, z. B. mit einem Word-Makro, so erhält man eine Reihe mit Werten von 127 oder 128.

```
Declare Sub SOUNDIN Lib „PORT.DLL" (ByVal A$, ByVal L%)

Sub test()
    A$ = Space$(10)
    SOUNDIN A$, 10
    For i = 1 To 10
        B$ = B$ + Str(Asc(Mid$(A$, i, 1))) + „ „
    Next i
    MsgBox B$
End Sub
```

Listing 14.6: Numerische Ausgabe von Sounddaten.

Abb. 14.6: Zahlenausgabe.

Listing 14.7: Einlesen von Meßwerten in eine Excel-Tabelle.

Interessanter als die Ausgabe in Textform ist die Darstellung in einem Diagramm. Mit dem geringsten Aufwand ist die graphische Ausgabe in Excel verbunden. Steht Excel97 zur Verfügung, kann mit folgendem kleinen Makro-Programm ein Sample von 1000 Bytes in einem Diagramm dargestellt werden:

```
Declare Sub SOUNDIN Lib „PORT.DLL" (ByVal A$, ByVal L%)

Sub test()
    A$ = Space$(1000)
    SOUNDIN A$, 1000
    For i = 1 To 1000
        Cells(i, 1) = Asc(Mid$(A$, i, 1))
    Next i
End Sub
```

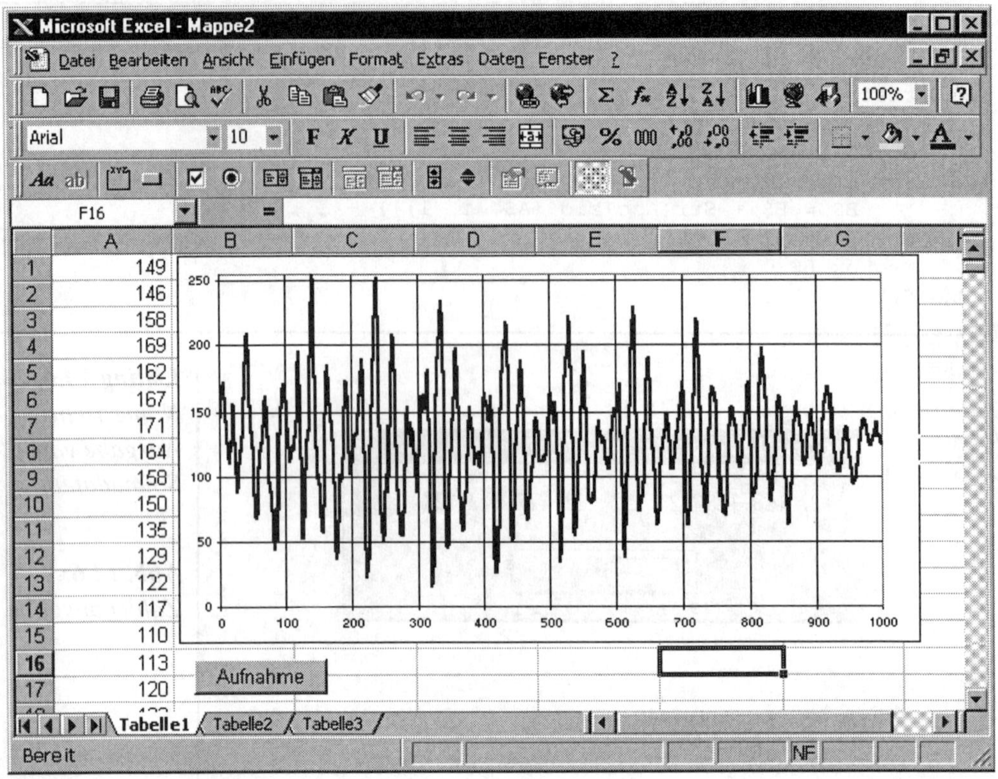

Abb. 14.7: Darstellung eines Oszillogramms in Excel.

Das Makro kann direkt über die Schaltfläche auf dem Tabellenblatt gestartet werden. Das einmal eingerichtete Diagramm baut sich während der laufenden Messung auf. Eine genaue Beschreibung des Einsatzes von Excel-Makros findet sich in [5].

14.3 Ein Oszilloskop in Delphi

Während in Excel mit geringstem Aufwand ein einfaches Oszilloskop erzeugt werden kann, erfordert ein eigenständiges EXE-Programm Visual Basic oder Delphi. Hier soll eine grafische Darstellung der Meßdaten in Delphi erfolgen. Dabei soll der Umgang mit der Delphi-Paintbox etwas genauer beschrieben werden.

Eine Paintbox wird in einer neuen Form zunächst so plaziert, daß die Höhe genau 256 Pixel hoch ist. Im Objektinspektor wird dazu die Eigenschaft „Height" auf 256 gesetzt. Die Breite „Width" wird später benutzt, um genau soviele Samples aufzunehmen, wie dargestellt werden können. Die Darstellung soll mit einem Start-Knopf (Button1) und einem Stop-Knopf (Button2) gesteuert werden. Die beiden Schalter werden unterhalb der Paintbox plaziert.

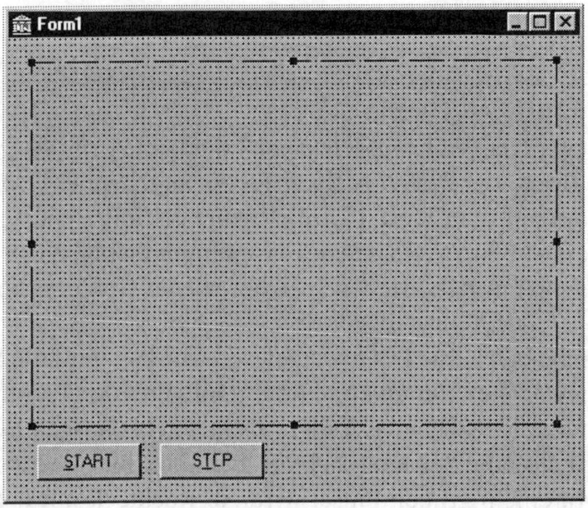

Abb. 14.9: *Die Vorbereitung der Form.*

Die Meßdaten müssen in einem Datenpuffer zwischengespeichert werden. Das Programm verwendet dazu zwei globale Variablen für den Puffer und dessen Größe. Beim Start (OnCreate) des Programms wird der Puffer initialisiert.

```
implementation

{$R *.DFM}
var
   Buffer:PCHAR;
   Size:Integer;

procedure TForm1.FormCreate(Sender: TObject);
var i:integer;
begin
```
(Fortsetzung nächste Seite)

```
   if not Soundis then  begin ShowMessage
       ('No Sound Device.');exit;end;
   Size:=paintbox1.width;
   GetMem(Buffer,Size+1);
   for i:=0 to size-1 do buffer[i]:=#127;
end;

procedure TForm1.FormClose(Sender: TObject; var Action: TCloseAction);
begin
   FreeMem(Buffer);
end;
```

Listing 14.8: Die Verwendung des Meßdatenpuffers.

Zunächst wird das Vorhandesein einer Soundkarte geprüft. Dann wird über die Breite der Paintbox Speicher entsprechender Größe angefordert und mit dem Wert 127 als Ruhepegel initialisiert. Das Gegenstück muß beim Verlassen des Programms erfolgen. Im Ereignis OnClose von Form1 wird der Speicher wieder freigegeben.

Auch wenn noch keine Daten eingelesen wurden, wird die Paintbox gezeichnet. In der Ereignisfunktion „OnPaint" der Paintbox wird die Darstellung gezeichnet. Anders als in den bisherigen Beispielen zur Grafikausgabe zeichnet sich die Paintbox hier also sozusagen selbst. Mit einem grünen Pinsel wird ein Rechteck mit den Maßen der Paintbox gezeichnet. Der Stift erhält die Farbe hellgrün (ClLime). Dann werden die Sampledaten in das Diagramm geplottet. Beim ersten Durchlauf setzt MoveTo die Anfangsposition. Danach wird mit LineTo der Rest der Kurve gezeichnet.

```
procedure TForm1.PaintBox1Paint(Sender: TObject);
var i,x,y,w,h:Integer;
begin
  w:=paintbox1.width;
  h:=paintbox1.height;
  Paintbox1.Canvas.Pen.Color:=ClBlack;
  Paintbox1.Canvas.Brush.Color:=ClGreen;
  PaintBox1.Canvas.Rectangle(0,0,w,h);
  paintbox1.canvas.pen.color:=cllime;
  for i:= 0 to size-1 do
```

(Fortsetzung nächste Seite)

```
  begin
     x:=i;
     y:=h-ord(Buffer[i]);
     if i=0 then paintbox1.canvas.MoveTo(x,y)
          else paintbox1.canvas.LineTo(x,y);
  end;
end;
```

Der Start-Knopf soll die Aufnahme einleiten. Dazu wird das Ereignis OnClick von Button1 mit dem entsprechenden Kode versehen. Ist die Aufnahme bendet, wird das Rechteck der Paintbox mit PaintBox1.Invalidate als ungültig erklärt. Dies teilt Windows mit, daß die Funktion OnPaint der Paintbox aufgerufen werden soll.

Listing 14.9: *Die grafische Ausgabe der Meßdaten.*

```
procedure TForm1.Button1Click(Sender: TObject);
begin
  SOUNDIN(Buffer,size);
  PaintBox1.Invalidate;
end;
```

Sollen dauernd Samples aufgenommen und dargestellt werden, so kann ein Timer hinzugefügt werden. Der Timer1 bekommt das kurze Intervall von 1 ms für schnelle Dauermessungen und wird zunächst abgeschaltet (disabled). Das Ereignis OnTimer von Timer1 führt dann das die eigentliche Messung aus. Der Stop-Knopf (Button1) schaltet lediglich den Timer1 aus.

Listing 14.10: *Ausführung und Darstellung der Messung.*

```
procedure TForm1.Button1Click(Sender: TObject);
begin
  Timer1.Enabled:= True;
end;

procedure TForm1.Timer1Timer(Sender: TObject);
begin
    SOUNDIN(Buffer,size);
    PaintBox1.Invalidate;
end;
```

(Fortsetzung nächste Seite)

```
procedure TForm1.Button2Click(Sender: TObject);
begin
    Timer1.Enabled:=False;
end;
```

Listing 14.11: *Steuerung über den Timer1.*

Das hier beschriebene Programm stellt die einfachste Variante eines Oszilloskops dar. Ein gewisses Flackern des Schirms kommt daher, daß das grüne Rechteck ständig neu gezeichnet wird. Legt man die Paintbox auf ein grünes „Panel“, kann auf das Zeichnen des Rechtecks verzichtet werden. Weiterhin kann das Schirmbild im Hintergrund aufgebaut und mit Bitmap-Kopierfunktionen in den sichtbaren Bereich gebracht werden.

Auf der CD befindet sich ein fertiges Programm, daß nach diesem Prinzip funktioniert. Das Programm bietet zugleich erweiterte Einstellmöglichkeiten und einige einfache Auswertefunktionen wie Mittelwert und Effektivwert.

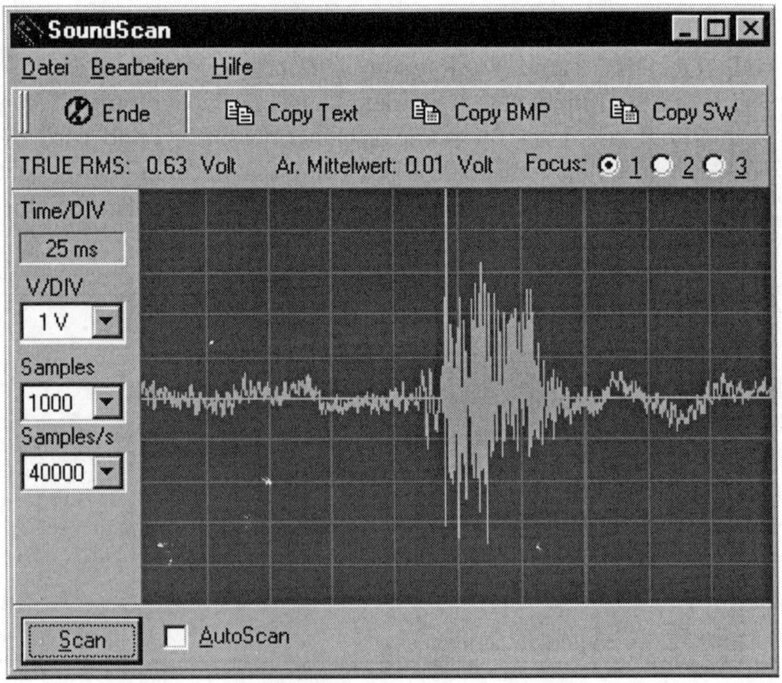

Abb. 14.12: *Das fertige Oszilloskop mit erweiterten Möglichkeiten.*

14.4 Berechnete Soundausgaben

Mit der Soundkarte läßt sich nicht nur ein einfaches Oszilloskop, sondern auch ein Tongenerator aufbauen. Übergibt man berechnete Daten, so werden diese als Ton ausgegeben. Hier sollen Sinustöne im 8-Bit- und 16-Bit-Ausgabeformat erzeugt werden, um die erreichbare Signalqualität zu untersuchen.

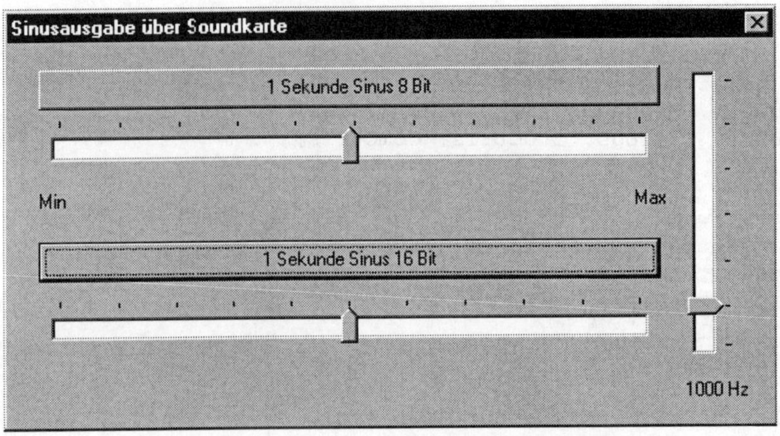

Abb. 14.13: *Die Tonausgabe.*

Abb. 14.13 zeigt die Oberfläche eines Delphi-Programms zur Ausgabe berechneter Töne. Zwei horizontale Lautstärkeregler bestimmen die Amplitude, ein vertikaler Frequenzregler die auszugebende Frequenz.

Kern des Programms ist die Berechnung der Sinus-Ausgabedaten. Es wird hier eine Sample-Rate von 22.050 Hz benutzt. Die 8-Bit-Ausgabe erfolgt in der Prozedur „Button8BITClick". Nachdem 22.050 Bytes Speicher angefordert wurden, wird die Amplitude der Schwingung über die Position des TrackBar8Bit mit einem Wertebereich von 0 bis 127 erfragt. In einer Schleife wird nach der Schwingungsgleichung jedes einzelne Byte berechnet und in den Speicher p geschrieben. SOUNDSETRATE stellt die Sample-Rate ein, SOUNDSETBYTES (1) legt fest, daß 8-Bit-Samples ausgegeben werden. Mit SOUNDOUT wird der Ton ausgegeben. Die Variable Freq ist global und wird von dem TrackbarFREQ verändert.

Der Bereich des Frequenz-TrackBars wurde hier so eingestellt, daß die Frequenzen 100 bis 6.000 Hz eingestellt werden können. Der Max-Wert beträgt 5.900 und der Min-Wert ist 0. Die Berechnung der Variablen Freq berücksichtigt, daß 100 Hz unten liegen.

```
unit sinus;   //Für Delphi3

interface

uses
   PORTINC, Windows, Messages, SysUtils, Classes, Graphics,
   Controls, Forms, Dialogs, StdCtrls, ComCtrls;

type
  TForm1 = class(TForm)
    Button8BIT: TButton; Button16BIT: TButton;
    TrackBar8Bit: TTrackBar; TrackBar16BIT: TTrackBar;
    TrackBarFREQ: TTrackBar;
    LabelMIN: TLabel;
    LabelMAX: TLabel;
    LabelFREQ: TLabel;
    procedure Button8BITClick(Sender: TObject);
    procedure Button16BITClick(Sender: TObject);
    procedure TrackBarFREQChange(Sender: TObject);
  end;

var Form1: TForm1;

implementation

{$R *.DFM}

var freq:Integer=100;

procedure TForm1.Button8BITClick(Sender: TObject);
CONST RATE=22050;
VAR Size,t,amp:Integer; p:pchar;
begin
     GetMem(p,RATE);
     Size:=RATE;
     Amp:= Trackbar8BIT.Position;
```

(Fortsetzung nächste Seite)

```
     For t:= 0 to RATE-1 do
     BEGIN
          p[t]:=chr(Round(127+Amp*sin(2*pi*freq*t/RATE)));
     end;
     SOUNDSetRate(Rate);
     SOUNDSetBytes(1);
     SoundOut(p,Size);
     FreeMem(p);
end;

procedure TForm1.Button16BITClick(Sender: TObject);
CONST RATE=22050;
VAR Size,t,amp,val:Integer; p:pchar;
begin
     GetMem(p,RATE*2);
     Size:=RATE;
     Amp:= Trackbar16BIT.Position;
     For t:= 0 to RATE-1 do
     BEGIN
          val:=Round(0+Amp*sin(2*pi*freq*t/RATE));
          p[t*2]:=chr(LO(val));
          p[t*2+1]:=chr(HI(val));
     end;
     SOUNDSetRate(Rate);
     SOUNDSetBytes(2);
     SoundOut(p,Size);
     FreeMem(p);
end;

procedure TForm1.TrackBarFREQChange(Sender: TObject);
begin
  freq:= 100+trackbarFREQ.max-trackbarFREQ.position;
  labelFREQ.caption:=inttostr(freq)+' Hz';
end;

end.
```

Listing 14.14: *Sinusausgabe in unterschiedlichen Formaten.*

In der Prozedur Button16BITClick erfolgt die Berechnung der 16-Bit-Daten für einen Sinuston der Länge 1 Sekunde. Die Stützwerte werden zunächst in einer Integer-Variablen aufgebaut und belegen dann jeweils zwei Bytes im Puffer. Bei der Ausgabe ist besonders bei sehr geringer Lautstärke eine deutliche Verbesserung der Signalqualität gegenüber der 8-Bit-Ausgabe feststellbar.

14.6 Ein Hörtest mit der Soundkarte

Das menschliche Gehör weist einen ausgeprägten Frequenzgang mit einem Maximum der Empfindlichkeit bei etwa 1000 Hz bis 2000 Hz auf. Mögliche Gehörschäden lassen sich feststellen, indem man die Empfindlichkeit über die Frequenz mißt.

Ein einfaches Meßprogramm kann mit einer 16-Bit-Soundkarte und einem Kopfhörer realisiert werden. Es gibt zwar keine zuverlässigen Aufschlüsse über die absolute Leistungsfähigkeit des Gehörs, erlaubt aber vergleichende Messungen. Meist kann das jüngste Mitglied einer Familie ohne große Disko-Erfahrungen als Referenz dienen. Mit zunehmendem Alter ist eine Verringerung der oberen Frequenzgrenze normal. Hinweise auf Hörschäden zeigen sich als auffällige Einbußen bei bestimmten Frequenzen und als Unterschiede zwischen linkem und rechtem Ohr. Das Meßbeispiel zeigt eine geringe Schwäche bei einer Frequenz von 5000 Hz.

Abb. 14.14: *Der Gehörtest.*

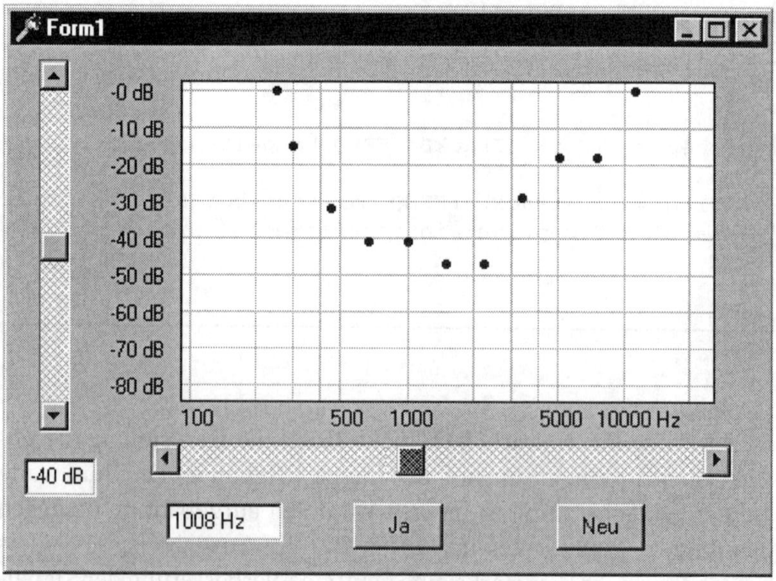

Das Programm wird verwendet, indem man für unterschiedliche Frequenzen jeweils den kleinsten, gerade noch hörbaren Pegel einstellt und diesen dann mit der Ja-Schaltfläche in das Diagramm einträgt. Mit dem Master-Laustärkeregeler des Mischpults kann zuvor der Pegel in einen geeigneten Bereich verschoben werden. Im Bereich der größten Empfindlichkeit soll die Hörschwelle noch oberhalb von –80 dB liegen. Die tatsächlichen Lautstärken können je nach Soundkarte und verwendetem Kopfhörer sehr unterschiedlich ausfallen, so daß nur eine vergleichende Messung möglich ist.

Der große Dynamikbereich und der starke Empfindlichkeitsabfall bei tiefen und sehr hohen Frequenzen machen einen großen Pegelbereich von 80 dB für die Tonausgabe erforderlich. Eine Regelung der Lautstärke über den Masterregler scheidet aus, weil dessen Übertragungskennlinie unbekannt ist. Es bleibt also nur die Berechnung der Tonsignale nach Frequenz und Amplitude. Mit einer 16-Bit-Ausgabe erreicht man den erfoderlichen Dynamikbereich. Während die größte Amplitude dem Ausgabewert 32000 entspricht, liefert eine Amplitude von 3 eine 10.000-fach kleinere Ausgangsspannung und damit ein um 80 dB schwächeres Signal. Bei nicht allzu kleinen Pegeln ergibt sich mit einer Samplerate von 44.100 Hz eine gute Signalqualität mit einem äußerst geringen Gehalt an Oberwellen.

Das Programm arbeitet mit kurzen Ton-Bursts bei einer Timer-gesteuerten Wiederholrate von zwei Tönen pro Sekunde. Die Töne dürfen aber nicht einfach scharf ein- und ausgeschaltet werden, weil sich dabei ein gewisser Anteil an Signalen mit höherer Frequenz bilden würde. Dies wäre besonders bei der Untersuchung mit sehr tiefen Frequenzen störend, weil die höheren Spektralanteile des Signals in einen Bereich mit besserer Empfindlichkeit des Ohrs fallen würden. Die Sinussignale werden deshalb weich ein- und ausgeblendet. Als Bewertungsfunktion dient hier die Gaußsche Fehlerkurve mit $f(x) = \exp(-x^2)$.

Das Programm arbeitet sowohl bei der Amplitudeneinstellung als auch bei der Frequenzeinstellung im lorarithmischem Maßstab. Die Position beider Schieberegler stimmt dabei mit der Skalierung des Diagramm überein.

```
unit Ohrtest;

interface

uses PortInc,Windows, Messages, SysUtils, Classes,
  Graphics, Controls, Forms, Dialogs, ExtCtrls, StdCtrls;

type
  TForm1 = class(TForm)
    PaintBox1: TPaintBox;
    ScrollBar1: TScrollBar;
    ScrollBar2: TScrollBar;
    Timer1: TTimer;
    Edit1: TEdit;
    Edit2: TEdit;
    Ja: TButton;
    Neu: TButton;
    procedure Timer1Timer(Sender: TObject);
    procedure NeuClick(Sender: TObject);
    procedure FormCreate(Sender: TObject);
    procedure JaClick(Sender: TObject);
  end;

var
  Form1: TForm1;
  Diagramm: Boolean;

implementation

{$R *.DFM}

procedure DiagrammInit;
var n: Integer;
begin
  with Form1.Paintbox1.Canvas do begin
  Pen.Color:=ClBlack;
  Brush.Color:=ClWhite;
  Rectangle(40,10,336,185);
  Pen.Color:=ClLtGray;
  for n:= 0 to 8 do begin
      MoveTo(41,15+n*20);
      Lineto (335,15+n*20);
  end;
  Brush.Color:=ClLtGray;
  for n:= 0 to 8 do begin
    TextOut(0,10+n*20,'-'+FloatToStr(n*10)+' dB');
  end;
```
(Fortsetzung nächste Seite)

```
  for n:= 0 to 2 do begin
      MoveTo(45+120*n,183); Lineto (45+120*n,10);
      MoveTo(45+120*n+36,183); Lineto (45+120*n+36,10);
      MoveTo(45+120*n+57,183); Lineto (45+120*n+57,10);
      MoveTo(45+120*n+72,183); Lineto (45+120*n+72,10);
      MoveTo(45+120*n+83,183); Lineto (45+120*n+83,10);
  end;
  TextOut(40+00,187,'100');
  TextOut(40+83,187,'500');
  TextOut(35+120,187,'1000');
  TextOut(35+203,187,'5000');
  TextOut(30+240,187,'10000 Hz');
  end;
  Diagramm := true;
end;

procedure TForm1.Timer1Timer(Sender: TObject);
CONST RATE=44100;
VAR Size,t,val:Integer;
    Amp, Freq, Gauss: Real;
    p:pchar;
begin
     if not Diagramm then DiagrammInit;
     Size:=RATE div 4;
     GetMem(p,Size*2);
     Amp := 32000 / exp(ScrollBar2.Position/20*ln(10));
     Edit2.Text := '-'+FloatToStr(ScrollBar2.Position)+' dB' ;
     Freq := round (100* exp(ScrollBar1.Position/12*ln(2)));
     Edit1.Text := FloatToStr(Freq)+ ' Hz';
     For t:= 0 to Size -1 do
     BEGIN
          Gauss := exp(-1*(sqr((t-Size/2)/Size*4)));
          val:=Round(0+Amp*Gauss*sin(2*pi*freq*t/RATE));
          p[t*2]:=chr(LO(val));
          p[t*2+1]:=chr(HI(val));
     end;
     SoundSetRate(Rate);
     SoundSetBytes(2);
     SoundOut(p,Size);
     FreeMem(p);

end;
```

(Fortsetzung nächste Seite)

```
procedure TForm1.NeuClick(Sender: TObject);
begin
DiagrammInit;
end;

procedure TForm1.FormCreate(Sender: TObject);
begin
Diagramm := false;
end;

procedure TForm1.JaClick(Sender: TObject);
var X, Y: Integer;
begin
  with Form1.Paintbox1.Canvas do begin
    Pen.Color:=ClBlack;
    Brush.Color:=ClRed;
    X:=3*ScrollBar1.Position+45-2;
    Y:=2*ScrollBar2.Position+15-2;
    Ellipse (X,Y,X+5,Y+5);
  end;
end;

end.
```

Listing 14.15:
der Hörtest.

15

Video-Capture-Karten

Fernsehen am PC ist heute eine ganz normale Angelegenheit. Schnelle PCI-TV-Karten sind preiswert und überall zu bekommen. Ein Videobild enthält sehr viele Informationen, die meßtechnisch relevant sein können. Ein Farbbild besitzt für jeden Bildpunkt drei Informationen in Form von Farbintensitäten. Für jeden Bildpunkt und jede der drei Grundfarben Rot, Grün und Blau (RGB) ist ein Intensitätsbereich vom 0 bis 255 verfügbar. Bei einem Video-Vollbild von 768x568 stehen also 3x256x768x568 oder 335 020 032 Informationen zur Verfügung. In der Overlaytechnik werden 25 Bilder pro Sekunde dargestellt. Diese Informationen stehen also alle 40 ms neu bereit!

Um dieses Kapitel nutzen zu können, muß eine Video-Capture-Karte im PC eingebaut sein. Es muß sich dabei nicht unbedingt um eine TV-Karte handeln, obwohl hier mit einer WinTV-Primio experimentiert wurde. Capture-Karten stellen teils höhere Anforderungen an die PC-Grafikkarte. So muß bei der verwendeten Karte Direct-Draw unterstützt werden. Diese Voraussetzungen werden vom Hersteller der Karten angegeben. Ist eine TV- oder Capture-Karte richtig installiert, so kann man über Windows-Funktionen ein Capture-Fenster darstellen und auslesen.

15.1 Darstellen eines Bildes

Um ein Videobild-Fenster in einem eigenen Programm zu erzeugen wird die AVICAP32.DLL benötigt. Diese DLL sollte bei der Installation der Karte mit ins Systemverzeichnis kopiert worden sein. Darin befinden sich alle Funktionen, die in diesem Kapitel benutzt werden. Als Programmiersystem wird Delpi 3 benutzt. Nach dem Erstellen einer neuen Anwendung wird in das Kode-Skelett als einziger Aufruf aus der AVICAP32 die Funktion mit dem Namen capCreateCaptureWindowA importiert. Ihr Aufruf liefert ein Video-Capturefenster.

```
function capCreateCaptureWindowA
 (lpName:pchar;
 dwStyle:DWORD;
 x,y,w,h,HWnd,nID:integer
 ):integer; stdcall; external 'AVICAP32.DLL';
```

Listing 15.1: Einbinden der externen Video-Funktion.

Die Kommunikation mit dem Capture-Fenster erfolgt mit klassischen SendMessage-Aufrufen. Die dazu benötigten Konstanten findet man in Header-Dateien von C-Entwicklungsumgebungen. Die wichtigsten werden in Pascal übersetzt und als Konstanten deklariert:

```
implementation

{$R *.DFM}

const//Aus „AVICAP.H" Header-Datei
WM_CAP_START=             WM_USER;
WM_CAP_DRIVER_GET_CAPS      =(WM_CAP_START+  14);
WM_CAP_DRIVER_CONNECT       =(WM_CAP_START+  10);
WM_CAP_DRIVER_DISCONNECT    =(WM_CAP_START+  11);
WM_CAP_DLG_VIDEOFORMAT      =(WM_CAP_START+  41);
WM_CAP_DLG_VIDEOSOURCE      =(WM_CAP_START+  42);
WM_CAP_DLG_VIDEODISPLAY     =(WM_CAP_START+  43);
WM_CAP_GET_VIDEOFORMAT      =(WM_CAP_START+  44);
```

(Fortsetzung nächste Seite)

```
WM_CAP_SET_VIDEOFORMAT       =(WM_CAP_START+  45);
WM_CAP_DLG_VIDEOCOMPRESSION  =(WM_CAP_START+  46);
WM_CAP_SET_PREVIEW           =(WM_CAP_START+  50);
WM_CAP_SET_OVERLAY           =(WM_CAP_START+  51);
WM_CAP_SET_PREVIEWRATE       =(WM_CAP_START+  52);
WM_CAP_SET_SCALE             =(WM_CAP_START+  53);
WM_CAP_GET_STATUS            =(WM_CAP_START+  54);
WM_CAP_SET_SCROLL            =(WM_CAP_START+  55);
WM_CAP_GRAB_FRAME            =(WM_CAP_START+  60);
WM_CAP_GRAB_FRAME_NOSTOP     =(WM_CAP_START+  61);

VAR  cwnd: HWND;
```

Listing 15.2: Konstantendeklarationen zum Capture-Fenster.

Schließlich wird noch eine Fenster-Variable vom Typ HWND (entspricht Integer in Delphi 3) benötigt. Dies ist das Fenster-Handle, über das die Messages geschickt werden.

Beim Start eines Delphi-Programms soll ein Capture-Fenster erzeugt werden. Mit dem Ereignis OnCreate von Form1 wird dazu die importierte Funktion capCreateCaptureWindowA aufgerufen.

```
procedure TForm1.FormCreate(Sender: TObject);
begin
   cwnd :=
   capCreateCaptureWindowA
   (nil,      // Titel ist unsichtbar
    WS_CHILD + WS_VISIBLE +WS_OVERLAPPED,// Stil
    0,0, clientwidth, clientheight, handle,1
   );
   ShowWindow  (cwnd,SW_SHOW);
   SendMessage (cwnd,WM_CAP_DRIVER_CONNECT,0,0);
   SendMessage (cwnd,WM_CAP_SET_PREVIEWRATE,100,0);
   SendMessage (cwnd, WM_CAP_SET_OVERLAY,1,0);
end;
```

Listing 15.3: Erzeugen eines Capture-Fensters.

Der Fenstertitel bleibt wegen des gewählten Stils unsichtbar. Position und Größe sind so gewählt, daß die volle Form1-Größe (Client-Bereich) benutzt wird. Da es ein Child von Form1 ist, wird das Handle übergeben. Mit ShowWindow wird das Capture-Fenster angezeigt und anschließend mit dem Treiber (DRIVER_CONNECT) verbunden. Schließlich soll das Bild als Overlay erscheinen. Es erscheint ein Video-Fenster wie in Abb. 15.1.

Abb. 15.1: Capture-Fenster in einem Delphi-Programm.

Listing 15.4: Freigeben des Treibers.

Wird die Anwendung beendet, so muß der Treiber wieder freigegeben werden. Mit dem Ereignis OnClose von Form1 wird dies wie folgt erledigt:

```
procedure TForm1.FormClose(Sender: TObject; var Action: TCloseAction);
begin
   SendMessage (cwnd,WM_CAP_DRIVER_DISCONNECT,0,0);
end;
```

Listing 15.5: Ändern der Fenstergröße.

Oft möchte man nicht die volle Größe des Videofensters verwenden, sondern die Fenstergöße anpassen. Bei einer Größenänderung von Form1 kann über das Ereignis OnSize von Form1 die Größe des Capture-Fensters an die neue Größe angepaßt werden:

```
procedure TForm1.FormResize(Sender: TObject);
begin
  MoveWindow(cwnd,0,0,
             clientwidth,clientheight,false);
end;
```

Einige Eigenschaften des Videofensters lassen sich über entsprechende Treiber-Dialoge verändern. Ein Optionen-Menü, wie es im fertigen Beispielprogramm auf der CD enthalten ist, dient dazu die verschiedenen Dialoge aufzurufen. Dazu wird lediglich eine über die Konstanten festgelegte Message gesendet. Die Dialoge selbst stellt der Treiber der Karte bereit.

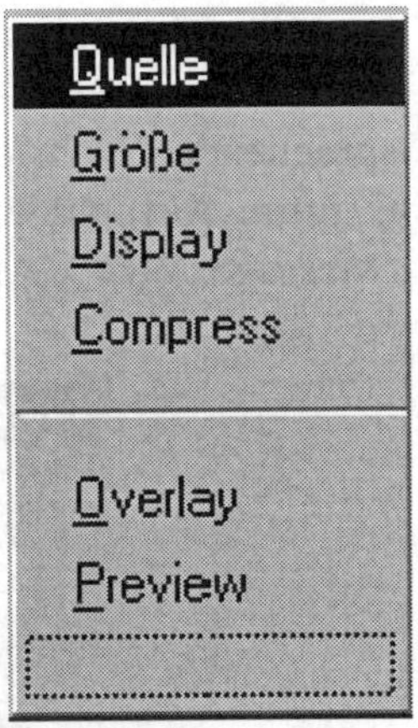

Abb. 15.2: Treiber-Optionen des fertigen Programms.

Bei manchen Karten kann zwischen verschiedenen Quellen wie z. B. TV oder externer Video-Quelle umgeschaltet werden. Dazu ruft man den Video Source Dialog auf. Mit ihm werden außerdem die Farbparameter eingestellt.

```
procedure TForm1.Quelle1Click(Sender: TObject);
begin
  SendMessage (cwnd, WM_CAP_DLG_VIDEOSOURCE, 0, 0);
end;
```

Listing 15.6: Starten des Dialogs „Video Source".

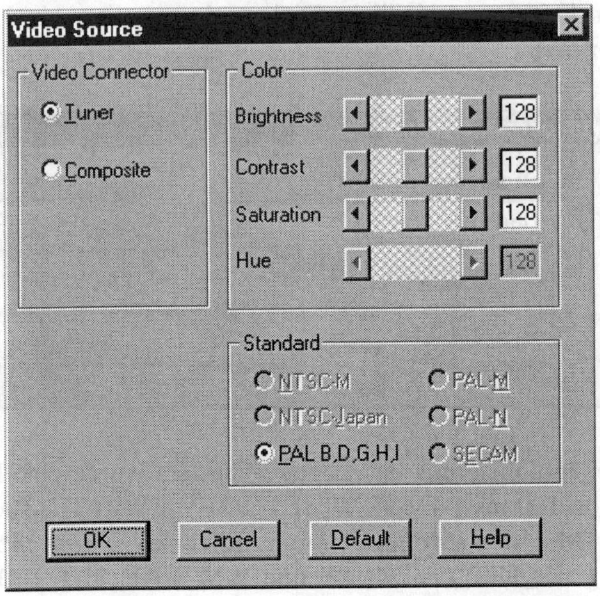

Abb. 15.3: Der Treiber-Dialog zur Videoquelle.

Das Gesamtprogramm nach Listing 15.7 zeigt zahlreiche weitere Aufrufe von Treiber-Dialogen, wobei jeweils mit SendMessage entsprechende Nachrichten an den Treiber abgesandt werden. Bei Capture-Aufnahmen kann auch die Größe eingestellt werden (Message: WM_CAP_DLG_VIDEOFORMAT).

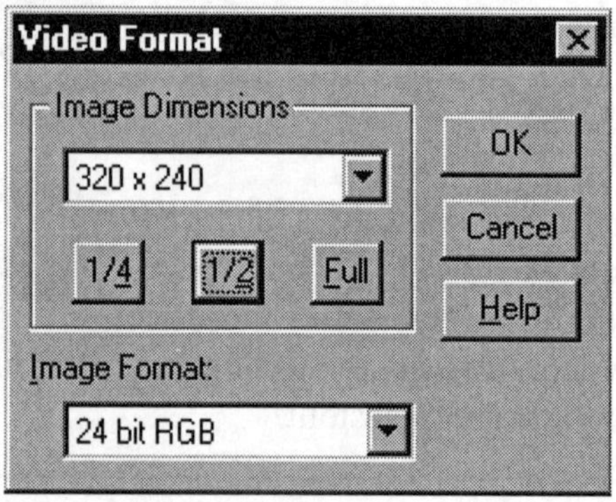

Abb. 15.4: *Treiber-Dialog zum Video-Format.*

Die Dialoge „Display“ (WM_CAP_DLG_VIDEODISPLAY) und „Compress“ (WM_CAP_DLG_VIDEOCOMPRESSION) sind lediglich bei AVI-Capture von Bedeutung. Je nach benutzter Karte werden hier unterschiedliche Dialoge dargestellt. Abb. 15.5 zeigt ein Beispiel.

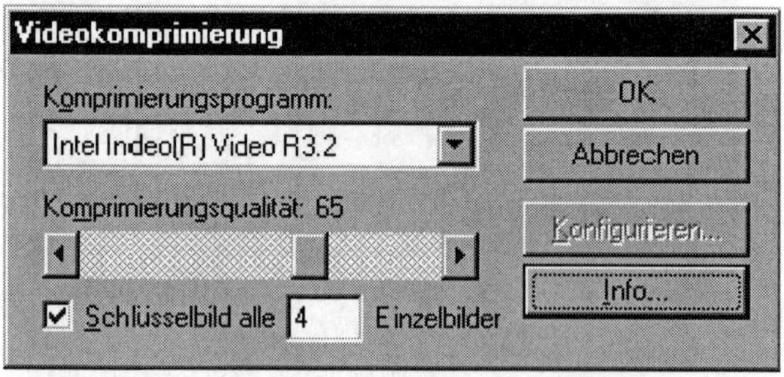

Abb. 15.5: *Treiber-Dialog zur Video-komprimierung.*

Bei der Initialisierung des Capture-Fensters wurde eine Preview-Rate von 100 ms (WM_CAP_SET_PREVIEWRATE, 100) eingestellt. Mit den Menüoptionen „Overlay“ und „Preview“ (WM_CAP_SET_OVERLAY und WM_CAP_SET_PREVIEW) kann nun zwischen beiden Modi gewechselt werden. Mit der Einstellung Preview wird das Capture-Fenster nur alle 100 ms aktualisiert. Dabei spielt die PC-Geschwindigkeit und die Grafikkarte eine wesentliche Rolle.

```
Unit1;

interface

uses   Windows, Messages, SysUtils, Classes, Graphics,
  Controls, Forms, Dialogs, Menus;

function capCreateCaptureWindowA(lpName:pchar;dwStyle:DWORD;
         x,y,w,h,HWnd,nID:integer):integer;
         stdcall;external 'AVICAP32.DLL';

type
  TForm1 = class(TForm)
    MainMenu1: TMainMenu; Datei1: TMenuItem;
    Beenden1: TMenuItem;  Bearbeiten1: TMenuItem;
    Quelle1: TMenuItem;   Gre1: TMenuItem;
    Display1: TMenuItem;  Compress1: TMenuItem;
    N1: TMenuItem;   Overlay1: TMenuItem;
    Preview1: TMenuItem;
    procedure FormCreate(Sender: TObject);
    procedure FormClose(Sender: TObject; var Action:
      TCloseAction);
    procedure FormResize(Sender: TObject);
    procedure Beenden1Click(Sender: TObject);
    procedure Quelle1Click(Sender: TObject);
    procedure Gre1Click(Sender: TObject);
    procedure Display1Click(Sender: TObject);
    procedure Compress1Click(Sender: TObject);
    procedure Overlay1Click(Sender: TObject);
    procedure Preview1Click(Sender: TObject);
  end;

var
  Form1: TForm1;

implementation

{$R *.DFM}
```

(Fortsetzung nächste Seite)

```
const//Aus „AVICAP.H" Header-Datei
WM_CAP_START=            WM_USER;
WM_CAP_DRIVER_GET_CAPS       =(WM_CAP_START+  14);
WM_CAP_DRIVER_CONNECT        =(WM_CAP_START+  10);
WM_CAP_DRIVER_DISCONNECT     =(WM_CAP_START+  11);
WM_CAP_DLG_VIDEOFORMAT       =(WM_CAP_START+  41);
WM_CAP_DLG_VIDEOSOURCE       =(WM_CAP_START+  42);
WM_CAP_DLG_VIDEODISPLAY      =(WM_CAP_START+  43);
WM_CAP_GET_VIDEOFORMAT       =(WM_CAP_START+  44);
WM_CAP_SET_VIDEOFORMAT       =(WM_CAP_START+  45);
WM_CAP_DLG_VIDEOCOMPRESSION  =(WM_CAP_START+  46);
WM_CAP_SET_PREVIEW           =(WM_CAP_START+  50);
WM_CAP_SET_OVERLAY           =(WM_CAP_START+  51);
WM_CAP_SET_PREVIEWRATE       =(WM_CAP_START+  52);
WM_CAP_SET_SCALE             =(WM_CAP_START+  53);
WM_CAP_GET_STATUS            =(WM_CAP_START+  54);
WM_CAP_SET_SCROLL            =(WM_CAP_START+  55);
WM_CAP_GRAB_FRAME            =(WM_CAP_START+  60);
WM_CAP_GRAB_FRAME_NOSTOP     =(WM_CAP_START+  61);

VAR  cwnd: HWND;

procedure TForm1.FormCreate(Sender: TObject);
begin
   cwnd :=
   capCreateCaptureWindowA
   ( nil, WS_CHILD + WS_VISIBLE +WS_OVERLAPPED,
     0,0, clientwidth, clientheight, handle, 1);
   ShowWindow  (cwnd,SW_SHOW);
   SendMessage (cwnd,WM_CAP_DRIVER_CONNECT,0,0);
   SendMessage (cwnd,WM_CAP_SET_PREVIEWRATE,100,0);
   SendMessage (cwnd, WM_CAP_SET_OVERLAY,1,0);
end;

procedure TForm1.FormClose(Sender: TObject; var Action: TCloseAction);
begin
 SendMessage (cwnd,WM_CAP_DRIVER_DISCONNECT, 0, 0);
end;

procedure TForm1.FormResize(Sender: TObject);
begin
     MoveWindow
     (cwnd,0,0,clientwidth,clientheight,false);
end;
```

(Fortsetzung nächste Seite)

```
procedure TForm1.Beenden1Click(Sender: TObject);
begin
    close
end;

procedure TForm1.Quelle1Click(Sender: TObject);
begin
  SendMessage (cwnd, WM_CAP_DLG_VIDEOSOURCE, 0, 0);
end;

procedure TForm1.Gre1Click(Sender: TObject);
begin
  SendMessage (cwnd, WM_CAP_DLG_VIDEOFORMAT, 0, 0);
end;

procedure TForm1.Display1Click(Sender: TObject);
begin
 SendMessage (cwnd, WM_CAP_DLG_VIDEODISPLAY, 0, 0);
end;

procedure TForm1.Compress1Click(Sender: TObject);
begin
 SendMessage (cwnd, WM_CAP_DLG_VIDEOCOMPRESSION, 0, 0);
end;

procedure TForm1.Overlay1Click(Sender: TObject);
begin
 SendMessage (cwnd, WM_CAP_SET_OVERLAY, 1 , 0);
end;

procedure TForm1.Preview1Click(Sender: TObject);
begin
 SendMessage (cwnd, WM_CAP_SET_PREVIEW, 1 , 0);
end;

end.
```

Listing 15.7: Das Gesamtprogramm zur Darstellung eines Video-Fensters.

15.2 Meßwerte aus Farbinformationen

Im vorigen Abschnitt wurde ein Capture-Window angezeigt. Um an die Farbinformationen dieses Fensters zu gelangen wird der Grätekontext benötigt. In Delphi nennt sich ein Gerätekontext Canvas, in Windows DC. Da das Capture-Fenster kein Delphi-Objekt ist, können auch die Methoden und Eigenschaften der Objekte nicht benutzt werden. Die API-Aufrufe von Windows, von denen die Delphi-Objekte abgeleitet wurden, führen zum Ziel.

Jedem Standardfenster ist unter Windows ein Gerätekontext zugeordnet. Mit dem Aufruf GetDC kann der Handle des DC (hDC) erfragt werden. Der DC muß zum Schluß mit ReleaseDC wieder freigegeben werden. Zwischen diesen beiden Aufrufen werden nun die Grafikoperationen durchgeführt.

In der Hilfe zur Win32-API werden alle Funktionen eines Gerätekontextes ausführlich erläutert. Zur Bestimmung des RGB-Wertes eines Pixels wird nur die Funktion GetPixel (hDC, x, y) benötigt. Der Rückgabewert ist der Farbwert des Punktes. Dabei werden die Farbwerte in einer 32-Bit-Variablen wie folgt abgelegt:

```
XXBBGGRR
```

Die Werte von XX sind hier nicht relevant. Um nun die Farbanteile in Delphi zu erhalten, kann folgendermaßen verfahren werden:

```
Color:= GetPixel(hDC, x, y);
R:=  Color       AND $FF;
G:= (Color SHR  8)   AND $FF;
B:= (Color SHR 16)   AND $FF;
```

Listing 15.8: Trennung der Farbanteile.

Mit wenigen Änderungen des Programms aus dem vorigen Abschitt kann für einen Bildpunkt die RGB-Information in der Statuszeile laufend angezeigt werden. Dazu wird Form1 mit einem StatusBar (Win32-Komponente) versehen. Da sich der Clientbereich von Form1 für das Capture-Fenster verkleinert, wird die Prozedur FormResize entsprechend angepaßt. Ein Timer mit einem 1-ms-Intervall wird hinzugefügt und mit der OnTimer-Funktion in Listing 15.9 werden die Daten von Pixel 0,0 in der Statuszeile sichtbar.

```
procedure TForm1.FormResize(Sender: TObject);
begin
    MoveWindow(cwnd,0,0,clientwidth,clientheight -
          statusbar1.height,false);
end;

procedure TForm1.Timer1Timer(Sender: TObject);
var r,g,b,c,hdc:Integer;
begin
   hdc:=getdc(cwnd);
   c:=getpixel(hdc,0,0);
   releasedc(cwnd,hdc);
   r:=c and $FF;
   g:=(c shr  8) and $FF;
   b:=(c shr 16) and $FF;
   Statusbar1.simpletext:=
Format('ROT:%03d GRÜN:%03d BLAU:%03d',[r,g,b]);
end;
```

Listing 15.9: Einfügen des StatusBar mit Farbwerten.

Bei einem laufenden Bild werden sich die Werte schnell ändern. Beim externen Videoeingang wird bei der verwendeten Karte ohne Videosignal ein „Blue-Screen" dargestellt. In der Statuszeile findet man die Farbwerte wie in Abb. 15.6.

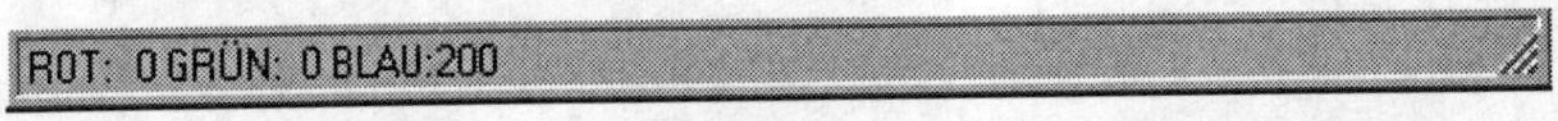

Abb. 15.6: Farbwerte eines „Blue-Screens" im StatusBar.

15.3 Längenmessung mit der Videokamera

Das Programm PalCapP der CD ist der Versuch, mit der Videokamera unter Delphi 3 eine Längenmessung zu realisieren. Das Prinzip ist recht einfach und benutzt nichts außer den oben genannten Funktionen.

Ein Capture-Fenster mit der festen Größe 384 x 284 wird links dargestellt. Der Inhalt wird in ein Bitmap kopiert und ausgewertet. Im rechten Programmfensterbereich werden der Rot-, Grün-, Blau- oder auch der Schwarz-Weiß-Anteil grafisch dargestellt.

Mit dem Programm läßt sich z. B. die Breite einer Diskette bestimmen. Als Längenreferenz dienen zwei senkrechte Striche (hier im Hintergrund auf Millimeterpapier) in 10 mm Abstand. Diese Referenz wird von der rot markierten Zeile erkannt und bestimmt den Umrechnungsfaktor in Pixel pro Millimeter. Mit Hilfe dieses Maßes wird die rechte grafische Darstellung mit einem Raster versehen. Die rote Referenzzeile kann mit dem linken der beiden Schieber positioniert werden. Die kleinen dunklen Markierungen im Grafikfenster zeigen zusätzlich die erkannte Position der Referenzstriche an.

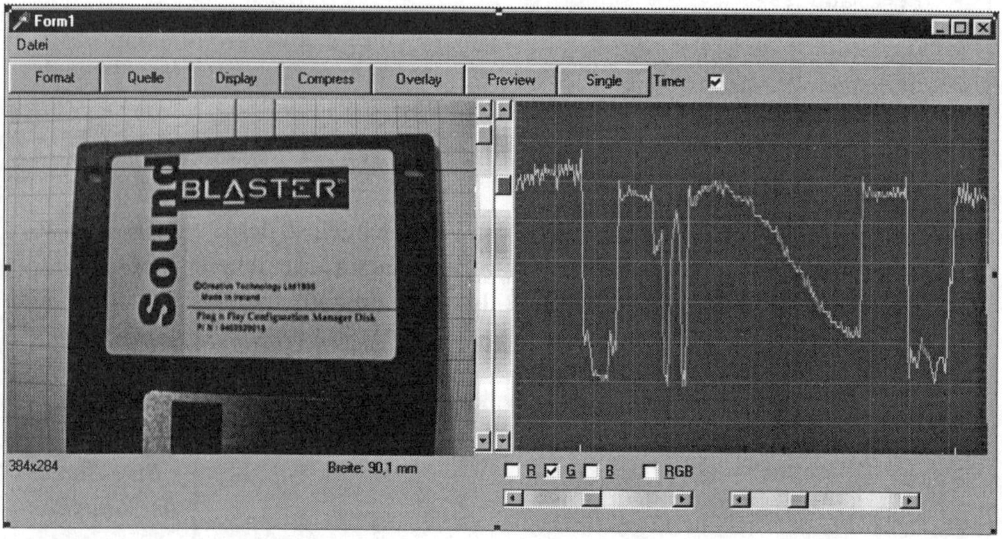

Abb. 15.7: Ausmessen einer Diskette.

Der Grünanteil der blau markierten Zeile ist rechts grafisch dargestellt. Dabei ist die Helligkeit nach oben aufgetragen. Durch die Makro-Einstellung der Kamera erscheint das Bild etwas verzerrt. Dennoch kann die Länge recht gut bestimmt werden. Das Programm sucht eine Helligkeitsschwelle von links und eine von rechts. Die beiden Schwellen können mit den beiden horizontalen Schiebern verändert werden. Kleine grüne Markierungen im unteren Bereich der Grafik zeigen die Position der erkannten Schwellen an. Mit der bekannten Referenz wird nun der Abstand dieser Schwellen in Millimetern angegeben.

Mit dieser Methode können nur kontrastreiche, dunkle Gegenstände gemessen werden. Durch Änderung des Algorithmus können aber auch andere Meßverfahren realisiert werden. Für mikroskopische Untersuchungen sind Referenzstriche eher ungeeignet. Hier sollte man ein dunkles oder helles Bezugsmaß benutzen.

16

Asynchrone serielle Übertragung

Der ursprüngliche Zweck der RS232-Schnittstelle ist die asynchrone Datenübertragung über die Leitungen TxD und RxD. Dagegen ist die in diesem Buch meist angewandte direkte Steuerung der Hilfsleitungen DTR, RTS usw. eher eine Verwendung an der Norm vorbei, um Steuerungen mit geringstem Aufwand zu realisieren. Gerade im experimentellen Bereich ergeben sich hier sehr günstige Lösungen. Dagegen setzten professionelle Anwendungen eher auf die genormte serielle Verbindung zwischen Geräten.

Während eine getaktete Datenübertragung zu einem Schieberegister oder auf den I^2C-Bus völlig losgelöst von einer festen Übertragungsgeschwindigkeit arbeitet, ist die asynchrone Datenübertragung auf eine genau vereinbarte Baudrate angewiesen. Man sendet z. B. mit 1200 Bit pro Sekunde (1200 Baud). Jedes Datenbyte wird von einem Startbit eingeleitet und mit einem Stopbit abgeschlossen. Die Übertragung darf asynchron, also zu einer beliebigen Zeit beginnen, da das Startbit zur Synchronisierung des seriellen Empfängers dient. Wichtig ist nur, daß für den Sender und für den Empfänger die gleichen Übertragungsparameter eingestellt wurden. Nähere Informationen zur asynchronen seriellen Datenübertragung findet man in [2].

16.1 Auslesen einer seriellen Maus

Serielle PC-Mäuse werden an einer COM-Schnittstelle betrieben und von dort mit Strom versorgt. Die serielle Standard-Maus erhält ihre Betriebsspannung über die Leitung RTS. Alle Mausereignisse werden als asynchroner, serieller Datenstrom über TxD an den PC gemeldet. Auch eine ausgediente Maus stellt damit ein komplettes serielles Interface dar, das für die unterschiedlichsten Aufgaben von der Abfrage von Schaltkontakten bis zur Strecken-, Lage- oder Geschwindigkeitsmessung eingesetzt werden kann.

Jede Bewegung der Maus und jeder Tastendruck löst eine Mausnachricht aus. Bei der Standard-Maus besteht sie aus drei Bytes mit Informationen über den Zustand beider Tasten und die relative Bewegung in x- und y-Richtung seit der letzen Nachricht. Die Schnittstellenparameter sind 1200 Baud, 8 Bit, kein Paritätsbit und zwei Stopbits. Wird nur eine Taste betätigt, sendet die Maus beim Beginn und beim Ende des Tastendrucks jeweils eine komplette Nachricht. Die Nachricht hat den folgenden Aufbau:

Byte 1:

1	1	L	R	Y7	Y6	X7	X6

Byte 2:

1	0	X5	X4	X3	X2	X1	X0

Byte 3:

1	0	Y5	Y4	Y3	Y2	Y1	Y0

Das Programm MAUS empfängt alle Daten der seriellen Maus und wertet sie aus. Die drei empfangenen Bytes werden zunächst unverändert angezeigt. Aus dem ersten Byte lassen sich die Zustände der Maustasten auswerten. Die relativen Mauskoordinaten dx und dy aus den Bytes 2 und 3 und den höchstwertigen Bits in Byte 1 werden ebenfalls angezeigt. Ohne eine Mausbewegung liest man hier Nullwerte. Bei einer Bewegung der Maus zeigen sich je nach Richtung postive oder negative Werte. Sie lassen sich durch Aufsummieren zu absoluten Koordinaten integrieren, die das Programm als x- und y-Werte darstellt.

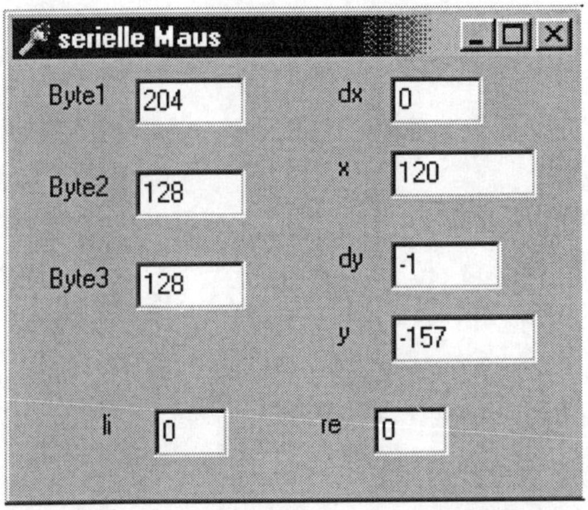

Abb. 16.1: *Auswertung der Mausdaten.*

Die seriellen Daten werden in einer Timerroutine empfangen, die alle 20 ms nachfragt, ob neue Daten angekommen sind. Mit jedem Aufruf werden nur drei Bytes ausgelesen und verarbeitet. Bei einer kontinuierlichen Bewegung kommt es daher zu einem Datenstau im seriellen Empfangspuffer, so daß z. B. bei einer Streckenmessung die Auswertung länger dauert als die eigentliche Bewegung der Maus.

```
unit Maus;

interface

uses PORTINC, Windows, Messages, SysUtils, Classes, Graphics,
  Controls, Forms, Dialogs, ExtCtrls, StdCtrls;

type
  TForm1 = class(TForm)
    Timer1: TTimer; Edit1: TEdit;
    Edit2: TEdit;  Edit3: TEdit;
```

(Fortsetzung nächste Seite)

```
    Edit4: TEdit;  Edit5: TEdit;
    Edit6: TEdit;  Edit7: TEdit;
    Edit8: TEdit;  Edit9: TEdit;
    Label1: TLabel;  Label2: TLabel;
    Label3: TLabel;  dx: TLabel;
    x: TLabel;  Label4: TLabel;
    Label5: TLabel;  Label6: TLabel;
    Label7: TLabel;
    procedure FormCreate(Sender: TObject);
    procedure Timer1Timer(Sender: TObject);
  end;

var
  Form1: TForm1;
  Din, Xges, Yges: Integer;
implementation

{$R *.DFM}


procedure TForm1.FormCreate(Sender: TObject);
begin
  OpenCom(pchar('com2:1200,N,8,2'));
  Timer1.Interval := 100;
  Timer1.Enabled := true;
  RTS(1);                {Stromversorgung}
  Xges:=0; Yges:=0;
  Din := ReadByte;       {1.Byte verwerfen}
end;

procedure TForm1.Timer1Timer(Sender: TObject);
var b1,b2,b3,x,y,li,re: Integer;
begin
  B1 := ReadByte;
  if B1=-1 then exit;
  Edit1.Text := FloatToStr(B1);
 B2 := ReadByte;
  Edit2.Text := FloatToStr(B2);
 B3 := ReadByte;
  Edit3.Text := FloatToStr(B2);
 x:= B2 And 63+64*(B1 and 3);
 if x> 128 then x:=x-256;
 y:= B3 And 63+16*(B1 and 12);
 if y> 128 then y:=y-256;
```

(Fortsetzung nächste Seite)

```
  Edit4.Text := FloatToStr(x);
  Edit5.Text := FloatToStr(y);
  li := (B1 and 32) div 32;
  re := (B1 and 16) div 16;
  Edit6.Text := FloatToStr(li);
  Edit7.Text := FloatToStr(re);
  Xges:=Xges+x;
  Yges:=Yges+y;
  Edit8.Text := FloatToStr(Xges);
  Edit9.Text := FloatToStr(Yges);
 end;

end.
```

Listing 16.1: *Verarbeitung von Mausdaten.*

16.2 Digitale Steuerungen über die RS232

Anders als synchrone Datenübertragungen mit einer Daten- und einer Taktleitung eignen sich asynchrone Übertragungen auch für die Überbrückung großer Entfernungen. Eventuelle Zeitverzögerungen und verschliffene Impulsflanken stören bei der seriellen Datenübertragung nicht. Über die Leitung TxD kann man z. B. mit 1200 Baud mit einer einfachen, nicht abgeschirmten Leitung bis zu 50 Meter überbrücken. Am anderen Ende der Leitung lassen sich die Daten mit einem seriellen Empfänger in parallele Daten umwandeln und an acht parallelen Leitungen bereitstellen. Damit können im Prinzip acht unabhängige Verbraucher gesteuert werden. Der serielle Empfänger läßt sich rein elektronisch, mit einem UART (z. B. AY3-1015 oder 6402, vgl. [2]) oder mit einem beliebigen Mikrocontroller aufbauen.

Der seriellen Sendeleitung TxD entspricht die serielle Empfangsleitung RxD. Über eine zweite Leitung können daher in Gegenrichtung die Zustände an acht digitalen Eingängen gelesen werden. Die Umformung der parallel anliegenden Daten in einen seriellen Datenstrom erfolgt wieder mit einer entsprechenden Schaltung oder mit einem Mikrocontroller.

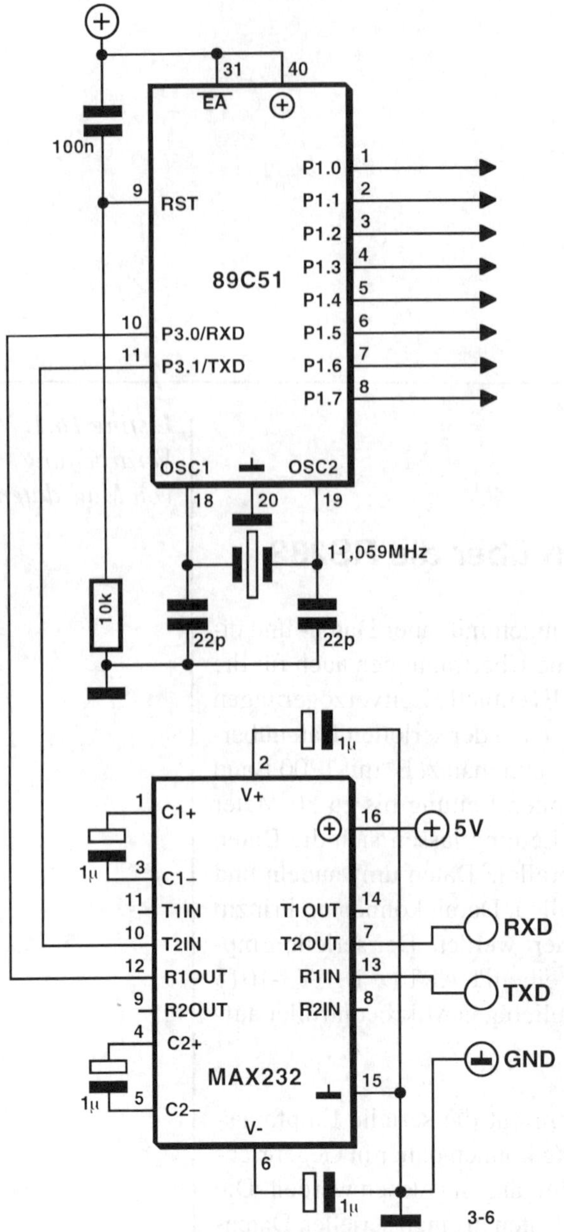

Abb. 16.2: Das serielle Interface.

Hier soll eine Lösung mit einem 8051-Controller vorgestellt werden. Es gibt zahlreiche Entwicklungsboards mit dem 8051/8031 oder seinen Derivaten. Interessant sind auch Einchip-Lösungen z. B. mit einem Flash-Controller 89C51 im 40-poligen Gehäuse oder 89C2051 im kleineren 20-poligen DIL-Gehäuse. Das Steuerprogramm im Mikrocontroller ist weitgehend unabhängig vom verwendeten Typ und kann daher allgemein als 8051-Assemblerprogramm geschrieben werden. Abb. 16.1 zeigt den typischen Aufbau des Interfaces mit einem 89C51-Controller. Die serielle Schnittstelle verwendet hier zur Pegelanpassung einen MAX232.

Das hier verwendete, einfache Steuerprogramm stammt aus [6]. Das Programm empfängt serielle Daten und gibt sie am Port P1 aus. Jedes empfangene Byte wird mit einem Strobe-Impuls an P3.4 angezeigt. Nach jedem Empfangsbyte wird der Zustand von Port P1 gelesen und zurückgesendet. Wenn man mit einem Einchip-Controller arbeitet, bleibt auch P0 als kompletter Eingabeport frei und kann mit einer geringen Programmänderung verwendet werden.

```
;Serielle Schnittstelle des 8051         (COM51.ASM)
;11,059MHz, 9600 Baud
#include 8051.H
        .org 0000H

ANFANG  mov   SP,#60H            ;Stackpointer setzten
INIT    clr   TR1                ;Timer 1 stoppen
        mov   TH1,#0FAH          ;6 bis Überlauf: 9600 Baud
        mov   TL1,#0FAH
        anl   TMOD,#0FH          ;Timer1: 8-Bit-Auto-Reload
        orl   TMOD,#20H
        setb  TR1                ;Timer Starten
        mov   SCON,#50H          ;InitRS232
        setb  TI
        orl   PCON,#80H          ;SMOD=1

NEXT    acall EMPF
        mov   P1,A               ;Portausgabe
        anl   P3,#0EFH           ;Strobe-Impuls an P3.4
        orl   P3,#10H
        Mov   A,P1               ;Portzustand lesen
        acall SEND
        sjmp  NEXT

EMPF    jnb   RI,EMPF
        mov   A,SBUF
        clr   RI
        ret

SEND    jnb   TI,SEND
        clr   TI
        mov   SBUF,A
        ret
        .end
```

Listing 16.2: *Das 8051-Assemblerlisting.*

Beim Start des Programms muß jedoch die serielle Schnittstelle des PCs mit den passenden Parametern geöffnet werden. Hier sind es 9600 Baud, kein Paritätsbit, acht Datenbits und ein Stopbit. Die eigentliche Datenübertragung für beide Richtungen besteht dann nur noch aus dem Senden eines Bytes mit SendByte und dem anschließenden Empfangen mit ReadByte.

Das verwendete Interface arbeitet mit einem Port für Ausgaben und Eingaben. Die Ports des 8051 sind wie die Portanschlüsse des

PCF8574 (Vgl. Kap.12.4) quasi-bidirektionale Anschlüsse, d. h. sie sind als Eingänge mit hochohmigen Pullup-Widerständen zu verwenden, wenn zuvor High-Zustände ausgegeben wurden. Ein unbeschalteter Port liest also dieselben Zustände zurück, die auch ausgegeben wurden.

Das Programm PORT8051 stellt jeweils acht Checkboxes für Ausgaben und für Eingaben bereit. Alle Ausgaben werden, über Timer1 gesteuert, alle 100 ms an den Mikrocontroller übertragen. Entsprechend oft werden die Eingangszustände gelesen und angezeigt.

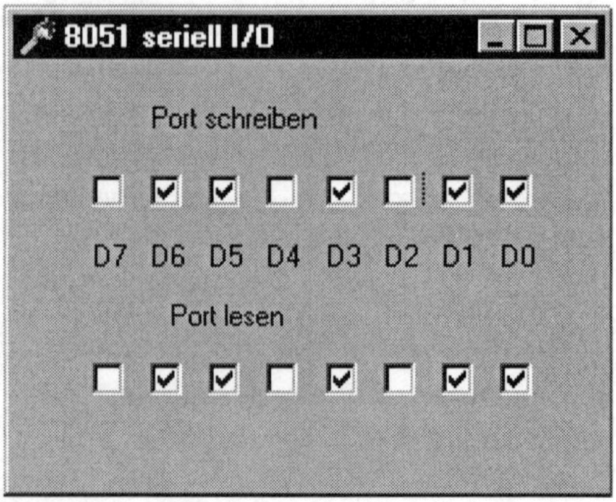

Abb. 16.3: *Serielle Ein/Ausgabe über den 8051.*

Listing 16.3: *Die Ansteuerung mit SenbByte und ReadByte.*

```
unit Port8051;

interface

uses PORTINC,Windows, Messages, SysUtils, Classes,
  Graphics, Controls, Forms, Dialogs, ExtCtrls, StdCtrls;

type
  TForm1 = class(TForm)
    CheckBox1: TCheckBox; CheckBox2: TCheckBox;
    CheckBox3: TCheckBox; CheckBox4: TCheckBox;
    CheckBox5: TCheckBox; CheckBox6: TCheckBox;
    CheckBox7: TCheckBox; CheckBox8: TCheckBox;
    Label1: TLabel; Label2: TLabel;
    Label3: TLabel; Label4: TLabel;
    Label5: TLabel; Label6: TLabel;
    Label7: TLabel; Label8: TLabel;
    Timer1: TTimer; Label9: TLabel;
```

(Fortsetzung nächste Seite)

```
    CheckBox9: TCheckBox; CheckBox10: TCheckBox;
    CheckBox11: TcheckBox; CheckBox12: TCheckBox;
    CheckBox13: TCheckBox; CheckBox14: TCheckBox;
    CheckBox15: TCheckBox; CheckBox16: TCheckBox;
    Label10: TLabel;
    procedure FormCreate(Sender: TObject);
    procedure Timer1Timer(Sender: TObject);
  end;
var
  Form1: TForm1;
  Dout, Din: Byte;
implementation
{$R *.DFM}
procedure TForm1.FormCreate(Sender: TObject);
begin
  OpenCOM (Pchar('COM2:9600,N,8,1'));
  Timer1.Interval := 100;
  Timer1.Enabled := true;
end;
procedure TForm1.Timer1Timer(Sender: TObject);
begin
  Dout := 0;
  if  CheckBox1.Checked Then Dout := Dout +1;
  if  CheckBox2.Checked Then Dout := Dout +2;
  if  CheckBox3.Checked Then Dout := Dout +4;
  if  CheckBox4.Checked Then Dout := Dout +8;
  if  CheckBox5.Checked Then Dout := Dout +16;
  if  CheckBox6.Checked Then Dout := Dout +32;
  if  CheckBox7.Checked Then Dout := Dout +64;
  if  CheckBox8.Checked Then Dout := Dout +128;
  SendByte (Dout);
  Delay (5);
  Din := ReadByte;
  CheckBox9.Checked := ((Din And 1) >0);
  CheckBox10.Checked := ((Din And 2) >0);
  CheckBox11.Checked := ((Din And 4) >0);
  CheckBox12.Checked := ((Din And 8) >0);
  CheckBox13.Checked := ((Din And 16) >0);
  CheckBox14.Checked := ((Din And 32) >0);
  CheckBox15.Checked := ((Din And 64) >0);
  CheckBox16.Checked := ((Din And 128) >0);
 end;
end.
```

16.3 Der ST62-Mikrocontroller-UART

Die ST62-Familie kleiner Mikrocontroller mit internem EPROM von SGS bietet einige Vorteile wie geringen Stromverbrauch, einfache Schaltungstechnik und einen internen AD-Wandler. Die hier vorgestellte Schaltung (vgl. [7]) verwendet den Mikrocontroller ST62E10 als universell einsetzbares, serielles Interface. Über die serielle Schnittstelle lassen sich von einem PC aus 10 Leitungen ansteuern, und zwar als digitale Ausgänge, digitale Eingänge oder analoge Eingänge. Alle Anschlüsse sind frei konfigurierbar. Der Mikrocontoller im DIL-20-Gehäuse kommt dabei mit minimaler externer Beschaltung aus und benötigt nur etwa 2 mA. Der programmierte Chip ist bei Elektor erhältlich (Software 7152). Der etwas größere ST62E15 im 28-poligen Gehäuse bietet acht I/O-Leitungen mehr. Das hier verwendete Programm läuft ohne Änderung auf beiden Typen.

Die ST6-Familie kleiner CMOS-Mikrocontroller der Firma SGS-Thomson zeichnet sich durch ein internes EPROM, einen on-chip 8-Bit-A/D-Wandler und sehr vielseitig konfigurierbare I/O-Leitungen aus. Die einmal programmierbare OTP-Version (im Plastikgehäuse, ohne Löschfenster) bietet ein sehr günstiges Preis/Leistungsverhältnis.

Alle I/O-Leitungen konnen als Eingänge oder Ausgänge benutzt werden, wobei die Leitungen eines Ports gemischt einsetzbar sind. Ausgänge können entweder als Gegentaktausgänge oder als Open-Drain-Ausgänge, Eingänge mit und ohne internem Pull-Up-Widerstand konfiguriert werden. Von den 20 Leitungen des ST6215 können 16 auch als analoge Eingänge benutzt werden. Beim kleineren ST6210 mit insgesamt 12 I/O-Leitungen stehen immerhin noch acht analoge Eingänge zur Verfügung. Der interne A/D-Wandler hat eine Auflösung von 8 Bit und benutzt die Betriebsspannung von 5 V als Referenz. Alle I/O-Aktionen werden über Steuerregister des Prozessors kontrolliert, die im normalen RAM-Bereich liegen. Deshalb braucht man sich von außen nur Zugriff auf diese Register zu verschaffen, um alle Vorteile des Mikrocontrollers in einem Interface nutzen zu können. Statt also für jede mögliche Konfiguration ein eigenes Steuerprogramm im Controller zu verwenden, benötigt man nur ein Programm, das es ermöglicht, alle relevanten RAM-Adressen des ST6215 zu beschreiben und auszulesen. Alle weiteren Einzelheiten werden damit auf die Ebene des PC-Programms verschoben.

Da keine RS232-Hardware wie etwa im Mikrocontroller 8051 auf dem Chip enthalten ist, mußten entsprechende Übertragungsroutinen programmiert werden. Die Portleitung A0 dient als Eingang RxD, A1 ist der Ausgang TxD. Abb. 16.4 zeigt das komplette Schaltbild des Interfaces. Die serielle Schnittstelle kommt ganz ohne Leitungstreiber aus. Mit dem 4-MHz-Quarz beträgt die Baudrate 19200 Baud. Er kann durch einen 8-MHz-Quarz ersetzt werden, um die Baudrate zu verdoppeln.

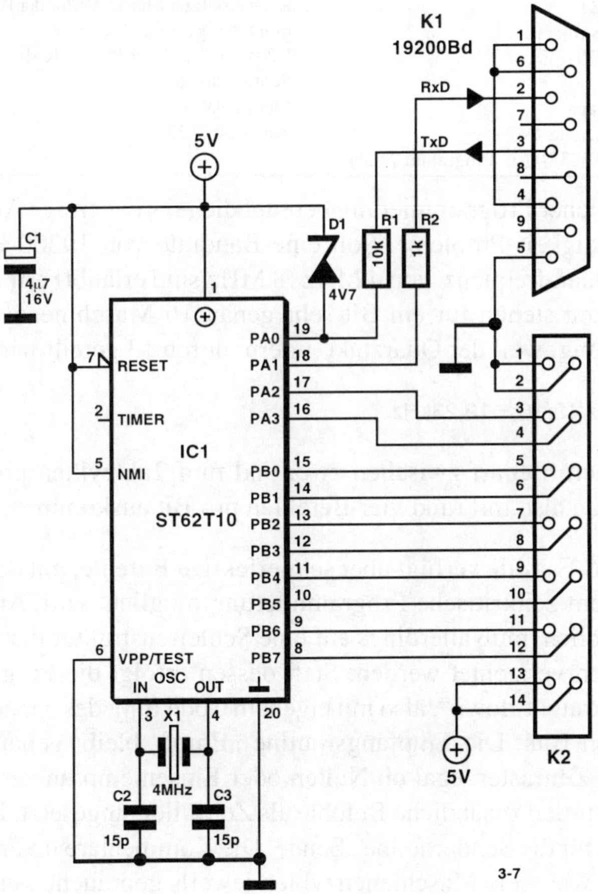

Abb.16.4: *Das Schaltbild des Interfaces.*

Abb. 16.5: Der Bestückungsplan, das Platinen-Layout und die Stückliste des Interfaces.

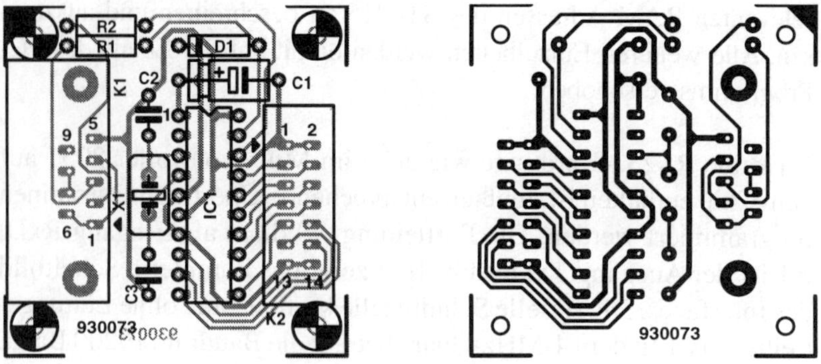

Widerstände:	Außerdem:
R1 = 10 kΩ	X1 = 4-MHz-Quarz
R2 = 1 kΩ	K1 = 9-poliger Sub-D-Verbinder für Platinenmontage, gewinkelt, female
Kondensatoren:	K2 = 2 x 7-poliger Pfostenfeldverbinder mit Schutzkragen
C1 = 4µ7/16 V	Platine 930073
C2 = 15 pF	Software 7152
Halbleiter:	
D1 = Z-Diode 4V7	
IC1 = ST62T10 (m. Programm 7152)	

Bei üblicher Programmierung bereitet die relativ geringe Arbeitsgeschwindigkeit Probleme. Soll eine Baudrate von 19200 Baud bei einer Quarzfrequenz von 4 MHz (8 MHz sind erlaubt) erreicht werden, dann stehen für ein Bit sehr genau 16 Maschinenzyklen zur Verfügung, weil der Quarztakt intern durch 13 geteilt wird:

4000kHz/13/16 = 19,23kHz

Bei einem Bedarf zwischen zwei und fünf Taktzyklen pro Befehl muß man also mit rund vier Befehlen pro Bit auskommen.

Die ST6-Familie verfügt über sehr effektive Befehle, mit denen diese extrem zeitkritische Programmierung möglich wird. Anders als sonst üblich, muß allerdings auf eine Schleifenstruktur der seriellen Routinen verzichtet werden. Statt dessen erfolgt die Programmierung „straight-down“, also mit eigenem Code für jedes der acht übertragenen Bits. Die Empfangsroutine „Empf“ bleibt genau im 16-Zyklen-Zeitraster, egal ob Nullen oder Einsen empfangen werden. Dazu wurden zusätzliche Befehle als Zeitfüller eingesetzt. Das gleiche gilt für die Senderoutine „Send“. Die Kommentare im Programm zeigen, wie viele Maschienenzyklen jeweils gebraucht werden.

Das Hauptprogramm besteht aus einer Schleife, in der Daten empfangen, interpretiert und verarbeitet werden. Dabei wurde folgendes Schema vereinbart: Der PC sendet die Registeradresse im Bereich 128 bis 255, wenn er einen Registerinhalt lesen möchte. Der Controller liest dann diese Adresse aus und sendet das gelesene Byte zurück. Um auf eine Adresse zu schreiben, muß Bit 7 der Adresse zurückgesetzt sein. Der Adreßbereich wird also um 128 auf 0 bis 127 verschoben. Als zweites Byte ist dann das Datenbyte zu senden. Eine überlange Wartezeit zwischen Adreß- und Datenbyte führt zu einem Reset, wobei der Watchdog-Timer des ST6215 in Aktion tritt.

Listing 16.4: Das Assemblerprogramm für den ST62E10/15.

```
   .title „RS232/19200 KB"
   .vers „st6215"
   .input „6215_reg.asm"

   .romsize 2
   .pp_on

dummy   .def 084H

   .section 1

   .org 80h
reset   ldi ddra,00000010B ;A0 Eingang RXD, kein pull-up
        ldi ora, 00000010B ;A1 Ausgang TXD P/P
        ldi dra, 00000001B ;A2/3 Eingänge

        ldi ddrb,00000000B  ;B erstmal Eingänge
        ldi orb, 00000000B
        ldi drb, 00000000B

        ldi ddrc,00000000B  ;C erstmal Eingänge
        ldi orc, 00000000B
        ldi drc, 00000000B
        reti

   .org 600h ;hochgesetzt, damit auch die OTP-Version
             ;mit tieferer Adresse noch einmal programmiert
             ;werden kann

mainlp  ldi wdr,0FEH        ;Watchdog-Reset
        jrr  0,dra,mainlp  ;Warten auf Startbit
        call Empf2          ;RS232-Empfänger nach Startb. 11
        jrs  7,a,lesen    ;>= 128: Register Lesen  +5
```
(Fortsetzung nächste Seite)

```
schreib addi a,128      ;Kommando 1: Register Schreiben +4
        ld   x,a        ;Registeradresse          +4
        call Empf       ;Daten                    +4 = 28
        ld  (x),a       ;ins Register schreiben  11+4
        jp mainlp       ;                         +4 = 22
lesen   ld  x,a         ;Registeradresse
        ld  a,(x)       ;auslesen
        call Send       ;zurücksenden
        jp  mainlp

Empf    jrr  0,dra,Empf  ;Rs232 RXD=A0, 19,2k / 4MHz 5..10
        ldi  dummy,0     ;4
Empf2   ldi  a,0         ;4  hier Einsprung nach Startb.
        ldi  dummy,0     ;4
        nop              ;2 : 21 bis 27 nach Startbit
data0   jrs  0,dra,wait0 ;5
        addi a,1         ;4
        jrnc  data1      ;2
wait0   addi a,0
        nop
data1   jrs  0,dummy,data1  ;5  16/bit
        jrs  0,dra,wait1    ;5
        addi a,2            ;4
        jrnc  data2         ;2
wait1   addi a,0
        nop
data2   jrs  0,dummy,data2  ;5  16/bit
        jrs  0,dra,wait2    ;5
        addi a,4            ;4
        jrnc  data3         ;2
wait2   addi a,0
        nop
data3   jrs  0,dummy,data3  ;5  16/bit
        jrs  0,dra,wait3    ;5
        addi a,8            ;4
        jrnc  data4         ;2
wait3   addi a,0
        nop
data4   jrs  0,dummy,data4  ;5  16/bit
        jrs  0,dra,wait4    ;5
        addi a,16           ;4
        jrnc  data5         ;2
wait4   addi a,0
        nop
```

(Fortsetzung nächste Seite)

```
data5   jrs  0,dummy,data5  ;5  16/bit
        jrs  0,dra,wait5    ;5
        addi a,32           ;4
        jrnc  data6         ;2
wait5   addi a,0
        nop
data6   jrs  0,dummy,data6  ;5  16/bit
        jrs  0,dra,wait6    ;5
        addi a,64           ;4
        jrnc  data7         ;2
wait6   addi a,0
        nop
data7   jrs  0,dummy,data7  ;5  16/bit
        jrs  0,dra,wait7    ;5
        addi a,128          ;4
wait7   ret                 ;2  11, Stopbit frei

;RS232-Senden mit 19200 Baud/4MHz, TXD=A1
Send    ldi  dummy,0        ;4
        ldi  dra,00000011B  ;Startbit
        nop                 ;2
        jrr  0,dummy,bit1   ;5
bit1    jrs  0,a,s10        ;5
        ldi  dra,00000011B  ;4  16/bit
        jrnc s0             ;2
s10     ldi  dra,00000001B
        nop
s0      jrs  0,dummy,s0     ;5
        jrs  1,a,s11        ;5
        ldi  dra,00000011B  ;4  16/bit
        jrnc  s1            ;2
s11     ldi  dra,00000001B
        nop
s1      jrs  0,dummy,s1     ;5
        jrs  2,a,s21        ;5
        ldi  dra,00000011B  ;4
        jrnc  s2            ;2
s21     ldi  dra,00000001B
        nop
s2      jrs  0,dummy,s2     ;5
        jrs  3,a,s31        ;5
        ldi  dra,00000011B  ;4
        jrnc  s3            ;2
s31     ldi  dra,00000001B
        nop
```

(Fortsetzung nächste Seite)

```
s3      jrs  0,dummy,s3      ;5
        jrs  4,a,s41         ;5
        ldi  dra,00000011B   ;4
        jrnc  s4             ;2
s41     ldi  dra,00000001B
        nop
s4      jrs  0,dummy,s4      ;5
        jrs  5,a,s51         ;5
        ldi  dra,00000011B   ;4
        jrnc  s5             ;2
s51     ldi  dra,00000001B
        nop
s5      jrs  0,dummy,s5      ;5
        jrs  6,a,s61         ;5
        ldi  dra,00000011B   ;4
        jrnc  s6             ;2
s61     ldi  dra,00000001B
        nop
s6      jrs  0,dummy,s6      ;5
        jrs  7,a,s71         ;5
        ldi  dra,00000011B   ;4
        jrnc  s7             ;2
s71     ldi  dra,00000001B
        nop
s7      nop                  ;2
        nop                  ;2
        nop                  ;2
        nop                  ;2
        nop                  ;2  16/bit
        ldi  dra,00000001B   ;Stopbit
        ret

  .section 32
  .org 00h
adc      nop
         reti
timer    nop
         reti
int2     nop
         reti
int1     nop
         reti
  .org 0ch
nmi      nop
         reti
res      jp reset
```

Die Verwendung des Interfaces setzt die Kenntnis einiger Registerfunktionen des Mikrocontrollers voraus. Die Eigenschaften der I/O-Leitungen werden durch die drei Register ddr (direction register), or (option register) und dr (data register) bestimmt, die es in dreifacher Ausführung für die Ports A, B und C gibt. Die folgende Tabelle zeigt die wichtigsten Einstellungen. Jede Leitung eines Ports kann völlig unabhängig konfiguriert werden.

ddr	or	dr	Funktion
0	0	0	Eingang mit Pullup-Widerstand
0	0	1	Eingang ohne Pullup
0	1	1	Analogeingang, nicht für PA0..3 u. PC0..3
1	0	x	Ausgang Open-Drain
1	1	x	Ausgang Gegentakt

Das folgende Programm in Delphi demonstriert die Verwendung des Interfaces. Im Deklarationsteil sind die wichtigsten Registeradressen angegeben. Für digitale Ein/Ausgaben muß jeweils einmal die Art der Portleitung festgelegt werden. Dann können laufend Daten mit dem Datenregister des entsprechenden Ports ausgetauscht werden.

Der A/D-Wandler wird benutzt, indem zunächst über die Portregister eine Leitung als Eingang festgelegt wird. Die eigentliche Wandlung wird über das A/D-Kontrollregister gestartet. Da die Wandlung nur etwa 140 µs benötigt, kann das Ergebnis ohne Verzögerung aus dem A/D-Datenregister gelesen werden.

Das Beispielprogramm verwendet alle Portleitungen des Controllers. PA2 und PA3 werden als digitale Eingänge mit Pullup-Widerstand initialisiert, so daß man z. B. Schalter gegen Masse einsetzen kann. Dabei ist zu beachten, daß die ebenfals am Port liegenden Schnittstellenleitungen PA0 (TxD) und PA1 (RxD) ihre alte Initialisierung behalten müssen, wie sie aus dem Assemblerlisting hervorgeht.

Der Port B wird geteilt. PB0 bis PB3 werden als digitale Gegentakt-Ausgänge verwendet. Sie sind dann auch in hochgesetzten Zustand niederohmig und können z. B. direkt Dalington-Treiber vom Typ ULN2803 ansteuern. Die oberen vier Leitungen PB3 bis PB7 werden als hochohmige digitale Eingänge ohne Pullup initialisiert. Zugleich werden sie nacheinander als Spannungseingänge über den AD-Wandler abgefragt. Man erhält auf diese Weise sowohl vier digitale Eingänge als auch vier Analogkanäle mit einer Auflösung von 8 Bit.

Abb. 16.6: Zugang zu allen Portanschlüssen.

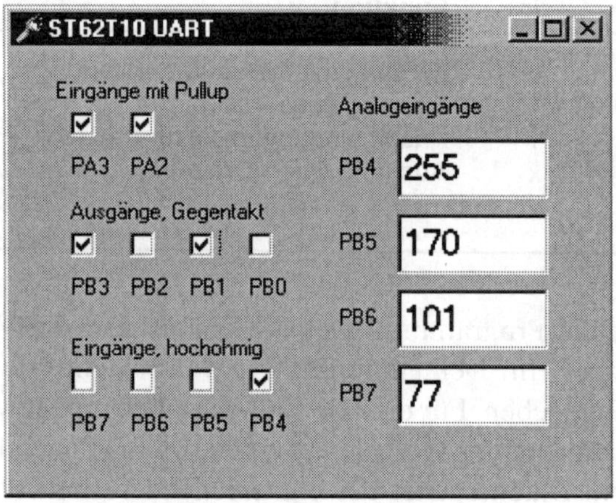

Listing 16.5: Die gezielte Ansteuerung der Portanschlüsse.

```
unit ST62;

interface

uses PORTINC, Windows, Messages, SysUtils, Classes,
  Graphics, Controls, Forms, Dialogs, StdCtrls, ExtCtrls;

type
  TForm1 = class(TForm)
    Splitter1: TSplitter;
    CheckBox1: TCheckBox; CheckBox2: TCheckBox;
    Label1: TLabel; Label2: TLabel;
    Label3: TLabel; Label4: TLabel;
    CheckBox3: TCheckBox; CheckBox4: TCheckBox;
    CheckBox5: TCheckBox; CheckBox6: TCheckBox;
    Label5: TLabel; Label6: TLabel;
    Label7: TLabel; Label8: TLabel;
    Label9: TLabel; Label10: TLabel;
```

(Fortsetzung nächste Seite)

```
    CheckBox7: TCheckBox; CheckBox8: TCheckBox;
    CheckBox9: TCheckBox; CheckBox10: TCheckBox;
    Label11: TLabel; Label12: TLabel;
    Label13: TLabel; Label14: TLabel;
    Edit1: TEdit; Edit2: TEdit;
    Edit3: TEdit; Edit4: TEdit;
    Label15: TLabel; Label16: TLabel;
    Label17: TLabel; Label18: TLabel;
    Timer1: TTimer;
    procedure FormCreate(Sender: TObject);
    procedure Timer1Timer(Sender: TObject);
  end;

var
  Form1: TForm1;

implementation

{$R *.DFM}

const ddra = $C4;     { direction register a..c }
      ddrb = $C5;
      ddrc = $C6;
      ora  = $CC;     { option register a..c }
      orb  = $CD;
      orc  = $CE;
      dra  = $C0;     { data register a..c }
      drb  = $C1;
      drc  = $C2;
      adcr = $D1;     { A/D control register }
      adr  = $D0;     { A/D data register }

procedure RegOut (Adresse,Datum : Byte);
begin
  SendByte (Adresse AND 127);
  SendByte (Datum);
end;

function RegIn (Adresse : Byte): Byte;
begin
  SendByte (Adresse);
  Regin := ReadByte;
end;

function Analog: Integer;
begin
```

(Fortsetzung nächste Seite)

```
  RegOut (adcr,$30);      { Messung starten }
  Analog := (RegIn (adr)); { Meßwert auslesen }
end;

procedure TForm1.FormCreate(Sender: TObject);
begin
  OpenCOM (Pchar('COM2:19200,N,8,1'));
  Timer1.Interval := 100;
  Timer1.Enabled := true;
  RegOut (ddra,$02);    { Port A geteilt }
  RegOut (ora,$02);     { PA2,3 Eingang mit Pullup }
  RegOut (dra,$01);     { PA0 Ausgang, PA1 Eingan }
  RegOut (ddrb,$0F);    { PortB geteilt }
  RegOut (orb,$0F);     { PB0...3 Ausgänge }
  RegOut (drb,$10);     { PB4...7 Einfänge }
end;

procedure TForm1.Timer1Timer(Sender: TObject);
var Dout, Din1, Din2: Integer;
begin
  Din1 := RegIn (dra);                    {PA lesen}
  CheckBox1.Checked := ((Din1 and 4)=4);
  CheckBox2.Checked := ((Din1 and 8)=8);
  Dout := 0;
  if CheckBox3.Checked then Dout := Dout + 1;
  if CheckBox4.Checked then Dout := Dout + 2;
  if CheckBox5.Checked then Dout := Dout + 4;
  if CheckBox6.Checked then Dout := Dout + 8;
  Dout := Dout OR $F0;
  RegOut (drb,Dout);
  RegOut (orb, RegIn (orb) AND $0F); {PB4..7 Eingänge}
  Din2 := RegIn (drb);                    {PB4 lesen}
  CheckBox7.Checked := ((Din2 and 16)=16);
  CheckBox8.Checked := ((Din2 and 32)=32);
  CheckBox9.Checked := ((Din2 and 64)=64);
  CheckBox10.Checked := ((Din2 and 128)=128);
  RegOut (orb, $1F);                      {PB4 Analogeingang}
  Edit1.Text := FloatToStr (Analog);
  RegOut (orb, $2F);                      {PB5 Analogeingang}
  Edit2.Text := FloatToStr (Analog);
  RegOut (orb, $4F);                      {PB6 Analogeingang}
  Edit3.Text := FloatToStr (Analog);
  RegOut (orb, $8F);                      {PB7 Analogeingang}
  Edit4.Text := FloatToStr (Analog);
end;

end.
```

Das Programmbeispiel zeigt nur eine der vielen möglichen Konfigurationen des Interfaces. Seine Vielseitigkeit liegt darin, daß die zehn verfügbaren Portanschlüsse frei konfiguriert werden können. So kann man z. B. zehn Digitalausgänge einrichten, um einfache Maschinen zu steuern. Oder man verwendet acht Analogeingänge, wobei zwei weitere Anschlüsse als digitale Ein- oder Ausgänge frei bleiben. Verwendet man das Programm mit dem größeren ST6215, dann stehen insgesamt 20 Leitungen zur Verfügung.

16.4 Ein serieller Bus

Viele Interfaces werden an der seriellen Schnittstelle betrieben. Ein Nachteil ist dabei manchmal, daß im Normalfall immer nur ein Gerät an einer Schnittstelle liegen kann, anders als z. B. beim SCSI-Bus. Oft ist es jedoch wünschenswert, Interfaces an einem Bussystem zu kaskadieren. Ziel des hier vorgestellten Systems ist es, bis zu 16 einfache Interfaces an einer Schnittstelle zu betreiben (vgl. [8]).

Alle 8051-Mikrocontroller verfügen über einen 9-Bit-Modus ihres internen UART. Das neunte Bit kann z. B. als Paritätsbit eingesetzt werden. Es läßt sich aber auch für einen besonderen Multi-Prozessor-Modus verwenden. In diesem Modus werden Zeichen nur dann empfangen, wenn das neunte Bit gesetzt ist. Vorgesehen ist, daß dabei eine Adresse übertragen wird. Jeder angeschlossene Mikrocontroller empfängt und vergleicht die Adresse mit einer internen Konstanten. Nur der adressierte Prozessor soll dann antworten, wobei die weitere Kommunikation mit heruntergesetztem Bit 9, also im Single Processor Mode erfolgt.

Für die Kommunikation zwischen mehreren 8051-Controllern ist dieses Verfahren allgemein bekannt, wenn auch wenig verwendet. Prinzipiell verfügt auch die serielle Schnittstelle des PCs über ein neuntes Datenbit, nämlich in Form des Paritätsbits. Beim Öffnen einer seriellen Schnittstelle kann das Paritätsbit festgelegt werden. Neben keinem (N), geradem (E) und ungeradem (O) Paritätsbit läßt sich auch ein konstantes 1-Bit (Mark, M) oder 0-Bit (Space, S) einstellen. Mark entspricht dabei dem Multi Processor Mode, Space dem Single Processor Mode.

Die elektrischen Eigenschaften der RS232-Schnittstelle sind zwar nicht für einen Busbetrieb vorgesehen, er ist aber prinzipiell möglich. Die TxD-Leitung des PCs kann ohne weiteres mehrere Empfänger treiben, insbesondere, wenn sie über relativ hochohmige Eingänge verfügen. Für die RxD-Leitung muß man eine wired-OR-Verknüpfung wählen. Die Signale mehrerer Interfaces werden dabei z. B. über Dioden zusammengeführt. Wenn immer nur ein Gerät zu einer Zeit sendet, kann es dabei keinen Konflikt geben. Das Verfahren ist so mit jedem beliebigen 8051-Board einsetzbar. Hier wird jedoch ein kleines Interface mit einem 89C2051 beschrieben.

Abb. 16.7: Das Bus-Interface.

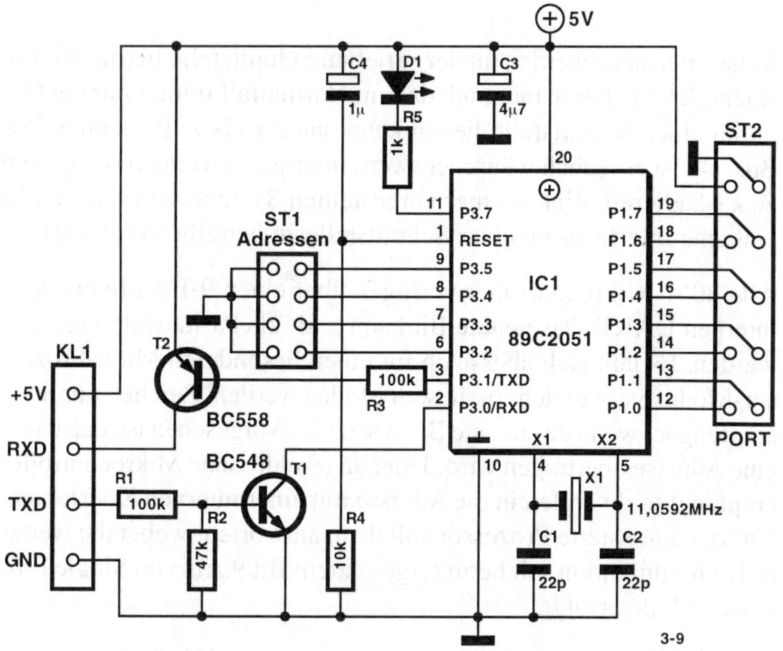

Das Schaltbild nach Abb. 16.7 zeigt ein einfaches Einchip-System mit einem RS232-Interface mit Transistoren. Der Eingang (TxD vom PC) ist bewußt hochohmig ausgelegt. Der Ausgang (RxD zum PC) arbeitet mit einem offenen PNP-Kollektor, so daß sich die geforderte OR-Verknüpfung für mehrere Interfaces erreichen läßt. Das Interface läßt sich über Jumper auf 16 verschiedene Adressen einstellen. Der adressierte Zustand wird über eine LED angezeigt. Als Verbindung zur Außenwelt wird hier ein Port (P1) zur Verfügung ge-

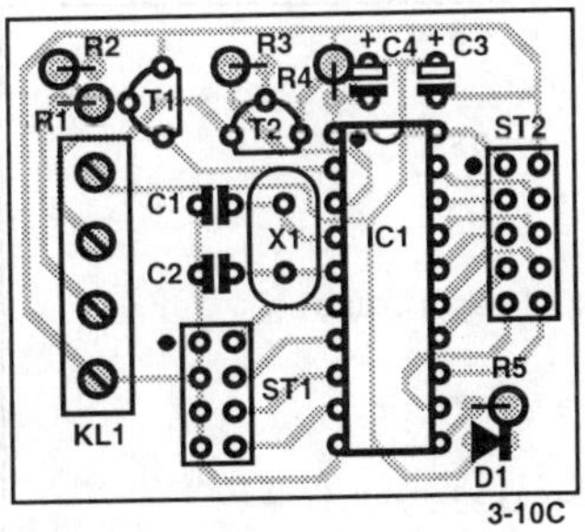

3-10C

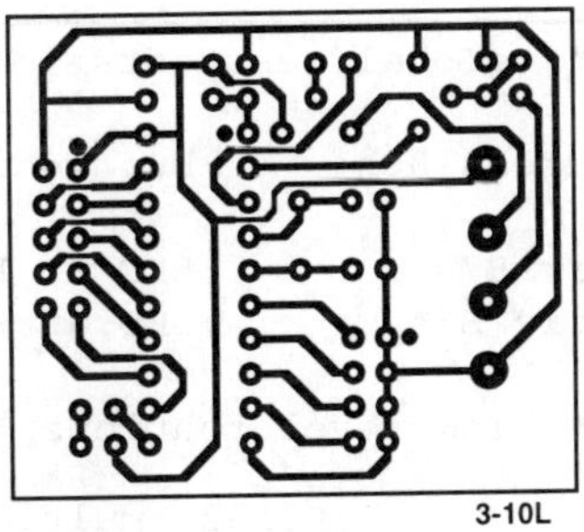
3-10L

Abb. 16.8: Der Bestückungsplan, das Platinenlayout und die Stückliste zum Bus-Interface.

Widerstände:	**Halbleiter:**
R1, R3 = 100 kΩ	D1 = LED
R2 = 47 kΩ	T1 = BC548
R4 = 10 kΩ	T2 = BC558
R5 = 1 kΩ	IC1 = 89C2051
Kondensatoren:	**Außerdem:**
C1, C2 = 22 pF	X1 = Quarz, 11,0592 MHz
C3 = 4µ7/16 V	KL1 = 4-polige Schraubklemme für Platinenmontage
C4 = 1µF/16 V	ST1 = 2 x 4-poliger Pfostenfeldverbinder
	ST2 = 2 x 5-poliger Pfostenfeldverbinder

stellt. Die Software erlaubt auch einen eingeschränkten Zugriff auf Port 3. Damit kann man z. B. die LED direkt schalten, den internen Komparator des 89C2051 abfragen oder die Adreßjumper als zusätzliche Eingänge nutzen.

Das interne Steuerprogramm des 89C2051 wurde mit dem Makrocompiler MC auf einem Entwicklungssystem ES51 entwickelt. Eine freie Testversion des Makrocompilers MC2051 speziell für den 89C2051 liegt auf der CD bei. Man kann damit auch ohne das Entwicklungssystem z. B. Anpassungen der Software vornehmen. Als Ausgabefile entsteht ein Binärfile, das direkt in den Prozessor gebrannt werden kann. Prinzipiell dürfte es auch nicht schwierig sein, das Programm in Assembler nachzuschreiben. MC wurde jedoch verwendet, weil sich hiermit sehr effektiv entwickeln läßt. Der Compiler wurde ausführlich in [6] beschrieben.

```
;Multi Interface Bus für 8051/89C2052
;(C) 1997 B. Kainka
;
;Compiled by Macro Compiler MC
;devellopment tool: ES51-board by Modul-Bus
;www.modul-bus.de)
```

(Fortsetzung nächste Seite)

```
;*************** global constants ******************

define base_address 00h     ;bus addresses 00h to 0Fh

define bus_activ B7h        ;LED at P3.7
;define bus_activ B5h       ;LED at P3.5 in EPROM systems

;*************** low level routines ****************

Procedure Init             ;RS232, multi processor + delay timer
Define RI  98h             ;SCON.0
Define TI  99h             ;SCON.1
WrTH1  FAH                 ;divide by 6, 9600 Baud
WrTL1  FAH
WrTH0  252                 ;divide by 942 : 1ms
WrTL0  122
WrTMOD  00100001b          ;timer1: 8 bit auto reload, t0 16 Bit
WrTCON  01010000b          ;start timer 0 and 1
WrSCON  11111010b          ;init RS232: mode 3,
                           ;multi processor, TB8=1
WrPCON  10000000b          ;80H, SMOD=1
EndProc

Procedure RdCOM
WhileNotBit RI             ;loop until RI=1
EndWhile
ClearBit   RI              ;RI := 0
RdSBUF                     ;read byte
EndProc

Procedure WrCOM
WhileNotBit TI             ;loop until TI=1
EndWhile
WrSBUF                     ;send byte
EndProc

Procedure Delay            ;0...255ms
  Define TF0  8Dh          ;TCON.5
  Define TR0  8Ch          ;TCON.4
  Define TH0  8Ch          ;highbyte
  Define TL0  8Ah          ;lowbyte
WhileA>0
  WhileNotBit TF0
  EndWhile
  ClearBit  TR0            ;Timer0 stop
```

(Fortsetzung nächste Seite)

```
  ClearBit  TF0
  MovAdr TH0  252      ;divide by 922: 1ms
  MovAdr TL0  112
  SetBit TR0           ;Timer0 start
  A-1
EndWhile
EndProc

;***************** bus routines *******************

Procedure output_P1
RdCOM                  ;read data byte
WrP1                   ;write to port 1
A 255                  ;remain in adressed mode
EndProc

Procedure output_P3
RdCOM                  ;read data byte
OR 00000011b           ;P3.0, P3.1 remain set
WrP3                   ;write to port 3
A 255                  ;remain in adressed mode
EndProc

Procedure input_P1
RdP1                   ;read port 1
WrCOM                  ;send byte
A 255                  ;remain in adressed mode
EndProc

Procedure input_P3
RdP3                   ;read port 3
WrCOM                  ;send byte
A 255                  ;remain in adressed mode
EndProc

Procedure input2
RdP3                   ;read port 3
WrCOM                  ;send byte
A 255                  ;remain in adressed mode
EndProc

Procedure outputs
RdMem 1                ;received command
IfA= 16 output_P1
IfA= 17 output_P3
EndProc
```

(Fortsetzung nächste Seite)

```
Procedure inputs
RdMem 1                  ;received command
IfA= 32 input_P1
IfA= 33 input_P3
EndProc

Procedure Interpreter
RdMem 2                  ;read device address
WrCOM                    ;return address
ClearBit bus_activ       ;LED on
WrSCON 11010010b         ;SM2=0 single pocessor, bit8 = 0, TB8=0
WhileA>0
  RdCOM                  ;read command
  WrMem 1                ;save command
  AND 11110000b          ;
  IfA= 16 outputs
  IfA= 32 inputs
;  IfA= 48 ADC
EndWhile
WrSCON  11111010b        ;InitRS232 SM2=1, TB8=1
SetBit bus_activ         ;LED off
EndProc

Procedure watch_address_byte
RdMem 2
WrB
RdCOM
IfA=B Interpreter        ;InitRS232 SM2=0  (addressed)
EndProc


Begin
Init
RdP3                     ;read hardware address
NOT
AND 00111100b            ;only P3.2 ...P3.5
ShiftRight
ShiftRight
+ base_address           ;add software coded address
WrMem 2                  ;save device address
Loop watch_address_byte
End
```

Listing 16.6: *Das Controller-Programm in MC.*

Das Programm liest beim Start zunächst die eingestellte Busadresse. Dann wird die Schnittstelle im Mehrrechner-Betrieb beobachtet, ob die eigene Adresse erscheint. Wenn das der Fall ist, antwortet der Controller mit seiner Adresse und schaltet die LED ein. Dann wird in den Single-Prozessor-Modus umgeschaltet und ein definiertes Interfaceprotokoll aktiviert. Es gelten folgende Kommandos:

16	Ausgabe Port 1
17	Ausgabe Port 3
32	Lesen Port 1
33	Lesen Port 3
0...15	Abmelden vom Bus

Das Protokoll kann übrigens direkt mit MC2051 ausprobiert werden. Das Programm besitzt ein einfaches Terminal zur Übertragung von Einzelbytes. Direkt aus dem Terminal heraus läßt sich auch das Paritätsbit umschalten, indem M (Mark, Adreßmodus) oder S (Space, Datenmodus) getippt wird.

Die Kommandos sind in 16er-Gruppen geordnet, so daß man leicht weitere Funktionen einbauen kann. Wird z. B. ein AD-Wandler mit mehreren Kanälen verwendet, dann könnte man die Kommandos ab 48 den einzelnen Kanälen zuordnen. Die Erweiterung ist im Listing angedeutet, hängt jedoch vom verwendeten Mikrocontroller ab.

Für die Adressierung ergibt sich noch eine interessante Alternative: Im Programm ist eine Basisadresse festgelegt, die es erlaubt, bei Bedarf durch eine zweite Version des Controllers auch mehr als 16 Interface einzusetzen. Außerdem kann man sich auch dafür entscheiden, die Adresse von vornherein nur in der Software festzulegen. Damit hätte man vier weitere Portanschlüsse für andere Zwecke frei. All diese Änderungen lassen sich ohne große Einarbeitung mit dem Compiler auf der CD durchführen.

Ein einfacher Test kann zeigen, welche Adressen am Bus mit Interfaces belegt sind. Ein Programm sendet dabei im Adreßmodus, also mit gesetztem Paritätsbit (Mark-Parity) alle möglichen Adressen und wertet die Antwort des Interfaces aus. Jedes adressierte Interface antwortet mit seiner Adresse. Das folgende Programm durchsucht den Bereich 1 bis 10. Es zeigt zwei angeschlossene Busteilnehmer, bei denen über die Jumper die Adressen 2 und 8 eingestellt sind. Während des Tests sieht man ein kurzes Aufleuchten der LED, wenn ein Interface adressiert wurde. Es meldet sich aber bereits beim Test der nächsten Adresse wieder ab. Das Testprogramm kann permanent im Adreßmodus arbeiten, weil keine weitere Datenübertragung stattfindet.

Abb. 16.9: Der Bustest mit zwei belegten Adressen.

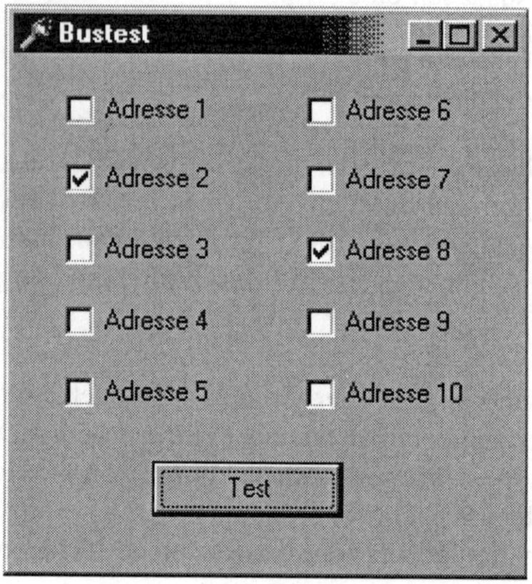


```
unit Bustest;

interface

uses PORTINC, Windows, Messages, SysUtils, Classes,
  Graphics, Controls, Forms, Dialogs, StdCtrls;

type
  TForm1 = class(TForm)
    CheckBox1: TCheckBox;  CheckBox2: TCheckBox;
    CheckBox3: TCheckBox;  CheckBox4: TCheckBox;
    CheckBox5: TCheckBox;  CheckBox6: TCheckBox;
    CheckBox7: TCheckBox;  CheckBox8: TCheckBox;
```

(Fortsetzung nächste Seite)

```
    CheckBox9: TCheckBox;  CheckBox10: TCheckBox;
    Button1: TButton;
    procedure FormCreate(Sender: TObject);
    procedure Button1Click(Sender: TObject);
  end;

var
  Form1: TForm1;

implementation

{$R *.DFM}

procedure TForm1.FormCreate(Sender: TObject);
begin
  OpenCOM (Pchar('COM2:9600,M,8,1')); {Adressmode}
end;

procedure TForm1.Button1Click(Sender: TObject);
begin
  SendByte (1);
  CheckBox1.Checked := (ReadByte = 1);
  SendByte (2);
  CheckBox2.Checked := (ReadByte = 2);
  SendByte (3);
  CheckBox3.Checked := (ReadByte = 3);
  SendByte (4);
  CheckBox4.Checked := (ReadByte = 4);
  SendByte (5);
  CheckBox5.Checked := (ReadByte = 5);
  SendByte (6);
  CheckBox6.Checked := (ReadByte = 6);
  SendByte (7);
  CheckBox7.Checked := (ReadByte = 7);
  SendByte (8);
  CheckBox8.Checked := (ReadByte = 8);
  SendByte (9);
  CheckBox9.Checked := (ReadByte = 9);
  SendByte (10);
  CheckBox10.Checked := (ReadByte = 10);
end;

end.
```

Listing 16.7: *Suche nach aktiven Busadressen.*

Für reale Zugriffe auf einzelne Busteilnehmer muß laufend zwischen Adreßmodus und Datenmodus umgeschaltet werden. Dies kann mit der OpenCOM-Funktion geschehen, wobei das Paritätsbit entsprechend umgeschaltet wird. Vor jedem neuen Öffnen muß die Schnittstelle mit CloseCOM zunächst geschlossen werden. Das folgende Programm sendet Daten an die Ports zweier Interfaces unter den Busadressen 2 und 8. Die Ausgabedaten werden über Schieberegler eingestellt und können z. B. DA-Wandler an den Interfaces ansteuern.

Abb. 16.10: *Ausgaben an zwei Busadressen.*

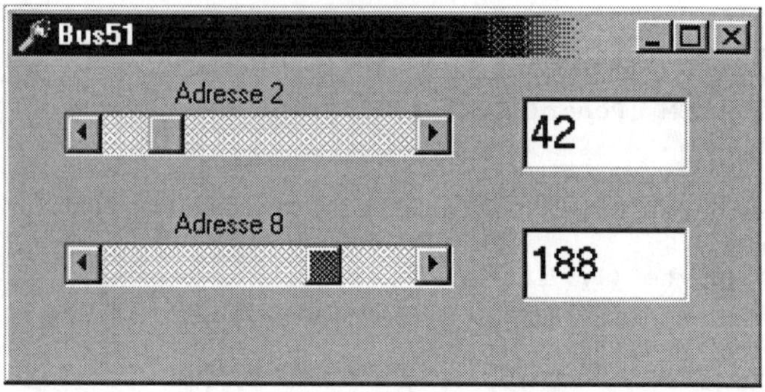


```
unit BusAus;

interface

uses PORTINC, Windows, Messages, SysUtils, Classes,
  Graphics, Controls, Forms, Dialogs, ExtCtrls, StdCtrls;

type
  TForm1 = class(TForm)
    ScrollBar1: TScrollBar;  Edit1: TEdit;
    ScrollBar2: TScrollBar;  Edit2: TEdit;
    Label1: TLabel;  Label2: TLabel;
    Timer1: TTimer;
    procedure Timer1Timer(Sender: TObject);
  end;

var
  Form1: TForm1;
```

(Fortsetzung nächste Seite)

```
implementation

{$R *.DFM}

procedure Ausgabe (Adresse, Daten: Integer);
var dummy: Integer;
begin
  OpenCOM (Pchar('COM2:9600,M,8,1')); {Adressmodus}
  SendByte (Adresse);
  Dummy := ReadByte;
  CloseCOM;
  OpenCOM (Pchar('COM2:9600,S,8,1')); {Datenmodus}
  SendByte (16);                      {Ausgabe}
  SendByte (Daten);
  SendByte (0);                       {Abmelden}
  CloseCOM;
end;

procedure TForm1.Timer1Timer(Sender: TObject);
begin
  Ausgabe (2,ScrollBar1.Position);
  Edit1.Text := FloatToStr (ScrollBar1.Position);
  Ausgabe (8,ScrollBar2.Position);
  Edit2.Text := FloatToStr (ScrollBar2.Position);
end;

end.
```

Listing 16.8: Portausgaben über zwei Interfaces.

Die Umschaltung zwischen Adreß- und Datenmodus durch Schließen und Öffnen der Schnittstelle ist relativ langsam. Wenn es auf sehr schnelles Umschalten ankommt, kann man die Schnittstelle direkt über ihre UART-Register umprogrammieren. Man ändert dabei die Paritätseinstellung am Windows vorbei durch direkte Portzugriffe. Das folgende Beispiel demonstriert die schnelle Umschaltung am Beispiel eines Lauflichts. Insgesamt 16 Lampen sollen über zwei Interfaces gesteuert werden, die die Adressen 2 und 8 am Bus belegen. Die Ausgabe von zwei Bytes erfolgt in der Ausgabeprozedur OUTPUT16, wobei Lowbyte und Highbyte über unterschiedliche Busadressen ausgegeben werden.

Die schnelle Umschaltung mit ADDRESSMODE und DATAMODE verwendet die direkte Registerprogrammierung der COM-Schnittstelle. Man muß hier beachten, daß die Schnittstellenadresse mit der für Portzugriffe zu der mit OpenCOM (hier COM2) geöffneten Schnittstelle passen muß. Diese Art der Umschaltung gelingt zwar unter Windows95/98, ist aber unter Windows NT nicht mehr möglich.

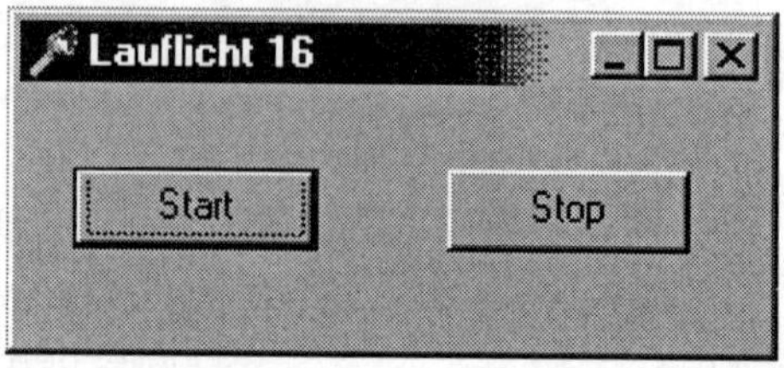

Abb. 16.11: *Die Lauflichtsteuerung.*

```
unit BusLauf;

interface

uses PORTINC, Windows, Messages, SysUtils, Classes,
  Graphics, Controls, Forms, Dialogs, ExtCtrls, StdCtrls;

type
  TForm1 = class(TForm)
    Start: TButton;  Stop: TButton;
    Timer1: TTimer;
    procedure FormCreate(Sender: TObject);
    procedure Timer1Timer(Sender: TObject);
    procedure StartClick(Sender: TObject);
    procedure StopClick(Sender: TObject);
  end;

var
  Form1: TForm1;

implementation

{$R *.DFM}
const COM1 : Integer = $03F8;
      COM2 : Integer = $02F8;
      COM3 : Integer = $03E8;
      COM4 : Integer = $02E8;
var Muster: Word;
```

(Fortsetzung nächste Seite)

```
procedure AddressMode;
begin
  OutPort(COM2+3,$2B); { 8-Bit, 1-Parity, 1 Stopbit }
end;

procedure DataMode;
begin
  OutPort(COM2+3,$3B); { 8-Bit, 0-Parity, 1 Stopbit }
end;

procedure Output16(Daten:Word);
var Dummy: Integer;
begin
  AddressMode;
  SendByte(2);
  Dummy := ReadByte;
  DataMode;
  SendByte (16);
  SendByte (lo(Daten));
  SendByte (0);
  AddressMode;
  SendByte(8);
  Dummy := ReadByte;
  DataMode;
  SendByte (16);
  SendByte (hi(Daten));
  SendByte (0);
end;

procedure TForm1.FormCreate(Sender: TObject);
begin
  OpenCOM (Pchar(`COM2:9600,M,8,1')); {Adressmodus}
  Muster := 1;
end;

procedure TForm1.Timer1Timer(Sender: TObject);
begin
  OutPut16(Muster);
  Muster := Muster * 2;
  If Muster = 0 then Muster := 1;
end;

procedure TForm1.StartClick(Sender: TObject);
```

(Fortsetzung nächste Seite)

```
begin
  Timer1.Enabled := true;
end;

procedure TForm1.StopClick(Sender: TObject);
begin
  Timer1.Enabled := false;
end;

end.
```

Listing 16.9: *Schnelle Busausgaben für ein 16-Bit-Lauflicht.*

Wenn ein Programm nur Lesezugriffe auf Prozessorports benötigt, dann kann man auf die Umschaltung in den Datenmodus ganz verzichten. Bleibt man ganz im Adreßmodus, dann wird das Lesekommando 32 zwar von jedem gerade nicht adressierten Teilnehmer am Bus wie eine Adresse empfangen und mit der eigenen Busadresse verglichen. Da jedoch nur Busadressen bis 15 vergeben sind, wird kein weiteres Interface tatsächlich adressiert. Nur das bereits aktive Interface wird also die Portabfrage beantworten.

Jedes bereits adressierte Interface meldet sich dann vom Bus ab, wenn eine andere Busadresse im Bereich 0 bis 15 erkannt wird. Man kann daher auch auf ein explizites Abschalten mit einem Byte 0 verzichten. Die vereinfachte Ansteuerung im Adreßmodus kann nur für Lesezugriffe verwendet werden, außer man verzichtet bei Ausgaben grundsätzlich auf Datenbytes unterhalb 16, die als Adresse mißverstanden werden könnten. Dies ist möglich, wenn man nur sieben Bits bei der Ausgabe ansteuert und das höchstwertige Bit immer gesetzt läßt.

Das folgende Programm zeigt die vereinfachte Ansteuerung in Visual Basic. Bei Auslesen des Ports P1 am AT89C2051 muß beachtet werden, daß die Anschlüsse P1.0 und P1.2 nicht wie die übrigen Ports über Pullup-Widerstände verfügen, sondern hochohmig sind. Sie dienen zugleich als analoge Eingänge des internen Komparators. Man kann den Komparator über das Auslesekommando 33 mit einem Lesezugriff auf Port 3 auslesen. Das Portbit P3.6 ist beim

At89C2051 nicht mit einem nach außen geführten Portanschluß, sondern mit dem Ausgang des Komparators verbunden.

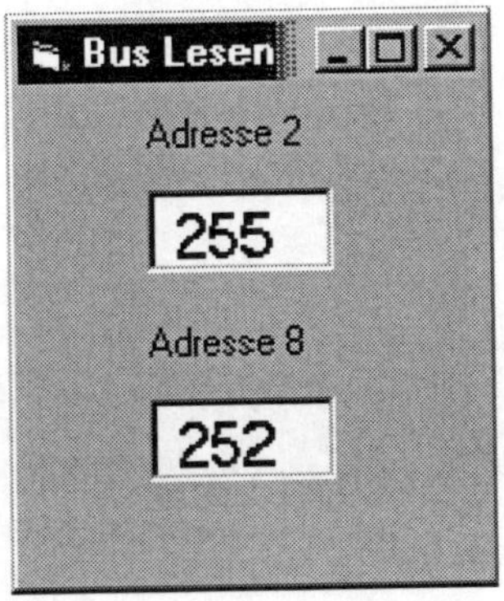

Abb. 16.12: *Auslesen von Portdaten.*

```
Private Sub Form_Load()
 i = OPENCOM(„COM2,9600,M,8,1")    'Adressmodus
 If i = 0 Then MsgBox („COM2 nicht verfügbar")
End Sub

Private Sub Form_Unload(Cancel As Integer)
  CLOSECOM
End Sub

Private Sub Timer1_Timer()
  SENDBYTE (2)
  Dummy = READBYTE
  SENDBYTE (32)
  Daten = READBYTE
  Text1.Text = Str$(Daten)
  SENDBYTE (8)
  Dummy = READBYTE
  SENDBYTE (32)
  Daten = READBYTE
  Text2.Text = Str$(Daten)
End Sub
```

Listing 16.10: *Auslesen von Ports über den Bus.*

Anhang

Literaturverzeichnis

[1] B. Kainka, PC-Schnittstellen angewandt, Elektor-Verlag 9. Auflage 2002

[2] B. Kainka, Messen, Steuern und Regeln über die RS232-Schnittstelle, Franzis-Verlag, 7. Auflage 1997

[3] A. Kosch, Delphi 3 Lösungen, Franzis-Verlag 1997

[4] Philips, I^2C-Bus-Schaltungen für professionelle Anwendungen, Philips 1989

[5] H.J. Berndt/ B Kainka, Messen, Steurn, Regeln mit Word und Excel, Franzis-Verlag, 2. Auflage 1998

[6] B. Kainka, Erfolgreich Messen, Steuern, Regeln mit Mikrocontrollern, Franzis-Verlag, 2. Auflage 1998

[7] B. Kainka, Mikrocontroller-UART, Elektor 5/94 S. 16

[8] B. Kainka, Das neunte Bit, Mikrocontroller-Wettbewerb 1997/98, Elektor-CD 1998

[9] B. Kainka, Elektronik am PC – Visual Basic in der Praxis, Elektor-Verlag 2. Auflage 2002

Stichwortverzeichnis

Inhalt der CD-ROM

Die CD enthält Verzeichnisse zu jedem Kapitel des Buchs. Darin finden sich jeweils alle Programmbeispiele in Visual Basic 5, Delphi 3 oder Delphi 4 mit allen Quelltexten und in ausführbarer Form. Die erforderliche PORT.DLL liegt in jedem Unterverzeichnis mit ausführbaren Programmen. Sie muß für die eigene Arbeit mit den Programmen in das Windows-Verzeichnis des PCs kopiert werden.

Im Verzeichnis „Referenz“ befindet sich die vollständige Dokumentation zur PORT.DLL im Textformat für Winword 6, im WRI-Format und im TXT-Format.

Im Ordner Setup befindet sich das Programm SETUP.EXE, das dann gestartet werden soll, wenn Visual Basic nicht korrekt arbeiten sollte. Dadurch wird eine Hilfsdatei in den Programmpfad „PC Schnittstellen“ installiert. Bei einer deinstallation wird diese Datei automatisch mit entfernt.

Zusätzlich zu den Programmbeispielen zum Buch befinden sich zwei komplette Anwenderprogramme auf der CD:

COMPUNI.EXE: Compact Universal, das Anwenderprogramm zum Universalinterface im Verzeichnis Kap8/Delphi4

SSCANP.EXE: SoundScan, ein komplette Oszilloskop für die Soundkarte im Verzeichnis Kap14/Delphi3

Hard- und Softwarevoraussetzungen zur Arbeit mit der CD: Ab PC-486 oder Pentium mit Windows 95/98 oder Windows NT. Erwünscht: Visual Basic 5 und Delphi 4

Weitere Hinweise und Tipps zu diesem Buch finden Sie im Internet unter http://home.t-online.de/home/B.Kainka